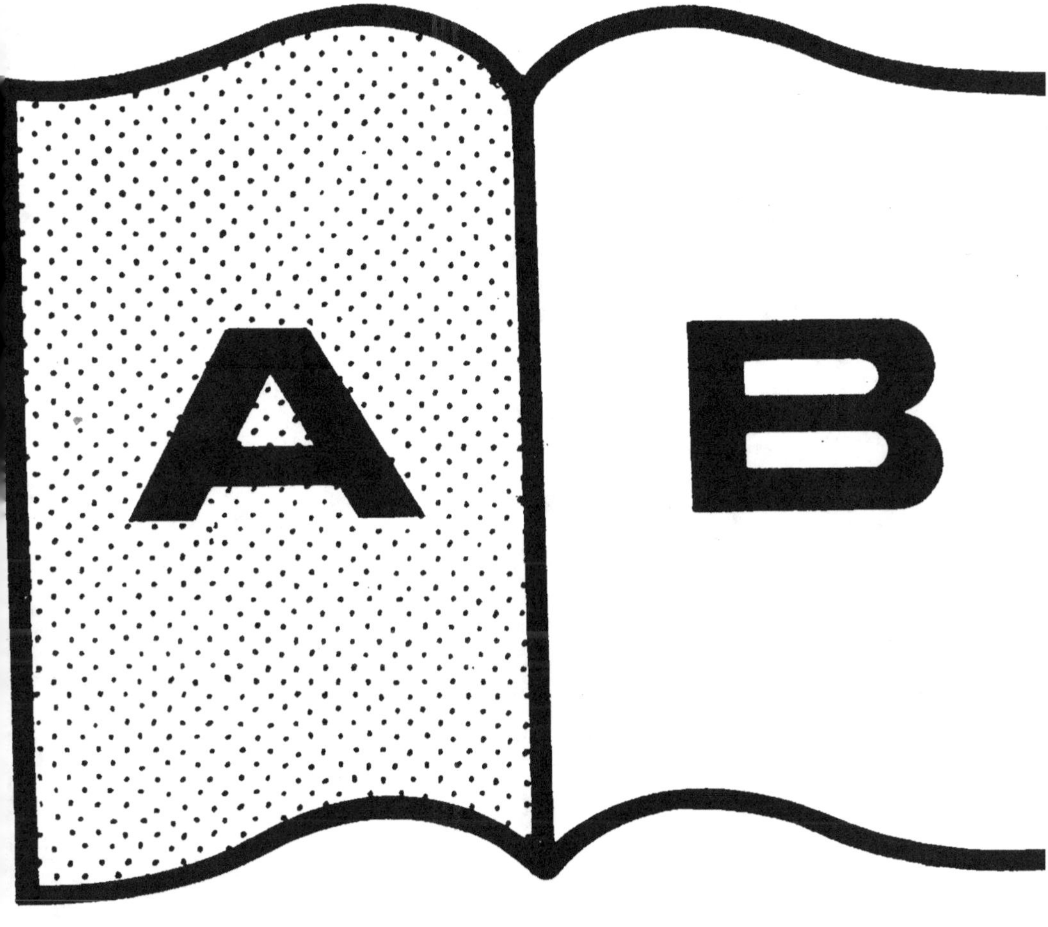

Contraste insuffisant

NF Z 43-120-14

MASQUES
ET
BOUFFONS

(COMÉDIE ITALIENNE)

TEXTE ET DESSINS

PAR

MAURICE SAND

GRAVURES PAR A MANCEAU

PRÉFACE PAR GEORGE SAND

TOME PREMIER

PARIS
MICHEL LÉVY FRÈRES, LIBRAIRES-ÉDITEURS
RUE VIVIENNE, 2 BIS

M DCCC LX

Yf

MASQUES ET BOUFFONS

(COMÉDIE ITALIENNE)

TEXTE ET DESSINS

PAR

MAURICE SAND

GRAVURES PAR A. MANCEAU

PRÉFACE PAR GEORGE SAND

TOME PREMIER

PARIS
MICHEL LÉVY FRÈRES, LIBRAIRES-ÉDITEURS
RUE VIVIENNE, 2 BIS

M DCCC LX

MASQUES
ET
BOUFFONS
(COMÉDIE ITALIENNE)

TEXTE ET DESSINS

PAR

MAURICE SAND

GRAVURES PAR A. MANCEAU

PREFACE PAR GEORGE SAND

TOME PREMIER

PARIS
A. LÉVY FILS, LIBRAIRE-ÉDITEUR
29, RUE DE SEINE
M DCCC LXII

MASQUES
ET
BOUFFONS

(COMÉDIE ITALIENNE)

TEXTE ET DESSINS

PAR

MAURICE SAND

GRAVURES PAR A. MANCEAU

PREFACE PAR GEORGE SAND

PARIS

MICHEL LÉVY FRERES

RUE VIVIENNE, 2 BIS

M D CCC LX

PROSPECTUS.

La France doit une de ses plus belles, une de ses meilleures gloires à l'art du théâtre, et particulièrement à la comédie, qui a valu à sa littérature de vrais chefs-d'œuvre de poésie, de composition et de style.

Mais, quelle que soit d'ailleurs la puissance inventive, l'audace prime-sautière de son génie, la France ne peut se glorifier d'avoir créé la comédie moderne; c'est à l'Italie que revient l'honneur de lui avoir fourni le modèle des premiers types comiques dans lesquels elle a personnifié les vices et les ridicules de l'humanité.

C'est donc dans l'histoire de la comédie italienne qu'il faut aller chercher les véritables sources de cet art, que la littérature française a si ingénieusement développé et élevé si haut.

Or dans aucun temps peut-être on ne fut plus curieux de ces travaux qui, en restituant la véritable origine des idées et des arts, contribuent à en faire mieux apprécier la valeur et le génie.

Aussi le moment nous a-t-il paru on ne peut mieux choisi pour publier un livre destiné à éclairer d'une vive lumière tout le théâtre comique des temps modernes.

Entrepris par un homme qui, comme peintre et comme écrivain, s'est livré aux études les plus étendues, les plus approfondies et les plus passionnées sur un art qu'il aime, ce livre devait être nécessairement de ceux dont on peut dire, avec Montaigne, qu'ils ont été faits de bonne foi.

Mais ce n'est pas seulement de la bonne foi, de l'érudition, de l'âme, de la passion, que l'auteur a mises dans ce livre dont il a écrit le texte et dessiné les planches; c'est aussi toute la grâce humoristique, conteuse et sarcastique que comporte un pareil sujet, ne négligeant pas plus le détail biographique, l'aimable anecdote, le mot plaisant, que la précision des dates, l'authenticité des faits et les critiques philosophiques.

A un pareil livre, il fallait de toute nécessité joindre cet important commentaire du dessin, qui parle aux yeux encore plus clairement que le style le plus éloquent ne parle à l'esprit.

Ce commentaire, nous l'avons dit, c'est l'auteur même du texte, M. Maurice Sand, le peintre distingué, le digne héritier d'un nom illustre, qui s'est chargé de la dessiner, d'après les modèles les plus authentiques, modèles tous aujourd'hui très-rares et dont quelques-uns n'existent que dans des collections particulières.

Cet ouvrage, composé de deux beaux volumes grand in-8°, comprend, sous le titre de *Masques et bouffons,* l'histoire des types primitifs de la comédie italienne et de tous les types secondaires qui dérivent d'eux et forment en quelque sorte leur famille. La filiation est suivie depuis la première origine jusqu'à nos jours. C'est ainsi qu'apparaissent, chacun avec sa généalogie, son histoire, son portrait, son costume, les cinquante types principaux qui ont marqué dans les fastes de la comédie moderne.

La gravure des dessins a été confiée au burin exercé et fin de M. A. Manceau.

La typographie sort des presses de la maison Henri Plon.

Trois éditions distinctes sont en vente :

Une édition avec gravures tirées en noir ;

Une seconde, avec gravures tirées en rouge, imitant les belles planches de Callot, aujourd'hui complétement introuvables ;

Enfin une troisième, dont les gravures sont coloriées, avec touches d'acier, d'or et d'argent, d'après les indications exactes des costumes.

L'ouvrage se compose de deux volumes grand in-8° jésus ornés de cinquante gravures sur acier.

PRIX DES DIFFÉRENTES ÉDITIONS.

Édition avec gravures tirées en noir. . . . . 30 francs.
— — tirées en rouge. . . . . . . 35 —
— — coloriées. . . . . 40 —

PRIX DE LA RELIURE PAR VOLUME.

En toile mosaïque, fers spéciaux, types. . . . . . . 6 francs.
— dorée — — . . . . . 5 —
En demi-chagrin, plat-toile, doré sur tranche. . . 5 —
— veau, tranches peignes. . . . . 4 —

MASQUES ET BOUFFONS

(COMÉDIE ITALIENNE)

—————

TOME PREMIER

L'éditeur de cet ouvrage se réserve le droit de le traduire ou de le faire traduire en toutes les langues. Il poursuivra, en vertu des lois, décrets et traités internationaux, toutes contrefaçons ou toutes traductions faites au mépris de ses droits.

Le dépôt légal de ce volume a été fait à Paris, au Ministère de l'intérieur, et toutes les formalités prescrites par les traités seront remplies dans les divers États avec lesquels la France a conclu ou conclura des conventions littéraires.

PARIS, TYPOGRAPHIE DE HENRI PLON, IMPRIMEUR DE L'EMPEREUR,

8, rue Garancière.

MASQUES
ET
BOUFFONS

(COMÉDIE ITALIENNE)

TEXTE ET DESSINS

PAR

MAURICE SAND

GRAVURES PAR A. MANCEAU

PRÉFACE PAR GEORGE SAND

TOME PREMIER

PARIS

MICHEL LÉVY FRERES

RUE VIVIENNE, 2 BIS

M D CCC LX

1859

MASQUES ET BOUFFONS

(COMÉDIE ITALIENNE)

TOME PREMIER

L'éditeur de cet ouvrage se réserve le droit de le traduire ou de le faire traduire en toutes les langues. Il poursuivra, en vertu des lois, décrets et traités internationaux, toutes contrefaçons ou toutes traductions faites au mépris de ses droits.

Le dépôt légal de ce volume a été fait à Paris, au Ministère de l'intérieur, et toutes les formalités prescrites par les traités seront remplies dans les divers États avec lesquels la France a conclu ou conclura des conventions littéraires.

PARIS, TYPOGRAPHIE DE HENRI PLON, IMPRIMEUR DE L'EMPEREUR,
8, rue Garancière.

MASQUES
ET
BOUFFONS

(COMÉDIE ITALIENNE)

TEXTE ET DESSINS

PAR

MAURICE SAND

GRAVURES PAR A. MANCEAU

PRÉFACE PAR GEORGE SAND

TOME PREMIER

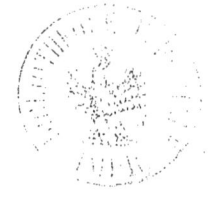

PARIS

A LÉVY FILS, LIBRAIRE-ÉDITEUR

29, RUE DE SEINE

M DCCC LXII

AVANT-PROPOS.

Nous avons entrepris d'esquisser l'histoire d'un genre de représentation scénique qui n'existe plus en France, et qui n'y a même jamais porté son nom propre. En effet, ce genre s'est appelé chez nous *comédie à l'impromptu, comédie improvisée, comédie sur canevas.*

Aucune de ces dénominations n'exprime suffisamment ce que les Italiens ont appelé COMEDIA DELL' ARTE, c'est-à-dire, littéralement, *comédie de l'art*, et, par extension, la comédie parfaite, le *nec plus ultrà* de l'art. Nous prions donc le lecteur français d'accepter, une fois pour toutes, ce titre italien, que rien ne saurait remplacer avec avantage, la *comedia dell' arte*.

Avant de tracer l'histoire de cet art qui, même en Italie, est à peu près disparu, nous devons en expliquer, pour ainsi dire, le mécanisme, et, comme ce mécanisme est assez difficile à saisir pour qui ne l'a pas vu mettre en œuvre, nous croyons être plus clair et abréger beaucoup de détails, en plaçant ici le récit de l'essai pratique qui nous a conduit fortuitement à l'étude de ce genre et à la pensée de ce livre.

Il y a une douzaine d'années, il arriva qu'une famille réunie à la campagne avec quelques amis, prit fantaisie, par un soir d'hiver, de se costumer bizarrement pour jouer des charades. On recommença le lendemain. Le surlendemain, on éprouva le besoin de développer les types que la fantaisie avait produits. Il s'agissait de jouer quelque chose qui ressemblât à une comédie, et qui n'en fût pas une, car on n'avait ni le temps ni le goût d'apprendre quoi que ce soit pour le réciter. On avait improvisé dans les charades pendant dix minutes, on s'imagina pouvoir improviser pendant une heure.

Alors l'instinct de chaque personnage produisit, sans en avoir conscience, un genre de dialogue qui fut, quant à la forme, une résurrection, on pourrait dire une exhumation des essais primitifs de l'antiquité; sauf la présence d'un public, car nous étions absolument seuls, c'était le dialogue sans règles des premières *atellanes*. (Il va sans dire que l'obscénité des sujets et des paroles ne pouvait venir à l'idée de personne : autres temps, autres mœurs.) C'étaient des scènes gaies qui s'enchaînaient forcément les unes aux autres sans préméditation, chaque caractère se sentant entraîné à agir dans sa nature et chaque personnage nouveau à tirer parti de la situation qui venait de se produire.

Cet essai ayant amené des scènes divertissantes, on imagina d'en régler de nouvelles par un canevas qui fut broché en dînant, lu au dessert et joué au bout d'une heure. Je ne puis passer sous silence le titre de l'étrange pièce qui ouvrit la série d'un monde de créations folles et bizarres. C'était le *Druide peu délicat*. Faute de théâtre, on s'installa dans un grand salon, mal éclairé, en face d'une cheminée flanquée de deux fauteuils, sur l'un desquels un petit chien endormi figura l'assistance. Une ligne tracée au crayon blanc sur le parquet simula la rampe.

Un vieux rideau blanc bordé de rouge, une couronne de feuillage, des gants de laine verte, des lunettes bleues, tel fut le costume du druide (traître). Le jeune premier, coiffé d'un bonnet pointu surmonté d'une plume de perroquet, le corps étroitement serré dans une sorte de casaque de soie violette, s'empara d'une guitare sans cordes, et, devant trois coussins et un paravent vert qui étaient censés représenter la lisière d'une forêt semée de dolmens, il improvisa une romance d'une grande énergie. Le *public,* ému dans la personne du petit chien, s'élança en aboyant sur la scène; aussitôt le druide paraît, et, s'emparant de cette situation imprévue, fait le simulacre d'immoler cet animal sauvage sur la plus grosse pierre. Le jeune premier, indigné, veut défendre l'innocence, ou plutôt le génie des forêts caché sous la forme du caniche. Un combat s'engage où la guitare vole en éclats; la jeune druidesse improvise une entrée pour séparer les combattants..... Mais que devient le scénario? on l'oublie, on le transforme; les incidents s'accumulent, les scènes se succèdent avec d'interminables raisons d'être, raisons assez logiques, mais qui, privées de frein, rendent la pièce impossible à finir. Chacun cédant à la fatigue se retire successivement de la scène, où il ne reste que le silence de la forêt, la poussière qui retombe, la lampe qui s'éteint et le petit chien qui se rendort au son du piano qui expire sous les doigts de l'artiste tombé dans la rêverie.

Quoi qu'il en soit, pendant le souper, les acteurs de cette œuvre incompréhensible s'avouèrent les uns aux autres qu'ils s'étaient sentis dans un état de surexcitation qui n'était pas sans charmes. L'absurde exaspération du druide s'était emparée de moi, au point que je m'étais transporté en imagination dans un monde qui n'a jamais existé, comme si j'eusse subi la fatalité qui force un être primitif à symboliser toutes ses impressions.

On se mit naturellement à discuter sur les origines du théâtre; aucun de nous ne les avait étudiées, quelques-uns étaient encore des enfants, sans notions, sinon des notions vagues, sur l'histoire de cet art. On se demanda ce que c'était que le vrai théâtre, et si la convention du dialogue écrit ne l'avait pas détruit au lieu de l'édifier. Il fut prononcé, en dernier ressort, dans cette grave assemblée, que les règles de l'art avaient sacrifié le plaisir de l'acteur à celui du spectateur, que l'acteur était devenu une machine plus ou moins intelligente, n'existant même plus par elle-même du moment qu'elle ne pouvait se passer du public. La troupe fantaisiste qui se formait là conçut donc l'étrange projet de jouer pour jouer, et de trouver du plaisir, de l'émotion, de l'émulation, en l'absence de tous spectateurs autres que les personnages même de la pièce. Ce qu'il y a de plus étrange encore, c'est que ce projet fut pleinement réalisé.

Le dialogue écrit étant absolument honni et banni, il fallait pourtant un cadre pour se mouvoir sans confusion, une convention adoptée de tous pour le sujet et la conduite de la pièce : autrement on risquait fort de les finir toutes comme on avait fini le *Druide peu délicat,* c'est-à-dire de les laisser finir toutes seules. On se promit de modérer l'inspiration, et de suivre le canevas. Ce fut là le plus difficile.

Du 8 au 31 décembre, on joua douze canevas différents. Le canevas était toujours fait au dessert, lu avant d'aller se costumer, relu au moment de commencer la pièce, et joué sans répétition. On feuilleta deux volumes dépareillés de l'Opéra-comique de la foire Saint-Laurent. On n'y trouva rien qui pût nous servir, mais on y prit des noms connus, dont chacun fit un type à son gré, caractère et costume : Scaramouche, Pierrot, Cassandre, Léandre, Colombine. On les mêla à toutes sortes de situations et d'époques. On envoya Pierrot, maître de chapelle, à la cour du prince Irénéus, à travers les contes d'Hoffmann, Scaramouche-brigand, au palais de la *Belle au bois dormant,* et à travers tous les contes de Perrault. Je me rappellerai toujours ce Scaramouche, vêtu d'une camisole faite d'un vieux rideau à ramages, coiffé d'un bonnet de soie jaune et chaussé de babouches arabes, suivant une espèce de capitan qui abordait, en passant, dans une île habitée par des Amazones. Celles-ci, jeunes et belles, coiffées de casques en peau de tigre, mêlaient, par leurs grâces, beaucoup de poésie à cette aventure.

Puis on fit des pastorales, des pantomimes au son d'un piano qui improvisait. On joua des canevas extraits de pièces modernes, vaudevilles, opéras-comiques. Enfin, au 1er janvier, on était assez rompu à l'observation du canevas pour se risquer dans une pièce sérieuse. On imagina de composer un scénario arrangé avec le libretto du *Don Juan* de Mozart et le *Festin de pierre* de Molière. L'extrait fut très-heureux en ce qu'il permit à sept acteurs (nous n'étions que sept) de représenter tous les personnages nécessaires à la pièce. On avait déjà fait de grands progrès pour la mise en scène. Le paravent, coupé en deux, était devenu la coulisse de droite et de gauche. Nous avions peint une toile de fond qui représentait, d'un côté, une rue, de l'autre, un intérieur, dont la perspective était combinée seulement pour l'illusion des acteurs. Pour la scène du tombeau du Commandeur, on apporta de grosses pierres dans lesquelles on planta des cyprès réels. On fit un clair de lune avec des verres de couleur. On avait poussé le luxe jusqu'à poser un rideau pour isoler la scène de la salle et du public fictifs. Les costumes en toile, en papier, en chiffons de toutes sortes, étaient pourtant fidèles quant à la forme et à l'arrangement. Cette représentation nous émut beaucoup nous-mêmes, malgré un incident qui faillit tout troubler dès le début. Le Commandeur était chatouilleux, et son cadavre bondit, en éclatant de rire, sous les embrassements de doña Anna. On le gronda beaucoup dans l'entr'acte. Chaque acteur, hors de la scène, devenant un spectateur qui s'effaçait dans les coins de la salle pour ne pas gêner l'illusion de l'acteur en scène, ce spectateur ne voulait pas non plus être troublé dans sa propre illusion par un acteur sans tenue et sans conscience. Chacun était donc forcé par tous les autres de prendre son rôle au sérieux. La pièce fut rapidement jouée et bien suivie, sans écart d'imagination; le sujet nous dominait. Au cinquième acte, la toile se ferma aux applaudissements de la troupe, chacun était content de ses camarades, même la statue (*l'uom di sasso*) qui pourtant s'évanouit avant d'avoir pu se débarrasser du masque et de l'armure de carton trop bien imités, qu'elle avait supportés trop patiemment.

Tout l'hiver s'écoula ainsi (décembre 1846, janvier 1847).

Des troubles graves éclatèrent dans la province. Chaque nuit on s'attendait à être attaqués. Quand les chiens hurlaient à la lune, les hommes, couverts des oripeaux bizarres de leurs rôles, allaient faire une ronde à travers la neige et le brouillard, et rentraient en scène après s'être assurés que tout était tranquille.

L'hiver suivant, on transporta le théâtre dans une pièce *ad hoc*, avec des décors très-élémentaires, et, toujours sans public, on s'exerça dans le même genre.

Les progrès furent rapides. Chaque soir chacun créait un nouveau rôle, parfois trois ou quatre différents, et chaque jour amenait un nouveau canevas. Il ne nous semblait pas possible de recommencer avec plaisir et avec bonheur une pièce improvisée. Pourtant, lorsque le sujet s'y prêtait, on l'essayait, mais à la condition de changer ou de modifier les caractères, ce qui les rendait nouveaux pour les acteurs qui s'en chargeaient et qui même changeaient la distribution des rôles. En thèse générale, chacun était libre de créer son personnage comme il l'entendait, sans même en avertir les autres, ce qui amenait encore des situations imprévues dans la pièce et des écarts parfois très-brillants dans la conduite du canevas. Mais, comme il était difficile de revenir de ces écarts pour rentrer dans l'action convenue, on s'efforça de se modérer. Chose étrange, quand on commence à improviser, bien loin de ne trouver rien à dire, on est débordé par le dialogue, et on fait durer les scènes trop longtemps. L'écueil de ce genre est de sacrifier le développement du fond à celui des incidents qui entraînent. Il fallut aussi s'observer beaucoup pour ne pas parler plusieurs à la fois, pour savoir sacrifier ce que l'on était prêt à dire à ce qui venait à l'interlocuteur, et aussi pour le ranimer quand on le sentait faiblir ; pour ramener la scène à son but, quand les autres s'en écartaient, et pour s'y renfermer soi-même, quand l'imagination vous sollicitait à faire une pointe dans le domaine du rêve. Il arriva plus d'une fois qu'en dépit de toutes nos résolutions, la voix des acteurs devenus spectateurs nous ramena à l'ordre, en criant : « Au scénario! » C'était comme un sceau d'eau froide que l'on recevait sur la tête, mais on s'était promis de s'y soumettre, et on s'y soumettait. Tels durent être, à coup sûr, les premiers progrès de la *comedia dell' arte* au temps de nos pères.

Les dernières pièces de cette série (janvier 1848) furent tirées de l'époque de 1789. C'était comme un pressentiment. Un souffle de révolution était dans l'atmosphère ; pourtant nous ne songions pas qu'à un mois de là nous assisterions à une révolution nouvelle.

L'année suivante, les circonstances firent qu'on ne se trouva plus que quatre à la campagne. Que faire durant les longues soirées d'hiver, pour se reposer du travail de la journée? On combina un autre genre d'improvisation, en fabriquant et installant un théâtre de marionnettes. Deux d'entre nous furent le public, les deux autres firent agir et parler la troupe dite des *petits acteurs*. C'étaient de véritables *pupazzi*. (La tête et les mains de bois, le reste, une poche d'étoffe dans laquelle on passe la main, et dont les membres agissent au moyen des doigts de *l'operante*.)

Peu à peu, ce théâtre prit de grands développements : une cinquantaine de marionnettes, beaucoup de décors, de costumes, d'accessoires, etc. C'était ouvrir le champ à des canevas beaucoup plus compliqués, et on ne tarda pas à se permettre le mélodrame, d'abord burlesque, sérieux ensuite, sous le titre de drame épisodique. On entendit par là une série de développements du même sujet, chaque développement fournissant une pièce entière en plusieurs actes. Le *public*, étant toujours le même et prenant goût aux personnages créés, ne se lassait pas de les voir suivre le fil interminable de leurs aventures; si bien qu'à la fin de chaque pièce, le canevas faisait, à dessein, surgir un incident qui, sans empêcher le dénoûment, laissait attendre pour le lendemain le développement d'une aventure nouvelle. C'était donc un roman en action, dont chaque chapitre était attendu avec impatience par nos complaisants spectateurs. Plus tard, ce système fut quelquefois suivi avec succès pour notre autre théâtre d'improvisation, dit, par antithèse à nos *pupazzi*, théâtre des *grands acteurs*.

Il arriva, en outre, que tel type créé sur notre théâtre des marionnettes passa sur nos planches *et vice versâ*, absolument comme ce qui s'était passé dans l'antiquité et à la renaissance, et cela sans parti pris et sans connaissance du fait. (Voir l'Introduction, page 28.)

Depuis lors, ces deux théâtres d'improvisation furent repris et développés à des intervalles plus ou moins longs, et par des séries de représentations plus ou moins nombreuses. Progressivement s'établit pour les *grands acteurs*, un théâtre véritable, très-petit, mais aujourd'hui très-complet en décors, costumes, accessoires, etc., avec une salle en proportion, pouvant contenir un public d'amis. L'introduction de ce public intime s'était faite insensiblement, et pour ainsi dire tête par tête, non sans de grandes hésitations. Pourrait-on jouer devant des témoins calmes, étrangers à l'espèce de fièvre qui nous poussait? Ne leur paraîtrait-on pas ou ennuyeux, ou insensés? Ce n'était pas encore là la question la plus grave; mécontents, ils étaient libres de ne pas revenir; mais, pour les acteurs, il y avait une chose plus sérieuse à craindre : c'était de perdre l'entrain et le plaisir personnel de l'improvisation. Mais il arriva qu'on était assez rompu à cet exercice de l'esprit pour n'être pas gêné par la présence de figures nouvelles, et que bientôt on trouva dans l'intérêt du spectateur un nouvel excitant.

Alors commença la véritable *comedia dell' arte;* on donna au public, tantôt des pantomimes, tantôt des féeries mimées, dont l'argument en vers lui était lu d'avance, entre chaque acte, sur l'avant-scène (les génies aussi parlaient en vers); tantôt des féeries parlées, d'autres moitié parlées, moitié mimées; des pastorales-ballets; beaucoup de comédies entièrement improvisées, ainsi que des parodies de mélodrame, et surtout des drames épisodiques, tantôt tirés de nos canevas de marionnettes, tantôt d'un conte ou d'un roman, mais le plus souvent de sujets entièrement neufs.

Enfin on arriva à un genre comparable à celui de Ruzzante et de Ch. Gozzi, en ce sens que les pièces étaient en partie étudiées, en parties improvisées. A mesure que l'on parvenait à pouvoir rendre une action sérieuse, on sentait la difficulté d'être inspiré et abondant juste au moment où il faut l'être. Les déclarations, les malédictions, les bénédictions, les récits tenant au fond de la pièce, certains monologues, furent, non pas appris par cœur, mais retenus dans leur teneur générale, de manière à ne pas permettre à l'acteur de sortir de la mesure du sentiment ou de l'exactitude du fait. C'est ce dernier genre qui a prévalu. La tirade est écrite, mais avec défense de l'apprendre et recommandation de ne pas changer la forme de langage que chacun a adoptée naturellement pour son rôle. Ceux qui manquent à cette injonction manquent toujours leur effet. Ils paraissent trop apprêtés, trop littéraires, si l'on veut, pour ce qu'ils ont été l'instant d'avant et pour ce qu'ils doivent redevenir l'instant d'après. Ils sortent de la réalité, et font tache dans la couleur générale.

La *comedia dell' arte* impose donc la nécessité de sentir et de créer à soi seul son personnage. Là point de *mots d'auteur* à interpréter; il faut tout tirer de son propre fonds, avec le plaisir d'inventer des détails qui ne sont pas toujours prévus par soi-même, et qui s'échappent naturellement soit du personnage auquel on s'est identifié, soit de la fantaisie ou de la préoccupation des interlocuteurs. Le perfectionnement de cet art, car c'en est un, amena des études que d'abord on avait crues nuisibles, mais qui peu à peu furent reconnues nécessaires. Dans le principe, le canevas portait simplement : « *Scène première*. Le père dit à sa fille qu'elle doit épouser le personnage ridicule. La fille pleure. *Scène deuxième*. Le bouffon vient faire des lazzi, *à volonté;* il protége l'amoureux, etc. » Le canevas était à demeure dans la coulisse; il suffisait de le lire en commun, puis chacun le consultait avant d'entrer en scène. Mais les détails imprévus changeaient parfois forcément la place des membres de ce squelette. La pièce y gagnait quelquefois. Le plus souvent, elle s'embrouillait au point que, même quand nous étions seuls, nous tirions le rideau sur nous-mêmes. On passa à l'usage de faire une répétition. Puis on trouva utile d'en faire une seconde, et, à mesure que les canevas sont devenus la charpente de vraies pièces, on est arrivé à en faire cinq et six.

Ces répétitions ou plutôt ces *conventions,* consistent à apprendre pour ainsi dire par cœur le scénario, à tout mettre en scène avec autant de soin et de détail que pour une pièce écrite, à convenir surtout de ce que chacun veut ajouter *de fait* à son rôle, ou changer dans le canevas, avec l'agrément des autres. Quand cette convention est bien arrêtée, et que la mémoire de chacun en est sûre, on dit la teneur de son rôle. Là on corrige mutuellement les trops grands écarts, ou l'on accepte ceux qui paraissent heureux, et on se tient prêt, dans le cas où ils se produiraient à la représentation, à en tirer parti pour son propre compte ou pour le compte de la situation. Il faut toujours préférer le succès de l'ensemble à son propre succès dans le détail, car il n'en est pas de la pièce à l'*impromptu* comme de la pièce *apprise.* Personne ne peut s'isoler dans son amour-propre, c'est un succès éminemment collectif. Celui qui n'y serait pas *bon camarade,* serait forcément très-mal secondé par les autres acteurs déroutés. Il faut que la réplique s'enchaîne logiquement à la réplique, et que chacun se prête aux *effets* des autres, sous peine de confusion; or, la confusion tue tout le monde à la fois.

Les canevas sont quelquefois dramatiques; dans ce cas, on arrête nécessairement d'une manière très-absolue les scènes de mouvement. On les cherche, et on les répète avec le même soin que pour tout autre genre de pièces.

Pour les scènes dites *filées,* les canevas, quelque bien faits qu'ils soient, ne se chargent pas de prévoir toutes les nuances que chaque individualité peut donner à chaque personnage. Ils se contentent d'indiquer, par une division bien nette, les diverses parties de ces scènes. Ce sont, pour la mémoire des acteurs, des jalons au moyen desquels ils conservent la gradation, la clarté et la logique de la donnée.

Pour les scènes d'ensemble, il faut nécessairement limiter la part de chacun selon l'importance du rôle. Il faut les répéter plusieurs fois, non pour en fixer les répliques, mais pour réussir à mettre en relief ce qui doit ressortir. Pour que ces scènes ne clochent pas, il faut beaucoup d'habitude ou d'habileté, moyennant quoi on arrive à un tel ensemble, que le spectateur croit voir, non pas une pièce apprise, ceci n'y ressemble en rien, mais une action réelle.

Pour les entrées des acteurs, comme pour le baisser du rideau, on convient d'un certain mot ou d'un certain geste. Les acteurs qui ne sont pas en scène doivent donc être attentifs à ce qui s'y passe, afin de se tenir pour avertis, si l'acteur en scène a une distraction qui dérangerait tant soit peu le fond du canevas. Ils se chargent alors de réparer l'oubli ou de motiver l'incident avec adresse. Au reste, ces distractions n'ont pas lieu pour ceux qui ont l'habitude de jouer ensemble.

Les répétitions, qui semblaient devoir refroidir les acteurs, arrivèrent à leur donner, au contraire, beaucoup de confiance. Là, s'il prend fantaisie d'ébaucher le dialogue, ce n'est que pour se bien approprier les rôles; il ne faudrait guère compter tirer parti d'un mot heureux rencontré là dans le hasard du débit. Ce serait un autre hasard que d'arriver à le placer à propos à la représentation. Il faut savoir l'oublier et compter qu'on en trouvera de meilleurs, ce qui arrive presque toujours. Les pièces gaies gagnent beaucoup à l'improvisation; rien ne peut donner l'idée du brillant et de la vérité d'un dialogue réussi dans ce genre : c'est un feu d'artifice. Les drames ont besoin d'être soutenus par un canevas plus arrêté et par des répétitions de mise en scène plus sévères. Mais ici, les moindres effets deviennent de grands effets par la simplicité et la spontanéité de l'expression. Il est rare que, dans une pièce écrite, le mot de l'auteur soit celui qui viendrait à l'acteur, s'il se trouvait dans une situation réelle analogue. Dans l'improvisation, chaque personnage se sert des locutions qui lui sont naturelles, et la variété du langage s'établit par la force des choses. Il faut dire que toute représentation offre un aspect de réalité familière, même les pièces dramatiques. Le lyrisme en est forcément exclu, il tournerait trop facilement à la charge. Pourtant il serait téméraire d'affirmer qu'une réunion de poëtes et d'orateurs ne se maintiendrait pas à ce diapason. En général, le style de la comédie improvisée est plus ou moins élevé, plus ou moins correct, selon le degré d'éducation de l'acteur. Il ne s'agit que de distribuer les rôles en raison de ce degré d'instruction ou d'élégance naturelle.

Dans la comédie improvisée, comme dans la comédie régulière, il y a deux sortes d'acteurs qui outre-passent le but. Les uns très-consciencieux, mais très-froids, s'en tiennent à la lettre de leur rôle, et s'y acharnent tellement qu'ils glacent leur interlocuteur. Ils ont pourtant des qualités d'ensemble qu'il ne faut pas dédaigner. D'autres sont bouillants et emportés. Ils entrent dans une sorte de délire, et, tout en développant des qualités brillantes et originales, ils font le désespoir de leurs camarades. Par exemple, ils jettent par la fenêtre l'encrier dont on doit se servir à la scène suivante; ils emportent le fauteuil où l'héroïne doit s'évanouir; ils avalent le breuvage qui doit servir de poison à un autre, et ne s'en portent que mieux, tandis que le malheureux acteur, qui se prépare à faire une belle mort, cherche son poison avec anxiété, et se voit réduit à se casser la tête contre les murs, s'il n'a pas d'armes à sa portée. Le meilleur improvisateur est celui qui sait se garantir de l'un et de l'autre excès, qui peut se livrer à toute la chaleur de son jeu sans oublier le moindre détail et sans cesser de se rendre compte de ce que disent et font les autres, afin de provoquer la réplique dont il a besoin. Il faut qu'il soit à la fois le personnage enfiévré de la pièce et l'acteur tranquille qui l'observe et la conduit. De tels talents sont rares et longs à former.

Dans la troupe dont nous venons de raconter les essais, et qui renouvela plusieurs fois une partie de son personnel sous la direction des premiers occupants, quelques sujets révélèrent des qualités remarquables et réussirent d'emblée, grâce au bon ensemble qu'ils trouvèrent établi autour d'eux. Des acteurs de profession, quelques-uns de premier ordre dans leur genre, voulurent s'y essayer et le firent avec succès, mais non sans être forcés de prendre très au sérieux une manière pour eux si nouvelle. Ils avouaient n'avoir jamais rien fait de si difficile. Mais peu à peu le plaisir de l'improvisation s'emparait d'eux, et il en est qui nous ont montré, par éclairs, des qualités supérieures à celles que nous leur connaissions.

Je crois donc, avec Gherardi et Riccoboni, qu'il est plus facile de former dix acteurs pour la comédie régulière qu'un seul pour la comédie improvisée. Le président de Brosses avait raison de dire que quand ce dernier genre est mal rendu, il est au-dessous de toute critique, mais que quand il est réussi, il l'emporte sur l'autre en franchise, en brillant et en naturel.

Si ce genre pouvait renaître en France autrement que dans des conditions d'intimité, quel serait son destin? On l'ignore; mais il n'en est pas moins regrettable qu'avec lui ait disparu toute une face de l'art comique.

Nous avons cru devoir signaler ici le petit foyer où il a trouvé une étincelle à rallumer. Nous l'avons fait, non pour initier le lecteur à des détails personnels, mais pour enregistrer une expérience qui pour nous a été le complément d'une étude historique, et la révélation d'un genre dont il est difficile de se rendre compte sans l'avoir ainsi analysé.

INTRODUCTION.

Le premier mime, ou plutôt le premier acteur comique fut celui qui, dans une réunion quelconque, monta sur un banc et se mit à danser, à gesticuler, racontant ou chantant, aux grands éclats de rire de l'assistance, une histoire plaisante ou une fable burlesque. C'est l'improvisation qui dicta ces premiers essais.

Quelques-uns de ces premiers farceurs se réunissent en Icarie, sous la conduite de Susarion, qui donne un sens, une suite à leurs bouffonneries, et ils vont promener leurs tréteaux et leurs chariots dans les villes de la Grèce. (800 ans av. J. C.)

Ils représentent un esclave à la tête rasée, un ivrogne à la face rubiconde, abruti par les libations, un gourmand obèse qui tombe sans cesse. Bientôt des poëtes comiques, comme Magnès, Achée, Timocréon font pour eux des parades mêlées de danses comiques appelées *cordaces*, et de pantomimes.

Thespis, né en Icarie, forme un théâtre, assigne des rôles à ses personnages, les habille bizarrement, et, promenant ses acteurs barbouillés de lie ou de suie sur des chariots, il représente déjà de petits drames, des comédies mêlées de musique. Il détache des chœurs un personnage, lui assigne un rôle et en fait le coryphée. Eschyle l'Athénien (593 ans av. J. C.) en ajouta un second. De là, plus de représentations comiques ou tragiques sans musique.

A Athènes et à Sparte, les charlatans dressent leurs tréteaux sur les places publiques, et, au moyen de parades, ils attirent la foule et vendent leurs onguents. (400 ans av. J. C.) C'est un homme qui vole des fruits, un médecin étranger qui parle un patois ridicule, etc.

Pendant qu'à la même époque, Aristophane donne ses comédies sur les grands théâtres, les devins, sorciers, diseurs de bonne aventure, escamoteurs, joueurs de gobelets, parmi lesquels on cite Théodore et Euryclide, les équilibristes, danseurs de corde, encombrent les rues d'Athènes.

Sur les théâtres, les jeux d'équilibre, tels que le saut sur l'outre gonflée d'air, origine du tremplin. De ce jeu sortirent les danseurs de corde, appelés par les Grecs *schœnobates*, *acrobates*, et plus tard *funambuli* par les Latins.

Parmi les acteurs grecs, on trouve plusieurs classes.

Les *éthologues*, célèbres dans la grande Grèce et à Alexandrie. Ils représentaient les mœurs les plus basses et les plus corrompues.

Les *biologues*, qui parodiaient et mettaient en scène les personnages de l'époque.

Les *cinédologues*, appelés aussi *simodes* et *lysiodes*, à cause de Simus de Magnésie et de Lysis, auteurs de leurs pièces, représentaient des obscénités et n'en disaient pas moins.

Les *hilarodes*, vêtus d'habits blancs, chaussés de sandales et une couronne d'or en tête, jouaient et chantaient en s'accompagnant d'instruments à cordes.

Les *phallophores*, nom pleinement justifié par une pièce de leur costume, comme le prouvent tous les monuments. A Sicyone, où les chœurs *phalliques* et les scènes dites *épisodes* sont plus anciennes qu'à Athènes, les acteurs gardèrent le nom de *phallophores*. Plus tard, ce phallophore sicyonien, au visage noirci de suie ou couvert d'un masque de papyrus, se transforma en *planipes* à Rome, et devint, au seizième siècle, l'Arlequin bergamasque.

Tous ces acteurs jouant sur l'orchestre (le thymélé), très-près des spectateurs, n'eurent pas besoin d'employer le brodequin aux semelles élevées pour se grandir. Ils jouaient sans masque, le visage seulement fardé de diverses couleurs selon les types qu'ils représentaient. Les femmes jouaient sur l'orchestre; elles chantaient, mimaient et agissaient dans les pièces qui servaient d'intermèdes, comme nos actrices modernes.

Ces femmes mimes, μιμάδες, δεικτηριάδες, passèrent, des contrées doriennes, en Sicile, dans la grande Grèce, et enfin à Rome.

Les Étrusques furent pour l'art théâtral, comme pour beaucoup d'autres choses, les instituteurs des Romains. En communication depuis longtemps avec les Grecs, les Osques avaient des théâtres de pierre, comme celui de Tusculum, bien avant que les Romains eussent seulement des tréteaux de bois. L'an 442 de Rome, la jeunesse romaine étudiait la littérature osque, au dire de Tite-Live, comme, de son temps, on se livrait à l'étude des lettres grecques.

Entre Naples et Capoue, Atella, aujourd'hui Aversa, a été une des premières villes antiques qui aient eu un théâtre, et surtout un genre de comédie particulier; aussi donna-t-elle le nom d'*Atellanes* aux premières comédies qui furent jouées à Rome et qui tenaient beaucoup des pièces satiriques et bouffonnes des Grecs.

Ces pièces, mêlées de danses, de chants, de pantomimes où les acteurs jouaient d'improvisation sur un *scenario* ou motif convenu, pleines de plaisanteries et de bons mots, éclipsèrent bien vite les *Saturæ*, comédies indigènes et nationales de Rome. La jeunesse romaine s'empara de ce genre de pièces et se réserva le droit de les jouer. Les acteurs des Atellanes avaient seuls des priviléges, des franchises et des libertés sans bornes. Dans la suite, ces pièces devinrent licencieuses, obscènes, et on donna le nom d'Atellanes à toutes celles qui étaient écrites dans un genre graveleux. On les appela aussi *Exodiæ*, à cause de l'usage où l'on était de les jouer à la suite d'autres pièces, ou à la fin du spectacle.

Ces pièces se jouaient sur l'orchestre, au-dessous du *proscenium*; de là le nom de *comœdiæ Planipediæ*, parce que les acteurs y jouaient sans cothurnes. Ils jouaient aussi sans ces masques énormes appelés *personœ*.

Les comédies *Tabernariæ*, dont les sujets étaient tirés du bas peuple et des tavernes, se jouaient parfois comme les *Planipediæ*, ainsi que les *Togatæ*, où les acteurs paraissaient vêtus de la toge.

Les autres genres de comédies étaient ainsi désignés :

Les comédies mixtes, où une partie se passait en récit, l'autre en action mimée, comme l'*Eunuque* de Térence.

Les comédies *Motoriæ*, où tout était en action, comme *Amphitryon* de Plaute.

Les comédies *Palliatæ*, où le sujet, les personnages et les costumes étaient grecs.

Les comédies *Prætextatæ*, où le sujet et les personnages étaient pris dans la noblesse.

Les *comœdiæ Latinæ*, ou comique larmoyant, inventées par Rhintone, bouffon de Tarente.

Les comédies dites *Statariæ*, qui avaient beaucoup de dialogues et peu de pantomime, comme l'*Asinaire* de Plaute et l'*Hécyre* de Térence.

Dans les représentations de quelques pièces, la déclamation théâtrale était partagée entre deux acteurs, dont l'un prononçait, tandis que l'autre faisait les gestes.

L'abbé du Bos, dans ses réflexions critiques sur la poésie et la peinture, nous traduit ainsi ce qu'en dit Tite-Live.

« Livius Andronicus, poëte célèbre, et qui vivait à Rome environ cinq cent quatorze ans après sa fondation, et environ soixante après qu'on y eut ouvert des théâtres, jouait lui-même dans une de ses pièces. C'était alors la coutume que les poëtes dramatiques montassent eux-mêmes sur le théâtre pour y réciter dans leurs ouvrages. Le peuple, qui se donnait la liberté qu'il prend encore en France et en Italie de faire répéter les endroits qui lui plaisent, le peuple, dis-je, à force de crier *bis*, fit réciter si longtemps le pauvre Andronicus, qu'il s'enroua. Hors d'état de déclamer davantage, il fit trouver bon au peuple qu'un esclave, placé devant le joueur d'instrument, récitât les vers, et, tandis que cet esclave récitait, Andronicus faisait les mêmes gestes qu'il avait faits en récitant lui-même. On remarqua alors que son action était beaucoup plus animée, parce qu'il employait toutes ses forces à faire les gestes, quand c'était un autre qui était chargé du soin et de la peine de prononcer; de là, continue Tite-Live, naquit l'usage de partager la déclamation entre deux acteurs, et de réciter, pour ainsi dire, à la cadence du geste des comédiens. »

Mais, de tous les spectacles des Romains, « aucun ne fut goûté chez eux comme celui des pantomimes; il fut même particulier à ce peuple, pour qui les chefs-d'œuvre des tragédies grecques étaient étrangers » (Ch. Magnin). Il leur fallait des spectacles, mais des spectacles faits pour les yeux. Ce nom de *pantomime*, qui veut dire *imitateur de tout*, indique que ces acteurs avaient l'art de rendre toutes sortes de sujets avec le geste seul. Lucien dit que quelquefois on chantait le sujet de la pièce exécutée par le pantomime, et que, d'autres fois, il représentait, sans que l'on prononçât, les vers exprimés par son jeu muet.

« Ce spectacle, » dit M. Charles Magnin, « qui n'admettait
» pas de paroles, convenait mieux qu'aucun autre à la
» politique ombrageuse des empereurs; et il avait, de plus,
» l'inappréciable avantage de fournir un lien et comme une
» sorte de langue intelligible et commune aux nations si
» diverses de mœurs et d'idiomes qui composaient l'empire
» romain. » Et plus loin : « Voyez dans quels termes parle
» des pantomimes un poëte du temps de Théodose, Nonnus
» de Panopolis, dans le livre VIII de ses Dionysiaques : ce
» sont des gestes qui ont un langage, des mains qui ont une

» bouche, des doigts qui ont une voix. Bien que l'usage du
» masque permît aux pantomimes romains de jouer indif-
» féremment des rôles d'hommes et de femmes, il y eut
» cependant, au quatrième siècle, des actrices pantomimes.
» L'incroyable licence de cette époque rendait la présence
» des femmes nécessaire aux plaisirs de la foule. Elles
» paraissaient la tête découverte, et souvent, chose in-
» croyable! se montraient tout à fait nues. Elles nageaient
» ainsi devant les spectateurs, dans une espèce de cuve ou
» de bassin placé sur le bord de l'orchestre. »

« ..... Le nombre des pantomimes à Rome, au quatrième
» siècle, est à peine croyable. Ammien Marcellin rapporte,
» comme une chose honteuse aux Romains, que, sous le
» règne de Constance, on fut obligé, dans la crainte de la
» famine, de faire sortir de Rome tous les étrangers qui
» professaient des arts libéraux, et que l'on conserva, sans
» les inquiéter, six mille pantomimes. »

Déjà, avant l'ère chrétienne, les *funambuli* ou danseurs de corde faisaient fureur à Rome. Les Romains les préféraient à leurs meilleurs spectacles. Térence lui-même l'éprouva : il se plaint de ce que, pendant la représentation d'une de ses pièces, un nouveau funambule ayant paru, attira tellement l'attention des spectateurs, qu'ils ne pensèrent plus à autre chose. *Ita populus, studio spectaculi cupidus in funambulo animam occupaverat.*

On s'étonne de la perfection tant célébrée des anciens pantomimes quand on songe au masque qu'ils portaient et qui devait les priver de l'expression et du caractère même du visage, à moins que l'effet de cette figure postiche ne fût combiné, pour être vu à-distance voulue, avec beaucoup d'art et d'entente de la scène. Leurs masques étaient d'ailleurs moins difformes que ceux des autres acteurs, n'ayant plus besoin de bouches démesurées pour étendre et fortifier la voix dans les immenses théâtres antiques.

Nous devons donner ici quelques détails sur l'usage du masque antique, auquel se rattache, sans aucun doute, le masque des acteurs de la comédie italienne.

On sait déjà que le principal avantage des anciens masques scéniques était de pouvoir faire exécuter par des hommes certains rôles de femmes. C'était une espèce de grand casque qui couvrait toute la tête de l'acteur et qui, outre les traits du visage, représentait encore la barbe, les cheveux, les oreilles et jusqu'aux ornements que les femmes pouvaient employer dans leurs coiffures.

On appelait ce masque *persona;* c'est ainsi que Phèdre, Horace et d'autres auteurs les ont nommés dans leurs ouvrages. Il paraît que les premiers furent faits d'écorce d'arbre; on en fit plus tard en cuir doublé de toile; mais comme leurs formes pouvaient se corrompre facilement, on vint à les faire tous d'un bois léger, et on imagina, de plus, de les composer de façon à pouvoir rendre la voix de l'acteur beaucoup plus forte, soit en les doublant de lames d'airain ou de quelque autre corps sonore, soit en adaptant, dans l'intérieur de l'ouverture de la bouche, une espèce de cornet qui devait faire l'effet du porte-voix : c'est la raison pour laquelle une grande partie de ces masques ont une bouche d'une grandeur et d'une étendue qui les rendaient hideux de près, mais dont la difformité diminuait sans doute, étant vue de loin et ne laissant apercevoir qu'une expression très-caractérisée.

Aulu-Gelle, qui écrivait sous l'empereur Adrien, nous rend ainsi compte de l'effet de ces masques pour augmenter la voix :

« Toute la tête et le visage de l'acteur étant renfermés
» sous la couverture du masque, de manière que la voix ne
» puisse s'échapper que par une issue qui est encore res-
» serrée, il s'ensuit que la voix, ainsi contrainte, doit
» rendre des sons plus forts et plus distincts. Voilà pourquoi
» les Latins ont donné le nom de *Persona* à ces masques,
» parce qu'ils font retentir et résonner la voix de ceux qui
» les portent. »

Il était naturel de fabriquer différentes espèces de masques suivant les emplois qu'on en voulait faire. En conséquence, on les distinguait en masques comiques, tragiques et satiriques. Ces derniers surtout étaient horriblement chargés, et sans doute beaucoup plus grands que les autres, parce que, ayant à représenter des faunes, des satyres ou des cyclopes, que l'imagination des poëtes peignait comme des êtres extraordinaires, les acteurs qui se chargeaient de ces rôles devaient paraître des hommes fort au-dessus de la nature. En conséquence, ils ne manquaient pas d'augmenter leur taille en proportion de la grandeur de leurs masques.

Il n'y avait que les masques destinés aux rôles de femmes, ainsi que ceux que portaient les danseurs, qui, loin d'être difformes, étaient, au contraire, agréables et réguliers. On leur donnait, selon Lucien, le nom de masques *muets* ou *orchestriques*.

Nous savons encore que, chez les Grecs, où la comédie plus libre que chez les Romains cherchait à jouer et caractériser les citoyens vivants, les acteurs portaient des masques qui représentaient les traits de ceux qu'ils voulaient désigner. C'est ainsi qu'Aristophane, dans sa comédie des *Nuées*, donna à un de ses acteurs un masque qui ressemblait si parfaitement à Socrate qu'on croyait le voir lui-même en scène. Les Romains corrigèrent cet abus, et il paraît que, dans les comédies de Térence, les masques de ses acteurs exprimaient l'âge, l'état, les mœurs et les passions du rôle, mais sans jamais offrir aux spectateurs des traits connus.

Le nom d'histrion, qui dérive de l'étrusque *hister*, est venu d'Étrurie à Rome en même temps que les jeux scéniques; il devint la dénomination de tous les acteurs. Ceux-ci étaient pour la plupart esclaves ou affranchis, et n'avaient pas le droit de cité romaine. Bien plus, tout citoyen qui se serait avisé de monter sur le théâtre pour jouer ou déclamer, aurait perdu ses droits civiques. Au reste, les lois seules étaient rigoureuses pour les histrions, les mœurs étaient tolérantes. On sait qu'un acteur pouvait devenir riche, et libre s'il était esclave, quand par son génie et ses talents il arrivait à la célébrité.

Quintus Roscius, célèbre acteur romain, né 129 ans avant Jésus-Christ, gagnait de cinq à six cent mille sesterces par an, et l'acteur Ésopus, son contemporain, laissa en mourant, à son fils, une fortune de vingt millions de sesterces (plus de quatre millions de francs), acquise tout entière au théâtre.

Sorix et Metrobius étaient ses contemporains et partageaient avec lui l'amitié et la faveur de Sylla.

La ville de Tarente, chef-lieu de la grande Grèce, fut célèbre par ses acteurs, qui vinrent à Rome après la conquête de leur ville. Cléon, surnommé le Mimaule, jouait les mimes au son de la flûte; il était le plus célèbre acteur de toute l'Italie et jouait sans masque, comme Nymphodore, son rival. Istomachus, qui, d'abord charlatan, suivit la voie de Cléon, commença à jouer ses farces sur la place publique, et quand il eut acquis une certaine célébrité, il monta sur le théâtre et y joua ses parades.

Ésopus, suivant Quintilien, fut regardé comme un des plus grands acteurs tragiques des Romains, et Roscius excella à jouer dans le comique. Ce dernier était l'ami de Cicéron, et aussi considéré par ses talents que par sa probité. Il avait perfectionné cet art du geste que les Latins appellent *saltatio*, à un tel point que Cicéron lui proposait souvent des défis, à qui rendrait le mieux une même pensée et avec plus d'éloquence, l'un avec le seul geste et l'autre avec la parole.

Pylade et Bathylle, au premier siècle, furent célèbres tous les deux comme acteurs de pantomimes. Pylade forma une troupe qui eut une grande célébrité. Lentulus, mime et mimographe, vivait aussi au premier siècle, sous Domitien et Trajan.

Au troisième siècle, Genès ou Genest de Rome, comédien, fut martyrisé.

Il y avait, outre les acteurs salariés par l'État, des bateleurs ambulants, des mimes, des bouffons (dont l'étymologie *buffo* viendrait de l'action de s'enfler les joues, afin que les soufflets que devait recevoir l'acteur fissent plus de bruit, et prêtassent à rire davantage). Tous ces saltimbanques parcouraient l'Italie et jouaient des parades, des sortes d'atellanes, ou de petites pièces écrites en vers, comme pour les grands théâtres, lesquelles étaient souvent chantées et accompagnées de la flûte.

Les Romains eurent aussi, comme les Grecs, des *nevrospastes* ou joueurs de marionnettes, car nous voyons les acteurs des atellanes emprunter aux vieilles marionnettes des pompes religieuses, le *Manducus*. « Ainsi s'établit à Rome, dit M. Ch. Magnin, une sorte d'échange entre les personnages des atellanes et ceux du théâtre des marionnettes, à peu près comme on a vu chez nous se mêler et se doubler, pour ainsi dire, les masques de la comédie italienne et les acteurs de la troupe de Polichinelle; de sorte qu'il n'est pas aisé de savoir si, dans certains rôles, les marionnettes ont précédé les acteurs vivants, ou si les acteurs vivants ont précédé les marionnettes. » Les marionnettes, ou automates, αὐτόματα, comme les appelle Aristote, furent apportées d'Égypte en Grèce.

Nous devons esquisser l'histoire de ce théâtre, qui se trouve essentiellement liée à celle de certains types de la comédie italienne.

Hérodote raconte que l'origine des poupées à ressorts est de la plus haute antiquité; il dit avoir encore vu les femmes de l'Égypte porter en procession, dans les fêtes religieuses d'Osiris, qu'il appelle Bacchus, des statuettes qui parfois étaient de véritables statues, et dont certaines parties du corps étaient mues par des ficelles. Les Grecs s'approprièrent ce mécanisme, mais ils n'en firent pas seulement usage pour les cérémonies de leur culte, ils employèrent ces automates sur le théâtre.

Dans les cérémonies religieuses qui précédaient à Rome les jeux du cirque et les triomphes, on portait aussi des statues de bois à ressorts cachés, parmi lesquelles il y avait les *lamiæ*, goules africaines, puis le Manducus, le mangeur d'enfants, aux dents aiguës, monstre à tête humaine (c'est certainement le type primitif du Mâchecroûte et du Croquemitaine), qui ouvrait, dit Rabelais dans *Pantagruel*, de « larges et horrificques maschouères bien endentelées, tant au-dessus comme au-dessoubs, lesquelles avecques l'engin d'une petite chorde cachée, l'on faisoyt l'une contre l'autre terrificquement clicqueter. »

L'usage de promener des monstres et des figures colossales se retrouve identiquement semblable au moyen âge; seulement, au lieu de servir aux triomphes des empereurs, c'est aux anniversaires des saints évêques canonisés pour avoir délivré le pays de monstres effroyables, ou tout simplement pour avoir dompté l'idolâtrie; et on voit encore aujourd'hui, dans les processions, figurer des monstres aux gueules armées de dents horrifiques, ou des géants Goliath et des saint Christophe remuant bras et jambes.

Ce nom de *marionnette* vient de *maria*, *mariola*, diminutif que les jeunes filles du moyen âge avaient donné aux petites figures de la Vierge exposées dans les églises et les carrefours. Nos pères en ont fait plusieurs dérivatifs, *marote*, *mariotte*, *mariole*, *mariette*, *marion*, puis *marionnette*. Tous ces noms enfantins furent donnés d'abord aux jeunes filles, et les bateleurs les donnèrent ensuite à leurs poupées de bois, qu'ils appelèrent *marmouzets* et *mariottes*, comme on les appelle encore en Languedoc.

En 1550, en Italie, elles sont appelées *bagatelli* et *magatelli*; mais Burattino, un des masques de la comédie italienne, s'étant personnifié dans les marionnettes, son nom leur resta, et on les appela généralement, à partir de la fin du seizième siècle, *burattini*.

On appelle *burattini* et *fantoccini* celles qui sont articulées et mues par des fils de fer; *bamboccie*, celles qui sont mises en mouvement par une ficelle tendue horizontalement, d'un côté à un bâton, et de l'autre attachée au genou de celui qui les fait agir; ainsi procèdent encore les petits savoyards qui font danser *la Catarina* : *Puppi*, *pupazzi*, celles qui n'ont qu'une tête et des mains de bois; le corps n'est qu'une poche en étoffe, dans laquelle on passe la main; le pouce et le médium font agir les bras, et l'index fait mouvoir la tête, au moyen du cou creusé à cet effet. Ces marionnettes, simples dans leur structure, datent de fort loin; ce sont celles-là qui conservèrent les traditions de la farce et de la satire, pendant le moyen âge, sur les places publiques, faciles qu'elles sont à transporter et à entretenir, ainsi que le théâtre (*il castello*), la baraque, qui ne les montre qu'à mi-corps et qui est d'une simplicité primitive.

En Espagne, les marionnettes portent le nom de *titeres*, mais on les appelle plus communément *bonifrates*, parce que ce sont toujours des personnages de saints et d'ermites qu'elles représentent dans leurs canevas mystiques. « Le peuple, » dit M. Charles Magnin, « s'est montré de tout temps avide de plaisirs scéniques. Quand il n'a pu avoir de comédiens à lui, le peuple s'est fait son propre comédien et son bouffon. L'Église a eu beau condescendre aux inclinations mimiques de la multitude et s'efforcer de satisfaire les bizarres fantaisies de la foule par des représentations sérieuses et quelquefois bouffonnes; elle a eu beau donner aux laïques une part et un rôle dans les cérémonies sacrées, il resta toujours en dehors de l'Église un surcroît de séve et de passion mimique non satisfait, qui exigea, nonobstant toutes défenses, le maintien dans les carrefours des farceurs et des baladins. »

Au quatrième et au cinquième siècles, les petits drames familiers, dans le genre des canevas italiens, étaient très en vogue sur les théâtres grecs et romains. Les femmes y remplissaient des rôles. Quant au sujet des pièces, c'était toujours, disent les Pères de l'Église, des intrigues de galanterie et des mésaventures de tuteurs ou de maris trompés. « Les philosophes et les médecins y sont souvent ridiculisés. Ce sont à peu près les mêmes sujets et les mêmes personnages qui passèrent ensuite sur la scène italienne. »

En 560, Cassiodore dit que les jeux des mimes et des pantomimes sont encore florissants de son temps.

Les Pères de l'Église cherchèrent à faire disparaître les dernières traces du paganisme, en défendant, comme impies et sacriléges, les comédies et tous les jeux des histrions.

Mais le goût et la passion du théâtre étant innés chez l'Italien, la religion nouvelle ne put parvenir à détruire cet art. L'Église victorieuse, laissant de côté l'esprit des premiers chrétiens, qui se contentaient, pour tout temple, des catacombes de Sainte-Agnès, eut besoin de monuments, d'églises luxueuses et de pompes propres à frapper les imaginations. Aussi voyons-nous certains drames et représentations religieuses se mêler à la mise en scène du catholicisme triomphant. C'est dans l'Église même que se réfugie l'art dramatique. Les théâtres avaient cessé d'être un lieu de plaisir et d'amusement. La plupart avaient été convertis en citadelles et en forteresses pour résister aux invasions constantes des Huns, des Vandales, des Goths, des Lombards et des Normands.

Bien que les peuples d'Italie n'eussent guère le loisir de s'occuper de farces et de badinages, alors que l'avalanche des peuples du Nord se répandait sur ses villes et couvrait ses campagnes désolées par la famine, aussitôt qu'un moment de répit était laissé à cette pauvre terre, le goût de la comédie et des spectacles semblait renaître de ses cendres.

Saint Thomas d'Aquin, qui vivait en 1224, parle de la comédie de son temps comme d'un spectacle qui subsistait depuis plusieurs siècles avant lui. Il appelle la comédie *histrionatus ars* et les comédiens *histriones*.

Quand la noblesse féodale et barbare fut poussée, sous un pieux prétexte, à porter ses armes en Orient pour refouler ce flot incessant de l'invasion sarrazine qui menaçait la chrétienté, l'Europe entière traversa la civilisation de l'empire d'Orient; et c'est au retour des croisades que des pèlerins, l'imagination frappée des merveilles de Byzance, représentèrent des aventures remarquables de preux chevaliers, des miracles de saints, des légendes religieuses, d'abord en Italie, puis en France. Ce furent là les origines de notre théâtre. En Italie, l'art comique commença à avoir deux genres différents : les comédies sacrées, religieuses et merveilleuses, et celles qui continuèrent à être ce qu'elles avaient été avec les anciens mimes latins, c'est-à-dire des farces burlesques, des improvisations mêlées de sauts, de *lazzi*, de danses et de bribes des pièces antiques, que les baladins italiens ont conservées jusqu'à nos jours, parfois sans s'en douter.

« C'est aux Italiens, dit Voltaire dans ses *Questions sur l'Encyclopédie*, qu'on doit ce malheureux genre de drames appelés *mystères*. Ils commencèrent dès le treizième siècle, et peut-être auparavant, par des farces tirées de l'Ancien et du Nouveau Testament : indigne abus, qui passa bientôt en Espagne et en France ! C'était une imitation vicieuse des essais que saint Grégoire de Nazianze avait faits en ce genre, pour opposer un théâtre chrétien au théâtre païen de Sophocle et d'Euripide. Saint Grégoire de Nazianze mit quelque éloquence et quelque dignité dans ces pièces; les Italiens et leurs imitateurs n'y mirent que des bouffonneries. »

Avec le quatorzième siècle, l'Italie entre dans une ère nouvelle, cette époque de reflorescence, la renaissance des arts et des lettres qui ne se fit sentir chez nous qu'un siècle plus tard; cependant, au commencement du quatorzième siècle, l'influence italienne inspira Luco, le poëte provençal, qui composa une pièce satirique contre le duc d'Anjou, roi de Naples. Vers le milieu du même siècle, Parasolz, autre poëte provençal, composa une série de cinq pièces ou plutôt de cinq chapitres, contre Jeanne Ire, reine de Naples. Sa vie, ses aventures, ses crimes y étaient mis au grand jour sous les titres de *l'Andreasse, la Tarenta, la Mahorquina, l'Allemanda, la Johanella*. Cette satire fut jouée à Avignon, devant l'antipape Clément VII (Robert de Genève), qui fut si content de l'œuvre, qu'il nomma Parasolz chanoine de Sisteron.

La langue italienne s'étant épurée avec Dante, Pétrarque, Boccace, l'Arioste, le quinzième siècle était en Italie une époque de goût, d'art et de littérature. Tandis qu'en France le théâtre était le monopole des confréries religieuses, jalouses de leurs priviléges, en Italie, le théâtre était toujours ouvert aux productions de l'esprit ou du génie. Deux genres tranchés y existaient : les tragédies et comédies nobles, écrites, apprises et récitées, comme *Il Pastor fido* de Guarini, *la Calandra* du cardinal Bibbiena, *la Mandragore* de Machiavel, *I simili* de Giorgio Trissino, *l'Aminta* du Tasse, etc., etc.; et le théâtre improvisateur, libre, chanteur, danseur, railleur et facétieux. Tandis qu'en France on ne « s'ébaudissait » qu'aux mystères, dans lesquels se mêlaient, il est vrai, beaucoup de plaisanteries profanes et grivoises, aux bateleurs emplumés qui avalaient « espées et bastons, » marchant sur les mains, ou qui, les yeux bandés, exécutaient, au son des *tabourins*, ce qu'on appelle encore aujourd'hui la danse des œufs : c'était en Italie le théâtre *retrouvé*, honoré et cultivé.

Tandis que les Zingari, bohémiens ou gypsies, cette caste errante des soudras hindous, parcouraient l'Europe et se risquaient parfois à montrer leurs *pupazzi* ou *magatelli*, ce qui les faisait passer pour sorciers dans certains pays et « condamner par sentence à estre pendus et bruslez, » des troupes de comédiens, de bouffons, comme *Martino d'Amelia* et *Gian Manente*, parcouraient l'Italie et jouaient tout à la fois les pièces écrites de Poliziano, de Machiavel, de l'Arioste, du cardinal da Bibbiena, de Nicolo Secchi, du Tasse, de Fedini, Guarini, etc., des improvisations sur canevas appelées *comedie dell' arte*, des *comedie sostenute*, c'est-à-dire apprises et récitées sans développements ; des drames, des tragédies et des pièces mêlées de tragédies, de satires et de comédies, appelées *tragisatirocomedie*.

En parlant des comédies italiennes, Montaigne dit : « Il m'est souvent tombé en fantaisie de faire des comédies, ainsi que les Italiens, qui y sont assez heureux... Ils ont de quoi rire partout, il ne faut pas qu'ils se chatouillent. »

Pendant tout le seizième siècle, jusqu'au dix-septième inclusivement, nous voyons donc deux théâtres différents : l'un occupé par des comédiens qui jouent à l'impromptu (*comedia dell' arte*), avec l'ARLEQUIN et les acteurs masqués ; et l'autre occupé par les *académiciens* ou *acteurs académiques*, qui jouent des pièces écrites et régulières (*comedia sostenuta*), lesquelles passèrent quelquefois sur le théâtre des comédiens bouffes.

Ce fut Angelo Beolco, dit le RUZZANTE, qui ouvrit le premier la carrière aux dialectes italiens. En 1528, il donna sa première comédie en prose, où chaque personnage parle un dialecte différent. Aussi ce théâtre devint-il excessivement populaire. Chaque localité voulut avoir son type représenté. De là cette infinité de personnages et de noms qui se résument en quelques types principaux : Polichinelle, le Capitan, Scaramouche, Arlequin, Brighelle, Pantalon et le Docteur.

Polichinelle, qui n'avait jamais cessé d'exister depuis les atellanes, et qui s'appelait alors Maccus, *le mimus albus*, ressuscita sous le nom de Pulcinella.

Casnar, Pappus, le vieillard bafoué et ridicule, devient Pantalon, puis Cassandre.

Les deux *Zanni*, Arlequin et Brighella, sont les *sanniones* du théâtre antique; le premier, valet ou paysan balourd, bête et gourmand; le second, l'esclave fin et rusé, se vengeant de ses maîtres en les volant.

La tradition antique s'est conservée jusqu'à nos jours dans l'habillement des personnages de la comédie italienne. D'abord le masque, qui s'est peu modifié, car les types principaux, comme Pulcinella, Arlequin, Brighella, Pantalon, Coviello, Tartaglia, portent tous le masque, qui a un caractère ancien, et, à l'exception des vieillards, ils ont tous un serre-tête qui cache les cheveux, par tradition de la tête rasée des mimes antiques.

La tradition de cette autre pièce du costume que portaient les phallophores grecs s'est conservée jusque sous Louis XIII, parmi les mimes et bouffons de la comédie. Il n'y a qu'à jeter les yeux sur *les petits danseurs* de Callot, comme Cerimonia, Smaraolo, Scaramuccia, cap° Spezza-Monti et autres, pour s'en assurer.

La plus grande partie des personnages porte aussi le manteau (*le tabaro*), et tous les valets, comme les esclaves des atellanes, ont des vêtements courts. La toge et les robes longues ne sont permises qu'aux nobles et aux vieillards.

Le bâton de Polichinelle et la batte d'Arlequin ne sont probablement que la modification du bâton recourbé des paysans du théâtre grec, attribut de la muse de la Comédie.

D'autres rapports essentiels sont à remarquer. D'abord la Chanteuse, qui faisait partie de toutes les troupes italiennes, et qui, à l'exemple du chœur antique, venait chanter d'avance les scènes et les expliquer. Puis, le *planipes* moderne, le Narcisin bolonais, qui vient encore, par manière d'intermède, causer avec le public et railler les mœurs du jour; enfin et surtout la manière de jouer *à l'impromptu*, sans que les acteurs aient appris les rôles, et seulement après avoir lu un canevas affiché dans la coulisse. Ces rapprochements et beaucoup d'autres prouveraient que la *comedia dell' arte* n'est que la continuation du théâtre d'Atella avec ses improvisations, ses scènes libres, souvent licencieuses, mêlées de chants et de pantomimes.

Nous avons dit que chaque province voulut être représentée. Ainsi Bergame donna Arlequin et Brighella; Milan, Beltrame et Scapin, qui ne sont que des variétés de Brighella et Meneghino; Venise, Pantalon et son valet Zacometo; Naples, Pulcinella, Scaramouche, Tartaglia, le Capitan, qui se métamorphosa sous la domination espagnole, et le Biscegliese. Rome, Meo-Patacca, Marco-Pepe et Cassandrino, type plus moderne, sorte de *monsignore;*

Florence, Stenterello; Bologne, le Docteur et Narcisin; Turin, Gianduja; la Calabre, Coviello et Giangurgolo; la Sicile, il Barone, Peppe-Nappa, etc., etc.

Arlequin, Brighella, le Docteur et Pantalon sont ce que l'on appelle fondamentalement les quatre masques modernes.

Salvator Rosa en nomme sept, qui sont les précédents, et en plus Pulcinella, Tartaglia et Coviello.

Pourquoi aujourd'hui font-ils bande à part? peut-être sont-ils si vieux qu'ils sont tombés en défaveur. Où sont les Menego, les Truffa, les Zaccagnino, Cavicchio, Bagatino, Ciurlo, Guazeto et tant d'autres?

« Mais où sont les neiges d'antan? »

Quand, quelques années après Beolco (Ruzzante), vers le milieu du seizième siècle, Flaminio Scala, chef de troupe, parcourut l'Italie, il trouva les types formés et baptisés pour la plupart. Il n'eut plus qu'à les faire agir. Depuis l'ère chrétienne, les femmes avaient disparu du théâtre; avec la renaissance elles y remontèrent.

La troupe de Flaminio Scala joua en Italie depuis la seconde moitié du seizième siècle jusqu'au commencement du dix-septième, principalement des *comedie dell' arte*, sur des canevas très-succincts. Il ne fit que continuer le genre de fables et de farces qui se jouaient bien longtemps avant lui. Il a laissé une cinquantaine de canevas, imprimés en 1611. On y voit agir Arlecchino, Pedrolino (Pierrot), Burattino, Fritellino, Cap. Spavento, Mezzettino, Pantalone, le Docteur, Cavicchio, et lui-même sous le nom de Flavio.

Dès le milieu du seizième siècle, voici bon nombre de nos masques italiens baptisés et agissant.

« Ce même Flaminio Scala, » dit Riccoboni dans son *Histoire du théâtre italien*, écrite en 1723, « fit imprimer son
» théâtre, qui n'est pas dialogué, mais seulement exposé
» en simples canevas, qui ne sont pas si concis que ceux
» dont nous nous servons et que nous exposons accrochés
» aux murs du théâtre par derrière les coulisses, mais qui
» ne sont pas non plus si prolixes que l'on n'en puisse tirer
» la moindre idée de dialogue : ils expliquent seulement ce
» que l'acteur vient faire sur la scène, et l'action dont il
» s'agit, et pas davantage. »

Voici ce que dit Évariste Gherardi, au sujet des pièces à canevas, et de l'improvisation des comédiens *dell' arte*.

« .... Les comédiens italiens n'apprennent rien par cœur,
» et il leur suffit, pour jouer une comédie, d'en avoir vu le
» sujet un moment avant que d'entrer sur le théâtre. Ainsi,
» la plus grande beauté de leurs pièces est inséparable de
» l'action; le succès de leurs comédies dépend absolument
» des acteurs, qui leur donnent plus ou moins d'agréments,
» selon qu'ils ont plus ou moins d'esprit, et selon la situa-
» tion bonne ou mauvaise où ils se trouvent en jouant. C'est
» cette nécessité de jouer sur-le-champ qui fait qu'on a tant
» de peine à remplacer un bon comédien italien, lorsque
» malheureusement il vient à manquer. Il n'y a personne
» qui ne puisse apprendre par cœur et réciter sur le théâtre
» ce qu'il aura appris; mais il faut tout autre chose pour
» le comédien italien. Qui dit *bon comédien italien*, dit un
» homme qui a du fond, qui joue plus d'imagination que

» de mémoire; qui compose en jouant tout ce qu'il dit;
» qui sait seconder celui avec qui il se trouve sur le théâtre;
» c'est-à-dire qu'il marie si bien ses actions et ses paroles
» avec celles de son camarade, qu'il entre sur-le-champ
» dans tout le jeu et dans tous les mouvements que l'autre
» lui demande, d'une manière à faire croire qu'ils étaient
» déjà concertés. »

Voici sur ce même genre de pièces le sentiment de Riccoboni.

« On ne peut disconvenir qu'il n'ait des grâces qui lui
» sont propres et dont la comédie écrite ne peut jamais se
» flatter. L'impromptu donne lieu à la variété du jeu, en
» sorte qu'en revoyant plusieurs fois le même canevas, on
» peut revoir chaque fois une pièce différente. L'acteur qui
» joue à l'impromptu joue plus vivement et plus naturelle-
» ment que celui qui joue un rôle appris. On sent mieux,
» et par conséquent on dit mieux ce que l'on produit que
» ce que l'on emprunte des autres par le secours de la
» mémoire; mais ces avantages de la comédie jouée à
» l'impromptu sont achetés par bien des inconvénients;
» elle suppose des acteurs ingénieux, elle les suppose même
» à peu près égaux en talent, car le malheur de l'im-
» promptu est que le jeu du meilleur acteur dépend abso-
» lument de celui avec lequel il dialogue; s'il se trouve
» avec un acteur qui ne sache pas saisir avec précision le
» moment de la réplique, ou qui l'interrompe mal à propos,
» son discours languit, ou la vivacité de son esprit sera
» étouffée. La figure, la voix, le sentiment même ne suffi-
» sent donc pas au comédien qui veut jouer à l'impromptu;

» il ne peut exceller s'il n'a une imagination vive et fertile,
» une grande facilité de s'exprimer ; s'il ne possède toutes
» les délicatesses de la langue, et s'il n'a acquis toutes les
» connaissances nécessaires aux différentes situations où
» son rôle le place. »

L'opinion du spirituel et très-artiste président de Brosses (1740) complète les jugements qui précèdent. « Cette manière de jouer à l'impromptu, qui rend le style très-faible, rend en même temps l'action très-vive et très-vraie. La nation est vraiment comédienne : même parmi les gens du monde, dans la conversation, il y a un feu qui ne se trouve pas chez nous, qui passons pour être si vifs. Le geste et l'inflexion de la voix se marient toujours avec le propos au théâtre ; les acteurs vont et viennent, dialoguent et agissent comme chez eux. Cette action est tout autrement naturelle, a un tout autre air de vérité, que de voir, comme aux Français, quatre ou cinq acteurs rangés à la file sur une ligne, comme un bas-relief, au-devant du théâtre, débitant leur dialogue chacun à leur tour. »

La comédie italienne descend donc directement du jeu des anciens mimes latins ; surtout le genre appelé *comedia dell' arte* n'est autre que celui des *Atellanes*. C'est le seul théâtre, en Europe, qui ait conservé la tradition de l'antiquité. Notre théâtre, en France, ne commença à prendre une forme que lorsque l'influence italienne vint adoucir et polir la rudesse de nos mystères merveilleux et grotesques.

On se demande souvent comment se jouaient alors certaines scènes où deux acteurs se trouvant sur le théâtre, se cherchent et se parlent sans se voir ; où, parfois, quatre et cinq personnages jouent tous à la fois en formant cependant deux ou trois groupes qui ne se voient pas l'un l'autre. Ces scènes, qui se rencontrent à chaque instant dans le théâtre de Plaute et de Ruzzante, s'expliquent par la forme et la structure des théâtres antiques et de ceux de la renaissance, dont il nous reste aujourd'hui un spécimen fort beau et fort intéressant, exécuté par Palladio à Vicence.

La salle est bâtie en demi-cercle, à gradins, entourée d'une colonnade dont les interstices forment de petites loges, et d'escaliers montant à une galerie qui couronne le tout. Le théâtre se compose de deux parties : l'avant-scène, demi-cercle en plate-forme qui s'avance jusqu'au bas des gradins; et, en arrière, la scène proprement dite, où sont posés les décors. Mais les décors sont plantés différemment de ceux de nos théâtres. La scène est divisée en trois arcades, et sous chaque arcade on voit posée, sur un terrain en pente, une rue véritable, bordée de maisons de bois, qui vient du fond du théâtre aboutir sur l'avant-scène, censée une place publique. Les acteurs peuvent donc jouer et circuler dans toutes les rues, se cacher, épier, écouter ou surprendre très-naturellement des secrets et des mystères qui sont parfois impossibles à mettre en scène sur nos théâtres modernes. Un grand avantage encore, c'est que les acteurs, jouant sur l'avant-scène ou sur la scène, peuvent être entendus également bien de partout, à cause de la construction circulaire de la salle, et de l'avant-scène qui n'est pas élevée comme les nôtres. Ce théâtre, dit Olympique, que Palladio bâtit et construisit au commencement du seizième siècle, est un bijou d'architecture.

A l'occasion des fêtes que la ville de Lyon donna au roi Henri II et à la reine Catherine de Médicis, en 1548, les négociants florentins établis dans cette ville firent venir, à leurs frais, une troupe de comédiens italiens, pour représenter, devant le roi et la reine de France, *la Calandra* du cardinal Bibbiena; mais le théâtre de la comédie italienne ne fut établi pour la première fois à Paris qu'en 1570, par un nommé Ganasse ou Juan Ganassa. On y jouait la tragédie et la comédie : « On payait jusqu'à cinq et six sols par personne. » Cette troupe, autorisée par lettres patentes du roi, ne paraît pas avoir eu une longue existence. Ganasse dirigeait, en Espagne, dans les premières années du règne de Philippe II, une troupe de comédiens italiens qui jouaient des farces en langue italienne. Dans cette troupe figuraient Arlequin, Pantalon, le Docteur, Pagliaccio, Burattino et Tabarino, dont l'homonyme eut plus tard tant de vogue sur la place Dauphine, à Paris. Le jeu de ces acteurs et leurs costumes eurent un grand succès en Espagne, où ils firent un assez long séjour avant de venir en France.

En 1572, Porbus a représenté dans un de ses tableaux un bal ou divertissement de la cour de Charles IX. On y voit le roi et tous ses courtisans dans le costume de divers bouffons italiens. Le duc de Guise (le Balafré) y figure en Scaramouche, le duc d'Anjou (Henri III) en Arlequin, le cardinal de Lorraine en Pantalon, Catherine de Médicis en Colombine, et *le Roi Très-Chrestien y fait ses farces* sous le masque de Brighella. Singulier prélude à l'horrible tragédie du 24 août de la même année (Saint-Barthélemy)!

Dès 1571, la troupe italienne connue sous le nom de *i comici confidenti*, c'est-à-dire les comiques *confiants* (sous-entendu dans l'indulgence du public), parcourait les provinces de France. Les représentations de cette compagnie consistaient en comédies à l'impromptu, pastorales, comédies écrites et tragédies.

La célèbre Celia, dont le véritable nom était Maria Malloni, faisait partie de cette troupe, ainsi que Bernardino Lombardi, acteur et poëte, et Fabrizio di Fornaris, connu sous le nom du capitan Cocodrillo.

A peu près à la même époque, une seconde troupe, sous le nom de *i comici gelosi* (c'est-à-dire les comiques désireux, jaloux de complaire au public), vint aussi en France jouer les mêmes genres de pièces. Cette troupe possédait encore de forts bons acteurs, tels que Orazio Nobili, de Padoue; Adriani Valerini, de Vérone, connu sous le nom d'Aurelio; la belle Lidia, de Bagnacavallo.

En 1574, les deux compagnies rivales se fondirent en une seule troupe, qui prit le nom de *i comici uniti* (les comiques réunis), et jouèrent à Paris en 1576; mais les maîtres de la Passion firent fermer leur théâtre.

A la fin de 1576, les deux troupes réunies se séparèrent et reprirent leurs titres de *i confidenti* et *i gelosi*. C'est alors que Flaminio Scala se mit à la tête des *gelosi*, et parcourut la France et l'Italie alternativement, toujours soutenu par les plus grands succès. Cette troupe était à Venise, lorsque Henri III la fit mander à Blois, puis à Paris. L'arrivée de ces artistes est ainsi annoncée dans l'*Étoile*, en février 1577.

« En ce mois, les comédiens italiens appelés *li gelosi*, que

» le Roy avoit fait venir de Venise et desquels il avoit payé
» la rançon, ayant été pris par les Huguenots, commencè-
» rent à jouer leurs comédies dans la salle des États à Blois;
» et leur permit le Roy de prendre demi-teston de tous ceux
» qui les viendroient voir jouer. »

« Le dimanche 19 may, les comédiens italiens surnommez
» *li gelosi* commencèrent leurs comédies à l'hostel de Bour-
» bon, à Paris; ils prenoient quatre sols de salaire par
» teste de tous les François, et il y avoit tel concours, que
» les quatre meilleurs prédicateurs de Paris n'en avoient
» pas tous ensemble autant quand ils preschoient. »

« Le samedi 27 juillet, *li gelosi*, comédiens d'Italie, après
» avoir présenté à la Cour les lettres patentes, par eux
» obtenues du Roy, afin qu'il leur fût permis de jouer leurs
» comédies nonobstant les deffenses de la Cour, furent ren-
» voyés par fin de non-recevoir, et deffenses à eux faites de
» plus obtenir et présenter à la Cour de telles lettres, sous
» peine de dix mille livres parisis d'amende applicable à la
» boëtte des pauvres; nonobstant lesquelles deffenses, au
» commencement de septembre suivant, ils recommencè-
» cèrent à jouer leurs comédies en l'hostel de Bourbon,
» comme auparavant, par jussion expresse du Roy : la
» corruption de ce tems étant telle, que les farceurs,
» bouffons, p.... et mignons avoient tout crédit auprès
» du Roy. »

Mais cette troupe ne resta pas longtemps à Paris. « Les
longs séjours, » dit M. Charles Magnin, « n'étaient pas dans
les habitudes de ces troupes ambulantes, et d'ailleurs les
magistrats, peu favorables à l'établissement de nouveaux

théâtres, soutenaient avec rigueur le monopole des anciens confrères de la Passion, alors exploité par des comédiens de profession, locataires de l'hôtel de Bourgogne. »

La troupe des *gelosi* retourna donc à Florence en 1578; et c'est là que Flaminio Scala forma la plus célèbre troupe italienne du seizième siècle, qui vint en France à plusieurs reprises. Cette troupe avait pour devise un Janus à deux faces, avec cette légende jouant sur le nom de *gelosi* :

Virtù, fama ed onor ne' ser gelosi.

Les principaux acteurs enrôlés par Flaminio Scala, qui lui-même jouait les amoureux sous le nom de Flavio, étaient : une jeune actrice, nommée Prudenza, née à Vérone, jouant les secondes amoureuses, et qui déjà avait fait partie de la troupe en 1577, à Blois et à Paris; Giulio Pasquati, de Padoue, pour l'emploi de Pantalon et de Magnifico; Gabriello, de Bologne, créateur du personnage de Franca-Trippa; Simone, de Bologne, qui le premier porte le nom d'Harlequino; Girolamo Salimbeni, de Florence, sous le nom du Zanobio (vieux bourgeois de Piombino); la signora Silvia Roncagli, de Bergame, qui remplissait les rôles de soubrette sous le nom de Francischina; Lodovico, de Bologne, jouant le docteur Graziano; Francesco Andreini, de Pistoie, jouant « de tous les instruments de musique, parlant six ou sept langues; » Francesco Bartoli, savant comédien; Isabella, qui épousa Francesco Andreini (il capitan Spavento).

De 1584 à 1585, la troupe dite des *confidenti* vint séjourner en France. Fabrizio di Fornaris fit représenter une pastorale, puis une comédie (*Angelica*) jouée d'abord d'improvisation, en italien, chez le duc de Joyeuse. L'auteur joua lui-même dans sa pièce le rôle du capitan Cocodrillo, qui ne parlait qu'espagnol. Cette nouvelle troupe s'était établie à l'hôtel de Cluny ; mais elle fut chassée par les confréries de la Passion, qui avaient seules le privilége des théâtres.

En 1588, une nouvelle tentative de la part des Italiens eut lieu auprès des Parisiens. A propos de cette troupe, M. Charles Magnin dit : « On lit dans une remontrance adressée au roi à l'occasion de l'ouverture des seconds états de Blois, parmi beaucoup d'autres griefs, « que les jeux des estrangers *italiens* sont un grand mal qu'on avoit tort de tolérer. » Aussi un arrêt du 10 août de cette année renouvela-t-il la défense faite à tous comédiens, tant *Italiens* que Français, de donner aucune représentation ailleurs qu'en l'hôtel de Bourgogne. Le malheur des temps, plus que cette défense, força les acteurs italiens à repasser les monts. Pendant cette triste époque, en effet, il n'y avait plus de place en France pour les joyeux ébats d'Arlequin, de Pantalon, du docteur Bolonais, de Franca-Trippe, de Franceschina, du capitan Spavento. Les seize et leurs adhérents donnaient à la France d'autres spectacles. »

En 1600, Henri IV, après la paix de Savoie, lors de son mariage avec Marie de Médicis, fit venir ou ramena lui-même d'Italie, selon quelques auteurs, une troupe nouvelle qui n'était autre que celle des *gelosi*, sous la direction de Flaminio Scala. Ils étaient logés rue de la Poterie, hôtel d'Argent, et étaient à la solde du roi. Les *gelosi* prirent ensuite des arrangements avec les comédiens de l'hôtel de

Bourgogne, et jouèrent alternativement avec eux sur le théâtre de la rue Mauconseil.

La belle, la célèbre Isabella Andreini était la reine de cette troupe; mais sa mort, arrivée en 1604, fut le signal de la dispersion. Flaminio Scala se retira, fatigué de vingt-huit années de travaux, et s'occupa de publier des canevas.

L'Italie possédait alors, au commencement du dix-septième siècle, plusieurs compagnies comiques. Les *comici uniti*, troupe formée en 1583 par Adriano Valerini, transfuge du camp des *gelosi*. Les *confidenti*, qui s'éteignaient lentement. Les *gelosi*, que nous venons de voir se disperser après la mort d'Isabelle, et une nouvelle troupe, l'héritière de la gloire des *gelosi*, qui fut connue et brilla pendant quarante-sept ans dans toute l'Europe sous le nom de *comici fedeli* (les comiques fidèles). J. B. Andreini, fils d'Isabelle, prit en 1605 la direction de cette troupe, qui, plusieurs fois renouvelée, ne se sépara qu'en 1652. Les principaux acteurs de cette compagnie furent : Gio-Paolo Fabri, qui avait déjà joué sous le nom de Flaminio dans la troupe des *uniti*; Nicolo Barbieri, connu sous le nom de Beltrame, qui devint, en 1625, directeur de la troupe avec J. B. Andreini; Virginia Ramponi, mariée à J. B. Andreini en 1601, et connue sous le nom de Florinda; Girolamo Gavarini de Ferrare, connu sous le nom de capitan Rinoceronte; Margarita Luciani, sa femme; Lidia, actrice d'un grand mérite, qu'épousa J. B. Andreini en 1635, après la mort de Virginia Ramponi; Eularia Coris.

En 1613, Marie de Médicis appela à Paris la troupe des *fedeli*, sous la direction de J. B. Andreini, qui venait de dédier à la reine sa pièce religieuse, l'*Adamo*. Il y resta jusqu'en 1618, jouant l'ancien répertoire des *gelosi* et le sien propre, tantôt à la cour, et tantôt d'accord avec les comédiens français sur le théâtre de l'hôtel de Bourgogne.

En 1621, Andreini fut rappelé à Paris « et il y séjourna, » dit M. Ch. Magnin, « jusqu'à la fin du carnaval de 1623, ayant, pendant ces deux années, représenté avec applaudissements et fait imprimer, à Paris même, cinq ou six pièces de sa façon. Après un court voyage au delà des monts, il vient encore passer à Paris l'année 1624 et le commencement de 1625. »

C'étaient des comédies improvisées ou apprises par cœur, des tragédies, des espèces d'opéras-comiques et de pastorales que jouaient ces différentes troupes. Les dialectes vénitien, napolitain, bergamasque ou génois, étaient parfois employés ainsi que le français, l'allemand et le castillan, dans certaines pièces, comme la *Ferinda*, de J. B. Andreini. Le public français ne devait certes pas y comprendre grand'chose. Aussi l'auteur l'en dédommageait-il le lendemain, en lui donnant des *œuvres* comme la *Centaura* (dédiée à Marie de Médicis).

Cette pièce équestre mettait en scène toute une famille de centaures, père, mère, fils et fille, qui piaffent au premier acte dans une comédie, qui paissent gaiement au second dans une pastorale, et qui, au troisième, galopent et se cabrent dans une tragédie. Les aventures se multiplient nombreuses et pittoresquement bizarres, autour du père, du fils et de la mère centaures, qui combattent pour recouvrer la couronne de l'île de Chypre. Désespérés de ne pouvoir réussir dans leur dessein, ils se tuent résolûment. Ceci fait, on vient leur offrir la couronne tant désirée. La petite centauresse, restée orpheline, se voit donc forcée de monter sur le trône, ce qu'elle exécute au galop.

L'influence de ces comédies, de ces farces et bouffonneries italiennes, le pittoresque des costumes, l'impromptu de ce théâtre, enfantèrent bientôt chez nous des comédiens et des bouffons qui surpassèrent même parfois leurs modèles. Tout en empruntant le masque, le manteau, les livrées des Italiens, les comédiens français créèrent bientôt sur le théâtre de l'hôtel de Bourgogne, tombé en discrédit à cause des pièces ennuyeuses qui s'y donnaient, des personnages pleins d'originalité, de verve et de gaieté, moitié français, moitié italiens, comme GROS-GUILLAUME, TURLUPIN, GAULTIER-GARGUILLE, GUILLOT-GORJU, JODELET; tandis que TABARIN, de 1618 à 1625, jouait sur la place Dauphine, avec Mondor, ses scènes et ses farces parlées en italien, en espagnol ou en français, selon les types. Molière a su glaner dans leur champ comme dans celui de la comédie italienne.

En 1639, Louis XIII fit venir d'Italie une troupe moitié chantante, moitié improvisatrice. Le célèbre Tiberio Fiurelli, connu sous le nom de SCARAMOUCHE, faisait partie de cette troupe, qui resta peu de temps en France : ces courtes apparitions se renouvelèrent plusieurs fois, ainsi que nous l'assurent, dans leurs ouvrages, Andreini et BELTRAME, deux acteurs italiens. Les troupes de comiques italiens, disent-ils, n'étaient pas stables à Paris. On les faisait venir, on payait leurs voyages: elles restaient à Paris ou à la suite de la cour tant qu'elles faisaient plaisir, et, après quelques années, on leur donnait une somme pour satisfaire à leurs frais de retour.

La troupe de 1645, appelée à Paris par le cardinal Mazarin, jouait sur le théâtre du Petit-Bourbon. Elle se composait de PANTALON, ARLEQUIN, MEZZETIN, TRIVELIN, ISABELLE, COLOMBINE, LE DOCTEUR, SCARAMOUCHE, AURELIA, Gabriella Locatelli, Giulia Gabrielli, Margarita Bartolazzi.

Voici le titre d'une pièce jouée sur ce théâtre.

« Explication des décorations de théâtre et les arguments
» de la pièce qui a pour titre : *La Folle supposée* (*La Finta
» pazza*). Ouvrage du célèbre Giulio Strozzi, très-illustre
» poëte italien, qui se doit représenter par la grande troupe
» royale des comédiens italiens, entretenus par Sa Majesté,
» dans le Petit-Bourbon, par le commandement de la reine
» mère, du Roi Très-Chrétien (Louis XIV), imprimée à
» Paris en novembre 1645.

» Flore sera représentée par la gentille et jolie *Louise-
» Gabrielle Locatelli*, dite Lucile, qui, avec sa vivacité,
» fera connoître qu'elle est une vraie lumière de l'har-
» monie....

» Thétis sera représentée par la signora *Giulia Gabrielli*,
» nommée Diane, laquelle à merveille fera connoître sa
» colère et son amour.

» Le prologue de cette pièce sera exécuté par la très-
» excellente *Marguerite Bartolasti*, dont la voix est si ravis-
» sante que je ne puis la louer assez dignement. »

Plus loin on lit, à propos d'une autre scène :

« *Nota*. Cette scène sera toute sans musique, mais si bien représentée, qu'elle fera presque oublier l'harmonie passée.

» Le premier acte de la pièce est terminé par un ballet, dansé par quatre ours et quatre singes, lesquels, au son de petits tambours, font une plaisante danse.....

» Et paraissent des autruches, lesquelles, s'abaissant à une fontaine pour boire, forment une danse. »

Voici l'argument de la huitième et dernière scène du troisième acte.

« Nycomède reconnoît Pyrrhus pour son petit-fils, et cependant arrive un Indien, lequel ayant fait la révérence au roi, raconte que, parmi les marchandises qu'il conduisoit dans son navire que la tempête avoit ramené dans le port, il y avoit cinq perroquets, dont il lui faisoit offre, et les fait apporter dans une cage.

» Au même tems, quatre Indiens font un petit bal à la moresque; enfin les perroquets s'envolent des mains de leurs maîtres et les laissent désespérés de cette perte : après quoi s'achève la pièce et s'en vont tous s'embarquer pour la guerre de Troie. » (Note de Gueulette.)

En 1653 reparut une nouvelle troupe, dans laquelle nous retrouvons des acteurs qui étaient déjà venus en France plusieurs fois, comme Tiberio Fiurelli (Scaramouche), Locatelli (Trivelin), Brigida Bianchi (Aurelia). Cette troupe fut la première stable à Paris.

Le théâtre du Petit-Bourbon lui fut d'abord assigné, ainsi qu'à la troupe de comédiens espagnols qui, de 1650 à 1672, joua concurremment avec la troupe italienne.

Voici ce qu'en dit Loret, qui publiait ses lettres en vers tous les samedis.

MUSE HISTORIQUE DE LORET, du 16 août 1653.

> Une troupe de gens comiques,
> Venus des climats italiques,
> Dimanche dernier, tout de bon,
> Firent, dans le Petit-Bourbon,
> L'ouverture de leur théâtre
> Par un sujet assez folâtre,
> Où l'archiplaisant Trivelin,
> Qui n'a pas le nez aquilin,
> Fit et dit tout plein de folies
> Qui semblèrent assez jolies.
> Au rapport de certains témoins,
> Scaramouche n'en fit pas moins.
> Mais pour enchanter les oreilles,
> Pâmer, pleurer, faire merveilles,
> Mademoiselle Béatrix
> Emporta ce jour-là le prix.

N. Turi (de Modène) jouait LES PANTALONS; Ange-Augustin-Constantin Lolli (de Bologne), LES DOCTEURS BALOARDO; Marco Romagnesi, les premiers amoureux, sous le nom d'HORAZIO; Turi fils, les seconds amoureux, sous le nom de VIRGINIO; Béatrix Adami, les soubrettes, sous le nom de DIAMANTINE; JEAN DOUCET, caractère d'un niais; Tiberio Fiurelli (SCARAMOUCHE); Brigida Bianchi, les amoureuses, sous le nom d'AURELIA; Dominique Locatelli (TRIVELIN).

Les représentations avaient lieu de deux à cinq heures du soir. Cette mesure avait été prise à cause de la boue et des filous qui encombraient les rues de Paris, mal éclairées la nuit.

Cette troupe quitta le Petit-Bourbon en 1660 et passa, par ordre du roi, avec la troupe de Molière, au théâtre du Palais-Royal, où elle continua ses représentations de deux jours l'un, en s'adjoignant plusieurs acteurs et actrices venus d'Italie.

Valerio, Ottavio, amoureux (Andréa Zanotti).

Eularia, amoureuse (Ursula Corteze, femme de Dominique).

Diamantine, soubrette (Patricia Adami, femme d'Angelo Lolli).

Arlequin (Giuseppe-Domenico Biancolelli, dit *Dominique*).

Cintiio (Mario-Antonio Romagnesi).

Scaramouche (Tiberio Fiurelli).

Flautin (Giovanni Gherardi), 1675.

Mezzetin (Angelo Constantini), 1682.

Colombine (Catarina Biancolelli, fille de Dominique).

Pierrot (Giuseppe Giraton), 1684.

Pasquariello (Giuseppe Tortoretti), 1685.

Aurelio, amoureux (Bartolomeo Ranieri), 1685.

Marinette, soubrette (Angelica Toscano, femme de Tortoretti).

Polichinelle (Michel-Angelo da Fracassano), 1685.

Gradelino, valet (Constantino Constantini), 1687.

Ottavio, amoureux (Giovanni-Batista Constantini), 1687.

Arlequin (Evarista Gherardi).

Léandre (Charles-Vigile Romagnesi de Belmont).

Spinetta, Brighella, le Capitan, dont on ignore les véritables noms.

La Chanteuse (Élisabeth Danneret, dite *Babet*).

La troupe fut expulsée de Paris, le théâtre fermé en 1697, à l'occasion d'une comédie (*la Fausse Prude*) dans laquelle Constantini, qui remplaçait l'Arlequin, s'était permis des allusions satiriques sur madame de Maintenon.

Sous la dénomination de Théâtres de la Foire, on comprenait, jusqu'à la fin du dix-huitième siècle, les salles de spectacle établies sur l'emplacement des marchés Saint-Germain et Saint-Laurent, qui avaient commencé par des danseurs de corde, des chiens savants, etc.

C'est alors que les acteurs forains s'emparèrent du répertoire italien, se fondant sur les suspensions de priviléges, et sur les franchises accordées aux marchands des foires Saint-Germain et Saint-Laurent.

Mais les acteurs de la Comédie-Française, voulant le maintien de leurs droits, obtinrent du lieutenant de police, M. de la Reynie, une sentence portant « défense à tous par- » ticuliers, hors les comédiens françois, de représenter » aucune comédie ou farce dans la ville de Paris, sous » peine d'amende. »

Les forains interjettent appel de cette sentence, et continuent leurs représentations pendant l'appel. Nouvelle opposition des comédiens français. M. de la Reynie défend de nouveau aux forains de représenter « aucun spectacle où il y ait des dialogues. »

Les forains déclarent alors qu'ils ne joueront plus de dialogues. Deux ou trois jours après, ils affichent : *Scaramouche, pédant scrupuleux*, comédie en trois actes et en *monologues*. Quand un comédien avait récité son rôle, il se retirait dans la coulisse, et celui qui lui donnait la réplique venait le remplacer, pour disparaître à son tour et faire place au premier. Sept acteurs jouèrent ainsi dans cette comédie.

Moqués par le public, exaspérés contre les forains, les comédiens français et les gens de justice, accompagnés de plusieurs escouades du guet, de quarante archers de la robe courte, de deux huissiers au Parlement, de deux exempts de police, envahissent, le 20 février 1709, les théâtres forains, et détruisent loges, banquettes et décors. Après quoi ils se retirent, tout fiers d'en avoir fini avec ces récalcitrants.

Les forains ne se tiennent pas pour battus; aussitôt les archers partis, ils rétablissent les dégâts en quelques heures, avec l'aide du public, et, le lendemain, ils affichent et jouent comme s'il ne s'était rien passé. Mais les archers et les huissiers reviennent le surlendemain, et, cette fois, ils ne se contentent plus de briser et de déchirer; on livre tout aux flammes, et, pendant plusieurs jours, douze archers, plantés sur les ruines de la farce, n'eurent d'autre occupation que de brûler et d'anéantir.

Les acteurs de la foire furent donc obligés de se soumettre; mais ils trouvèrent encore moyen de se relever, car, quelques années plus tard, ils chantaient, sur leurs théâtres, ces vers de **Panard** :

> « Les lois ne sont qu'une barrière vaine
> Que les hommes franchissent tous;
> Car, par-dessus, les grands passent sans peine,
> Les petits, par-dessous. »

Les directeurs de l'Opéra comprirent bien vite que l'on ne s'opposerait pas au développement de ces petits théâtres. Ils vendirent au théâtre de la foire Saint-Laurent le droit de chanter, puisque le Théâtre-Français leur refusait celui de parler. Ce théâtre prit alors le titre d'Opéra-Comique.

Parmi les entreprises des théâtres forains, il y avait le jeu de Bertrand, Alard, la veuve Maurice et Decelles, associés et primitivement seuls possesseurs des spectacles de la foire. Ils partagèrent ensuite avec Dolet et Laplace. Puis vinrent Octave et Dominique. Saint-Edme et madame Baron leur succédèrent, en rivalité avec le chevalier Pellegrin, que remplacèrent Francisque et Lalauze, et enfin Ponteau, qui obtint, de l'Académie royale de musique, en 1728, le privilége de l'Opéra-Comique et le garda jusqu'en 1742.

Un grand nombre de nos auteurs plus ou moins célèbres ont travaillé pour les spectacles forains, entre autres Lesage, Fuzelier, d'Orneval, Panard, Favart, Diderot, Piron, Vadé, Carolet, Sedaine, Dorville, Laffichard, Gallet, Fagan, Dallainval, Boissy, Taconet.

« Qui croirait, disait Grimm en 1772, que l'Opéra et les deux Comédies Française et Italienne se sont perpétuellement réunies pour persécuter, en vertu de leur privilége, les spectacles forains ? Dès qu'il vient à un entrepreneur quelque bonne idée pour attirer le public, et dès qu'il tente quelque chose qui réussit, la chose qui réussit est défendue. Dans l'espérance d'empêcher la bonne compagnie de fréquenter ces spectacles, on a défendu aux entrepreneurs de prendre aux premières places plus de vingt-quatre sous, pour que les honnêtes gens s'y trouvent confondus avec la populace.... Prêchez la tolérance, et flattez-vous de la voir régner dans un pays où Henri IV et Polichinelle ont été persécutés avec un égal acharnement ! »

Les théâtres forains ont fait connaître des acteurs et des actrices d'un mérite reconnu. Le public a applaudi tour à tour, et souvent ensemble, le jeu bouffon et singulier de Dominique fils en Arlequin; l'air naïf de Belloni en Pierrot; la voix et la finesse de mademoiselle de Lisle en soubrette; le plaisant baragouin de Desgranges en Scaramouche; la figure de Paghetti dans les rôles de Pantalon, de Cassandre; l'air modeste de mademoiselle Molin dans les amoureuses.

On jouait aussi à l'Ambigu-Comique, situé alors sur le boulevard du Temple, des arlequinades et des pantomimes, de 1759 à 1771.

Au théâtre Gaudon, en 1769, on pouvait voir jouer POLICHINELLE, ARLEQUIN, ISABELLE, et autres personnages italiens.

Les quatre salles de spectacle de la foire Saint-Germain jouaient du 3 février au dimanche des Rameaux.

Celles de la foire Saint-Laurent, ouvertes du 1er juillet au 30 septembre, comme celle de la foire Saint-Ovide, qui se composait plus spécialement de bateleurs et de montreurs de marionnettes.

Quelques types italiens restèrent tels qu'ils étaient et furent joués dans leurs costumes adoptés depuis longtemps, et invariables. Mais quelques-uns changèrent de noms, de caractères et de costumes. PIERROT devint GILLES, PANTALON s'appela CASSANDRE, LÉANDRE devint un amoureux ridicule, un fat, un poltron, une sorte de Capitan; JEANNOT, qui n'était qu'un rôle ébauché dans la troupe italienne, devint un rôle plus complet et fit courir tout Paris. Les forains ne se firent pas faute non plus de prendre les types du Théâtre-Français : ainsi Crispin, Harpagon, Sganarelle, Gros-René, vinrent se mêler aux types italiens, et il en résulta un amalgame fort heureux, qui dura jusqu'à la fin des foires Saint-Laurent et Saint-Germain, tombées en désuétude et passées de mode en 1789.

Mais revenons aux troupes italiennes. La dernière, celle que le régent Philippe d'Orléans appela en 1716, sous la direction de Louis Riccoboni (dit *Lelio*), se fixa à l'ancien hôtel de Bourgogne, rue Mauconseil.

La troupe était ainsi composée :

Lelio, amoureux (Louis Riccoboni).

Mario, second amoureux (Baletti).

Arlequin (Vicentini, dit *Thomassin*).

Pantalon (Alborgheti) (Véronèse, 1744).

Le Docteur (Matterazzi) (Bonaventure Benozzi, 1732).

Scapin (Bissoni).

Scaramouche (Giacopo Rauzzini).

Flaminia (Elena Baletti).

Silvia, amoureuse (Gianetta Benozzi).

Violette, soubrette (Margarita Rusca).

Colombine (Teresa Biancolelli, 1739).

Lelio (Antoine Romagnesi, 1725) (François Riccoboni, 1726).

Arlequin (Carlo Bertinazzi, 1741).

Lelio (Louis Baletti, 1741).

Coraline (Carolina Véronèse, 1744).

Camille (Antonia Véronèse, 1744). — Élisabeth Constantini, 1730. — Mademoiselle Belmont, 1730. — Mademoiselle Dehesse, 1730. — Marie Laboras de Mézières, 1734 (madame Riccoboni). — Colombe, 1762. — Madame Favart, 1749. — Madame Bognioli, 1758.

ANGÉLIQUE (mademoiselle Foulquier, dite *Catinon*, 1753). — Mesdames Vesian, Bacelli, Zamarini, Billoni.

Cette troupe de 1716 fut donc appelée la nouvelle Comédie-Italienne, ou troupe du Régent, pour la distinguer de celle de 1653, qu'il fut convenu de nommer l'ancienne troupe de la Comédie-Italienne.

Ces différentes troupes italiennes, jusqu'à celle de 1716 inclusivement, jouaient plusieurs genres de pièces. C'était un mélange de scènes apprises et récitées, de scènes tout improvisées ou seulement mimées, appelées *scènes tout à l'italienne*, dansées et chantées; le tout avec accompagnement de décors et de mise en scène, comme on pouvait le faire alors. On ne manquait jamais de tirer un feu d'artifice à chaque ouverture de saison, les Italiens tenant à conserver leur vieille réputation pyrotechnique. Ce qu'on appelait en Italie *opera* (œuvre) n'était autre chose que ce mélange de tous les genres, comme *Le gelose politichi e amorose, di Pietro Angelo Zaguri, rappresentata in casa di Giovanni Batista Sanudo, a Venezia, 1697*, où le prologue se passait dans un pays imaginaire, habité par Éole, auquel le Tibre, accompagné des Nymphes, venait rendre visite; c'était un ballet, un drame, une tragédie mêlée de couplets et de danses.

La troupe de 1653 joua plus particulièrement des pièces sans grande mise en scène, et la musique n'y tenait que très-peu de place. Les acteurs durent renoncer bien vite à improviser en italien, les spectateurs ne saisissant pas le sens de leurs plaisanteries. C'est grâce à ce compromis qu'ils purent se maintenir en France; car nous voyons que la troupe appelée en 1639 par Richelieu, grand amateur de langue et de musique italiennes, après avoir joué, dansé et chanté l'*Ercolano amante*, fut obligée de s'en aller, faute d'auditeurs.

Celle de 1645, appelée par Mazarin, et qui joua entre autres *la Finta Pazza* et *la Rosaura*, n'aurait pas eu un meilleur succès auprès du public, sans les opéras à grand spectacle (comme *Orfeo*), qui firent fureur. Douze décorations se changeaient à vue, et représentaient : une ville forte assiégée et défendue; un temple entouré d'arbres; la salle du festin donné pour les noces d'Orphée; un intérieur de palais; le temple de Vénus; une forêt; le palais du Soleil; un désert affreux; les enfers; les champs Élysées; un bocage sur le bord de la mer; l'Olympe et le firmament. Les frais de mise en scène, les machines et les décors, peints et combinés par Giacomo Torelli, s'élevèrent à 550,000 livres.

Les pièces italiennes, en France, furent donc des canevas sur lesquels on improvisait le dialogue, mais dans lesquelles les acteurs intercalaient aussi des scènes écrites et apprises par cœur. Regnard, Palaprat, Delorme, de Montchenay, Lenoble, Mongin, Fatouville, Dufresny, de Bois-Franc, etc., firent pour ce théâtre des canevas, dont quelques scènes étaient écrites, et d'autres laissées entièrement à la verve d'improvisation de l'acteur. Grâce à Gherardi qui a recueilli quantité de ces scènes, dites *à la françoise*, nous pouvons juger ce que peut donner l'esprit français estropié dans une langue mi-partie pour ainsi dire, incorrecte en italien et en français, et, par cela même, offrant un babil piquant, qui résume mieux qu'aucun autre la gaieté fantasque des deux nations. Même dans les parodies des drames et tragédies de l'époque, où les vers et la rime défendent l'improvisation, l'acteur italien coupe un acte au beau milieu pour introduire une scène toute de *lazzi* et de pantomime. C'est ce qui se fait encore en Italie, aujourd'hui, avec les personnages de STENTERELLO, de NARCISIN, et autres types de l'ancienne comédie.

Cependant, vers le milieu du siècle dernier, le chant l'emporta peu à peu sur le dialogue, probablement faute de bons acteurs. La Comédie-Italienne ne fut plus qu'un théâtre donnant des opéras-comiques, ou des pièces entièrement écrites, de Marivaux, d'Alainval, Laffichard, Legrand, Boissy, Delisle, Favart, Sedaine, Desportes, Lanoue, Fuselier, Anseaume, Vadé, etc. Des acteurs français ne tardèrent pas à envahir un théâtre où personne ne parlait plus italien.

En 1762, la Comédie-Italienne fut réunie au théâtre de l'Opéra-Comique (l'ancienne foire Saint-Laurent).

Voici quelle était la nouvelle composition de la troupe :
Dehesse, *valet*. — Ciavarelli, *Scapin*. — Carlin Bertinazzi, *Arlequin*. — Baletti, *amoureux*. — Lejeune, *amoureux*. — Champville, *amoureux ridicule*. — Zanucci, *Lelio*. — Colalto, *Pantalon*. — Caillot, *Colas*. — Laruette, *Cassandre*. — Clairval, *amoureux*. — Madame Favart, *soubrette, amou-*

reuse. — Mesdames Rivière, Desglands, Bognioli, Laruette, Bérard, Beaupré, Carlin, Mandeville.

En 1779, l'administration renvoya tous les acteurs italiens, et on ne joua plus que des opéras-comiques. — « La Comédie-Italienne, ayant obtenu la permission de ne plus donner de pièces italiennes, les a remplacées par les comédies de son ancien répertoire, qu'elle avait entièrement abandonnées depuis sa réunion avec l'Opéra-Comique. On a renvoyé en conséquence tous nos acteurs ultramontains, à l'exception de Carlin Bertinazzi et de son double, qui continuent de jouer leurs rôles d'Arlequin dans les pièces françaises. » (Grimm, avril 1779.)

En 1780, le théâtre de la Comédie-Italienne prit le nom de Théâtre des Italiens, bien qu'il n'y eût plus un seul acteur italien à ce théâtre.

En 1783, la salle de la rue Mauconseil tombant en ruine, on construisit un théâtre sur l'emplacement de l'hôtel de Choiseul, sur le boulevard des Italiens, et le *Théâtre des Italiens* prit le nom de *Théâtre-Favart*. Des réparations nécessaires forcèrent la troupe de l'abandonner pour aller occuper le théâtre de la rue Feydeau, qui était destiné à une troupe venue d'Italie, laquelle arriva en 1789, sous la protection de Monsieur, frère du roi. Elle fut bientôt remplacée par l'Opéra-Comique.

En 1791, la salle Louvois a servi momentanément aux représentations de l'opéra français et italien; et aujourd'hui, les Italiens, ou plutôt l'Opéra-Italien, après avoir porté ses pénates de la salle de la place Favart à l'Odéon, est venu se fixer à la salle Ventadour.

Après cette rapide esquisse de l'histoire des types et du genre comique italien, disons donc, et tenons pour certain avec le savant M. Charles Magnin, dont les recherches sont fort précieuses, que « le drame populaire et roturier n'a
» jamais manqué d'égayer, dans les carrefours, à ciel
» découvert, la tristesse des serfs et les courts loisirs des
» manants : théâtre indestructible, qui revit de nos jours
» dans les parades en plein vent de Deburau ; théâtre qui
» unit la scène ancienne à la moderne.... L'érudition peut
» trouver à ces *joculatores*, à ces *delusores*, à ces *goliardi* de
» nos jours et du moyen âge, les plus honorables ancêtres
» dans l'antiquité grecque, latine, osque, étrusque, sici-
» lienne, asiatique, depuis Ésope, le sage bossu phrygien,
» jusqu'à Maccus, le Calabrais jovial et contrefait, héros
» des farces atellanes, devenu depuis, dans les rues de
» Naples, par la simple traduction de son nom, le très-
» sémillant seigneur Polichinelle. »

Pierrot, Arlequin, Léandre, Cassandre et Colombine sont, dans la pantomime, les seuls types italiens restés en France aujourd'hui, et encore chacun d'eux s'est bien transfiguré, aux Funambules et aux Folies-Nouvelles. En Italie, il faut les chercher dans quelques petits théâtres ou parmi les marionnettes.

Voici ce que dit M. Théophile Gautier à propos d'une spirituelle pantomime de M. Champfleury, qui fut jouée aux Funambules :

« La pantomime est la vraie comédie humaine, et, bien
» qu'elle n'emploie pas deux mille personnages, comme
» celle de M. de Balzac, elle n'en est pas moins complète.

» Avec quatre ou cinq types, elle suffit à tout. Cassandre
» représente la famille; Léandre, le bellâtre stupide et cossu
» qui agrée aux parents; Colombine, l'idéal, la Béatrix, le
» rêve poursuivi, la fleur de jeunesse et de beauté; Arlequin,
» museau de singe et corps de serpent, avec son masque
» noir, ses losanges bigarrés, sa pluie de paillettes, l'amour,
» l'esprit, la mobilité, l'audace, toutes les qualités et tous
» les vices brillants; Pierrot, pâle, grêle, vêtu d'habits bla-
» fards, toujours affamé et toujours battu, l'esclave antique,
» le prolétaire moderne, le paria, l'être passif et déshérité
» qui assiste, morne et sournois, aux orgies et aux folies de
» ses maîtres. »

Il ne faut pas s'attendre à trouver ici une histoire du théâtre italien; nous ne ferons mention ni du drame merveilleux, qui, en Italie comme dans toute l'Europe, fut essentiellement religieux pendant tout le moyen âge; ni du drame et de la comédie *académiques* et classiques qui, à partir du quinzième siècle, défrayèrent les cours des princes italiens. Nous ne nous occuperons pas davantage des drames et comédies sérieuses qu'en Italie on joue de nos jours, en vers ou en musique, pastiches pour la plupart de notre théâtre français moderne. Ce que nous recherchons, c'est ce qui fait le vrai caractère de l'Italie; c'est cet art *sui generis* que l'on ne trouve que là, cette comédie à l'impromptu, fille des *atellanes;* ces masques pleins d'originalité, ces bouffons remplis de verve et de spontanéité, aussi bien sur la place publique qu'à la cour de Versailles; c'est enfin de ces COMEDIANTI DELL' ARTE, et de leurs successeurs dans la même voie, que nous allons essayer de retrouver l'histoire et de retracer les types, à l'aide de la description et de nos dessins *mis en lumière*, comme on disait jadis pour *gravés*, par notre ami Alexandre Manceau.

HARLEQUINO.
1570.

ARLEQUIN.

TRIVELIN, TRUFFALDIN.

« Je suis né à Bergame, *Signori*, mais il y a si longtemps, que je ne m'en souviens plus. On m'appelait dans ce temps-là.... attendez donc!... je ne me rappelle plus mon nom, *per Bacco!* Excusez-moi si j'en appelle à Bacchus, mais c'est le seul dieu que j'aie jamais pris à témoin.

» Signori, j'ai beaucoup connu, jadis, un certain Maccus, qui n'était pas aimable tous les jours, et, alors, j'avais plus d'esprit que cette grosse brute-là. Plus tard, je fus valet d'un docteur qui n'était qu'apothicaire, et si avare, qu'il ne me donnait pour vêtement que les vieux morceaux des habits qui ne pouvaient pas servir à en raccommoder de moins râpés. J'ai eu de la noble misère, et longtemps. Vous regardez mon chapeau? il est presque neuf; c'est le roi Henri III qui m'en fit présent. Il n'aimait guère les chapeaux; il m'en donna un trop petit pour sa tête de moineau. Cette queue de lapin, c'est l'emblème de son courage et du mien, non pas courage de brebis, mais courage de lièvre, pour fuir vite et longtemps.

» J'ai été bien naïf, pour ne pas dire sot, chers Messieurs; mais, avec l'âge, l'expérience et l'esprit me sont venus, et, à présent, j'en ai à revendre. Je me suis dit d'abord, en quittant mon vieil apothicaire, que je ferais mieux d'imiter mon frère Brighella, c'est-à-dire de me mettre en condition là où on mange bien. J'ai donc choisi les hôtelleries; mais, hélas! si les cordonniers sont les plus mal chaussés, les valets d'auberge sont les plus mal nourris. J'ai quitté le métier; je me suis fait soldat, pauvre condition, croyez-moi; puis comédien, sauteur, danseur, pitre et bateleur tout à la fois. Mais, m'apercevant que mes guenilles faisaient mauvais effet à la cour, j'ai acheté du drap neuf de toutes les couleurs : du voyant, du rouge, du jaune, du bleu, pour remplacer les vieux morceaux de mon petit habillement, qui maintenant n'a pas son pareil à mille lieues à la ronde. Les dimanches et jours de fête, je mets mes habits de satin; mais cela se fripe trop vite, et c'est trop cher. Car, faut-il vous le dire, Signori! je n'ai jamais le sou, ce qui ne m'empêche pas d'être gai et de plaire aux belles; mais j'ai une attraction particulière pour les soubrettes. Je m'entends parfaitement avec elles pour manigancer certaines affaires amoureuses et délicates où les pères, maris ou tuteurs n'ont que faire de mettre le nez. Je suis, pour le moment, valet de condition chez des jeunes gens qui n'ont rien dans la cervelle, mais dont la bourse n'est pas toujours aussi vide. Enfin, en attendant que je fasse mes affaires moi-même, je fais celles d'autrui, et je dirai comme mon vieil ami Polichinelle : *J'en valons bien d'autres!*

» Si bien que je vais maintenant à la cour; je suis marquis de *Sbruffadeli*, et je laisse les servantes de côté; je courtise les maîtresses, et j'aspire à la main d'Isabelle... Mais qu'est-ce que c'est? qui me frappe? *Oimè!* où me cacher? De grâce, mon maître, je vous rendrai vos habits, ne me faites pas mourir sous le bâton; laissez-moi mourir de vieillesse! Je reprends mes guenilles, ma batte et mon masque; je reviens à Colombine et me vengerai sur Pierrot. »

Les Grecs représentèrent et mirent en scène tous les peuples de la terre alors connus d'eux, et toutes les classes de la société : citoyens grecs, marchands de Tyr, savants et sorciers perses, médecins étrangers, prêtres égyptiens, sorciers chaldéens, soldats macédoniens, barbares scythes; pédants, parasites, matrones, jeunes filles, courtisanes de Lesbos ou d'Athènes, paysans, esclaves asiatiques ou africains. Parmi ces derniers, nous trouvons un acteur vêtu, tantôt d'une peau de chèvre, tantôt d'une peau de tigre aux couleurs variées qui lui ceignait le corps étroitement, une baguette de bois pour toute arme, la tête rasée et couverte d'un chapeau blanc, le masque de couleur brune; le vulgaire l'appelait le jeune satyre. Serait-ce là le premier Arlequin?

Dans un article sur Arlequin, Marmontel écrivait, en 1776 :

« Celui-ci est en même temps le personnage le plus bizarre et le plus plaisant de ce théâtre. Un nègre bergamasque est une chose absurde; il est même assez vraisemblable qu'un nègre africain *fut le premier modèle de ce personnage.* »

Les Sycioniens, chez qui les mimes furent aussi anciens qu'à Athènes, conservèrent le nom de phallophores à leurs chanteurs phalliques. Ces phallophores de Sycione ne portaient point le masque, ils se barbouillaient le visage de suie, *fuligine faciem obductam,* ou se mettaient des écorces de papyrus sur la figure, c'est-à-dire un masque de papier, pour représenter des esclaves étrangers. Ils s'avançaient en mesure, soit de côté, soit par le fond du théâtre, et leur début était toujours : « Bacchus! Bacchus! Bacchus! c'est
» à toi, Bacchus, que nous consacrons ces airs. Nous orne-
» rons leur simple rhythme par des chants variés qui ne
» sont pas faits pour les vierges. Nous n'employons pas de
» vieilles chansons; l'hymne que nous t'adressons n'a
» jamais été chanté. »

A Rome, ces mêmes phallophores prennent le nom de *planipes.* Ce nom leur vint de ce que, n'ayant pas besoin des hautes chaussures tragiques pour se grandir, puisqu'ils jouaient tout près du public, sur le thymélé, dans l'orchestre même, ils jouaient pour ainsi dire *le pied à plat.* De là vient peut-être la coutume de dire par mépris : C'est un *pied plat,* un *histrion,* un *plat valet.* Ces acteurs ne représentaient que de petites pièces et des improvisations, des farces atellanes.

Quid enim si choragium thymelicum possiderem? num ex eo argumentare etiam uti me consuesse tragœdi syrmate, histrionis crocota, mimi centunculo, dit Apulée dans son Apologie.

Mimi centunculo désigne l'habit d'Arlequin, composé de pièces de plusieurs couleurs. Son masque noir est exprimé par *fuligine faciem obductam*, et sa tête rasée, selon Vossius, par *Sanniones mimum agebant rasis capitibus* (les bouffons représentaient leurs pantomimes la tête rasée).

Arlequin et Brighella sont appelés en Italie *zanni*, *zani* ou *sanni*, de *sannio*, qui, en latin, veut dire bouffon, moqueur; *sannium*, *sanna*, moquerie, raillerie, grimace.

« J'ai cherché, dit Riccoboni dans son *Histoire du*
» *théâtre italien*, d'où ce nom de *zanni* pouvait tirer son
» origine, et je pense que c'est le changement de la pre-
» mière lettre qui cause cet embarras. Nous voyons que,
» bien souvent, nos prédécesseurs, à la place de l'S se sont
» servis du Z. On dit *zmirne* pour *smirne*. Tous les auteurs
» de la langue italienne et les plus approuvés ont dit *zam-*
» *buco* pour *sambuco*, *zampogna* pour *sampogna*, *zanna* pour
» *sanna*. »

« *Quid enim potest tam ridiculum quam* sannio *esse? qui*
» *ore, vultu, imitandis motibus, voce, denique corpore ridetur*
» *ipso?* (Cicero, *De oratore*, lib. II.)

» *Planipes græce dicitur mimus, ideo autem latine planipes*
» *quod actores planis pedibus, id est, nudi proscenium introirent.*
» (Diomed., lib. III.)

» La chaussure d'Arlequin n'est-elle pas désignée par là?
» Il a les pieds simplement enveloppés d'un cuir et sans
» talon; depuis les pieds jusqu'à la tête, l'habit d'Arlequin
» n'est donc autre chose que celui des mimes latins... J'ai
» trouvé un livre, qui n'est pas aussi ancien que je l'aurais

» souhaité; mais ce qu'on y trouve suffit pour voir la
» différence qu'il y a de l'habit de ce temps-là à celui
» d'à présent.

» .... Du temps de Henri IV, une troupe de comédiens
» italiens vint à Paris. L'Arlequin de cette troupe voulait
» engager le roi à lui faire présent d'une chaîne d'or avec
» une médaille. Il imagina de faire un livre, de l'imprimer
» et de l'adresser au roi... A la première page, il y a une
» figure d'Arlequin, qui est de trois pouces et trois lignes
» de haut. »

Le costume de cet Arlequin, que Riccoboni a fait graver, se compose d'une jaquette ouverte par devant et attachée par de mauvais rubans; d'un pantalon étroit, collant, couvert de morceaux d'étoffes de plusieurs couleurs, placés au hasard. La jaquette est également toute rapiécée. Il a une barbe noire et roide, le demi-masque noir, et une toque tailladée comme celles du temps de François Ier; pas de linge; la ceinture, l'escarcelle et le sabre de bois. Ses pieds sont chaussés de souliers très-minces recouverts sur le cou-de-pied par le pantalon qui fait guêtre.

Quant au masque avec lequel Arlequin parut en France et qu'il porte encore aujourd'hui, on dit que c'est Michel-Ange qui l'a restauré d'après un masque de satyre antique. Son costume, au dix-septième siècle, s'est métamorphosé comme son caractère: ce sont bien toujours les mêmes morceaux d'étoffes de différentes couleurs, mais posés avec symétrie.

Depuis Dominique, le transformateur de ce type, le costume n'a que fort peu changé. La jaquette s'est raccourcie peu à peu, le pantalon s'est rétréci, il est revenu à sa forme primitive. Les losanges de différentes couleurs se sont allongés; mais le masque, la mentonnière, la tête noire, la queue de lapin emblème de la poltronnerie, la batte et la ceinture sont demeurés tels qu'ils ont toujours été.

Cette queue d'animal qui orne le chapeau d'Arlequin est encore une tradition de l'antiquité. On attachait une queue de renard ou des oreilles de lièvre à ceux que l'on voulait tourner en ridicule.

Une innovation, ce sont les paillettes, qui font de l'Arlequin moderne une espèce de poisson ruisselant d'écailles d'or et d'argent.

Dans les premières troupes italiennes du seizième siècle, troupes nomades qui tenaient autant des bohémiens et des bateleurs que des comédiens, nous trouvons TRIVELINO, MESTOLINO, ZACCAGNINO, TRUFFALDINO, GUAZETO, BAGATINO, qui sont le même type sous des noms différents et souvent sous le même costume. Ce n'est que sous Henri III qu'un *zani* de ce genre vint à Paris.

On a prétendu que, comme il était sans doute protégé par le premier président au parlement, Achille de Harlay, ses camarades l'appelaient HARLEQUINO, le petit protégé de Harlay (*planche* 2). Ce nom lui resta, ainsi qu'à ses successeurs dans ce type. Mais cette étymologie est victorieusement réfutée par un intéressant passage des savants commentateurs de Rabelais, Johanneau et Esmangard :

« Donat nous apprend que les entremetteurs (*lenones*), dans les anciennes comédies, étaient vêtus d'habits bigarrés de diverses couleurs, sans doute à l'exemple de Mercure leur patron, ce qui nous persuade que le personnage de comédie que nous nommons *Arlequin* n'est autre aussi que Mercure, et que c'est pour cela qu'on lui donne un habit bigarré, chargé de pièces de différentes couleurs. Arlequin est un diminutif de harle ou herle, nom d'un oiseau de rivière, et non pas un dérivé de celui de M. de Harlay ou d'Hercule. On dit en Italie Harlequino; on lit dans l'antichopin Harlequinus, et dans une lettre de Raulin, de 1521, Herlequinus. »

« Le jeu des Arlequins avant le dix-septième siècle, dit
» Riccoboni, n'était qu'un tissu de jeux extraordinaires,
» de mouvements violents et de polissonneries outrées. Il
» était tout à la fois insolent, railleur, plat, bouffon et
» surtout infiniment ordurier. Je crois aussi qu'il mêlait
» à tout cela une agilité de corps qui le faisait toujours
» être en l'air; et je pourrais même assurer qu'il était
» sauteur. »

Notre Arlequin moderne est sauteur, danseur avant tout; c'est une affinité de plus avec l'ancien type.

Dans certaines compositions de Callot, on voit, dans les fonds, des Arlequins qui sautent, dansent, et font le saut de carpe en arrière. Ainsi, de son temps, l'Arlequin était encore danseur sur les places publiques.

Cependant, à partir de 1560, nous voyons l'Arlequin, originaire de Bergame, n'être plus si niais, si *balordo affatto*. Il est toujours gourmand, poltron, mais ce n'est plus le type de ce valet de ferme des environs de Bergame, qui cherchait l'âne sur lequel il était monté.

« Son caractère, dit Marmontel, est un mélange d'ignorance, de naïveté, d'esprit, de bêtise et de grâce; c'est une espèce d'homme ébauché, un grand enfant qui a des lueurs de raison et d'intelligence, et dont toutes les méprises ou les maladresses ont quelque chose de piquant. Le vrai modèle de son jeu est la souplesse, l'agilité, la gentillesse d'un jeune chat, avec une écorce de grossièreté qui rend son action plus plaisante; son rôle est celui d'un valet patient, fidèle, crédule, gourmand, toujours amoureux, toujours dans l'embarras, ou pour son maître ou pour lui-même; qui s'afflige, qui se console avec la facilité d'un enfant, et dont la douleur est aussi amusante que la joie. Ce rôle exige beaucoup de naturel et d'esprit, beaucoup de grâce et de souplesse. »

Mais, en même temps que le *zani* ARLECHINO fut un sot, l'autre *zani* bergamasque, BRIGHELLA, fut un rusé et un fourbe. Arlequin et Brighella sont toujours de la ville de Bergame. Cette ville est bâtie en amphithéâtre, sur des collines, entre le Brembo et le Serio qui descendent des montagnes de la Valteline. On dit que les caractères des habitants de la haute et de la basse ville sont tout à fait opposés. Ceux de la haute ville, personnifiés dans le type de Brighella, sont vifs, spirituels et actifs; ceux de la ville basse sont paresseux, ignorants et presque stupides, comme Arlequin. J'en demande pardon aux habitants de la basse ville, mais je suppose que, comme Arlequin, ils sont devenus, depuis le seizième siècle, aussi vifs et aussi spirituels que leurs compatriotes de la ville haute. On dit, dans le nord de l'Italie, qu'Arlechino l'imbécille (lequel?) avait, sur l'œil gauche, une loupe qui lui couvrait la moitié de la joue, et que c'est pour cette raison qu'il prit le masque qu'il a toujours gardé depuis.

Vers la fin du seizième siècle, ce personnage, tout en conservant ses allures sautantes, ses manières de chat, tradition probable du jeu des anciens mimes, devient moins simple, et de temps à autre se permet un bon mot. C'est ainsi que, en 1578, le jouait en Italie Simone di Bologna.

Mais c'est au dix-septième siècle que se transforma complétement le rôle d'Arlequin. Il devint spirituel, rusé, grand diseur de bons mots, et tant soit peu philosophe. Même dans les troupes italiennes, les acteurs qui le jouèrent sous les noms de Zaccagnino, en 1680, et de Truffaldino, imitèrent Dominique Biancolelli, homme de mérite, instruit, ami des gens de lettres, qui mit son esprit à la place de celui d'Arlequin.

GIUSEPPE-DOMENICO BIANCOLELLI

(DOMINIQUE).

Joseph-Dominique Biancolelli était né à Bologne en 1640. Son père et sa mère étaient comédiens dans une troupe établie à Bologne. Dès sa plus tendre enfance, Biancolelli joua la comédie avec ses parents et fit de si rapides progrès, qu'à un âge où l'on commence ordinairement sa carrière, il était déjà compté parmi les bons acteurs de l'Italie.

En 1659, le cardinal Mazarin, voulant augmenter sa troupe italienne, fit venir plusieurs acteurs desquels fut

Biancolelli, qui jouait alors à Vienne en Autriche, dans la troupe de Tabarini. Ce Tabarini était déjà venu en France sous Louis XIII et la minorité de Louis XIV. Le jeune Biancolelli vint donc en France avec EULARIA, DIAMANTINE, OTTAVIO, en 1660.

Locatelli jouait alors les TRIVELIN, espèce d'Arlequin; mais cela n'empêcha pas Biancolelli de jouer les Arlequins, comme second comique, à côté de Trivelin, jusqu'à ce que ce dernier mourût : ce fut en 1671. A partir de ce moment, toute la scène appartint à *Dominique*, car c'est sous ce nom qu'il acquit la réputation du plus grand acteur de son siècle et rendit populaire le nom d'ARLECHINO (*planche* 3). Il mourut à quarante-huit ans, d'une fluxion de poitrine qu'il prit en dansant devant Louis XIV.

« Le sieur Beauchamp, maître à danser de Louis XIV, et
» compositeur de ses ballets, avait dansé devant Sa Majesté
» une entrée très-singulière, qui avait été goûtée de toute
» la cour, dans un divertissement que les comédiens italiens
» joignirent à une de leurs pièces. Dominique, qui dansait
» fort bien, imita d'une façon extrêmement comique la
» danse de Beauchamp. Le roi parut prendre tant de plaisir
» à cette entrée, que Dominique la fit durer le plus long-
» temps qu'il lui fut possible, et il s'y échauffa tellement
» que, n'ayant pu changer de linge au sortir du théâtre
» (parce qu'il lui fallut exécuter son rôle tout de suite), il
» lui survint un gros rhume qui se tourna en fluxion de
» poitrine; la fièvre s'y étant jointe, il ne fut pas plus de
» huit jours malade, et, après avoir *renoncé au théâtre*, il
» mourut le lundi 2 août 1688, à six heures du soir, et fut

» enterré à Saint-Eustache, derrière le chœur, vis-à-vis la
» chapelle de la Vierge. Il demeurait rue Montmartre, près
» l'égout, à côté de l'ancien hôtel de Charôt. »

> Les plaisirs le suivaient sans cesse ;
> Il répandait partout la joie et l'allégresse.
> Les jeux avec les ris naissaient dessous ses pas.
> On ne pouvait parer les traits de sa satire ;
> Loin d'offenser, elle avait des appas.
> Cependant il est mort; tout le monde en soupire :
> Qui l'eût jamais pensé sans se désespérer,
> Que l'aimable Arlequin qui nous a tant fait rire
> Dût sitôt nous faire pleurer !

(*Mercure* de 1688, par Devisé.)

La perte de *Dominique* fut un coup de foudre pour la comédie italienne. Ses camarades fermèrent le théâtre pendant un mois, et, lors de la réouverture, ils posèrent l'affiche suivante :

« Nous avons longtemps marqué notre déplaisir par
» notre silence, et nous le prolongerions encore si l'appré-
» hension de vous déplaire ne l'emportait sur une douleur
» si légitime. Nous rouvrirons notre théâtre mercredi pro-
» chain, premier jour de septembre 1688. Dans l'impossi-
» bilité de réparer la perte que nous avons faite, nous vous
» offrirons tout ce que notre application et nos soins nous
» ont pu fournir de meilleur. Apportez un peu d'indul-
» gence, et soyez persuadés que nous n'omettrons rien de
» tout ce qui peut contribuer à votre plaisir. »

Dominique avait épousé, à Paris, en 1662, Ursula Corteze, qui jouait sous le nom d'Eularia, dont il eut douze enfants. Cinq lui ont survécu, qui sont :

Françoise Biancolelli, née en 1664, qui joua les *Isabelle;*
Catherine Biancolelli, née en 1665, qui joua les *Colombine;*
Louis Biancolelli, chevalier de Saint-Louis, capitaine au régiment royal des vaisseaux, directeur des forts de Provence, ingénieur militaire, mort à Toulon en 1729; il était filleul de Louis XIV et auteur de plusieurs pièces qui furent jouées à la comédie italienne et qui font partie du théâtre de Gherardi;

Philippe Biancolelli de Bois-Morand, né en 1672, conseiller du roi, doyen des conseils de Saint-Domingue, commissaire de marine;

Pierre-François Biancolelli, né en 1681, qui joua sur les théâtres de la foire et à la Comédie-Italienne, sous le nom de *Dominique,* les rôles de Trivelin, et mourut en 1734.

Se trouvant au souper du roi, Dominique (Arlequin) avait les yeux fixés sur un certain plat de perdrix; Louis XIV, qui s'en aperçut, dit à l'officier qui desservait :

« Que l'on donne ce plat à Dominique.

— Et les perdrix aussi? demanda Dominique.

— Et les perdrix aussi, » reprit le roi, qui avait compris le trait. Le plat était d'or.

Louis XIV avait assisté *incognito,* au retour de la chasse, à une pièce italienne que l'on avait donnée à Versailles; le roi dit, en sortant, à Dominique : « Voilà une mauvaise pièce. — Dites cela tout bas, lui répondit Arlequin, parce que si le roi le savait, il me congédierait avec ma troupe. » Le roi admira la présence d'esprit du comédien.

Dominique était petit et d'une jolie figure; mais, une dizaine d'années avant sa mort, il était devenu trop gros pour un arlequin. Au bas de son portrait peint par Ferdinand, gravé par Hubert, on lit le quatrain suivant :

> Bologne est ma patrie et Paris mon séjour,
> J'y règne avec éclat sur la scène comique ;
> Arlequin sous le masque y cache Dominique,
> Qui réforme en riant et le peuple et la cour.

Après la mort de Dominique, il parut chez Florentin Delaulne un livre intitulé : ARLEQUINIANA, *ou les bons mots, les histoires plaisantes et agréables, recueillies des conversations d'Arlequin;* 1694. L'ouvrage commence ainsi : « Samedi dernier, 30 du mois, sur le minuit, en sortant de mon cabinet, Arlequin m'apparut. Il avait son petit chapeau, son masque, et l'habit qu'il portait sur le théâtre. Je fus d'abord surpris de le voir; mais un moment après, je me rassurai, persuadé que je ne devais rien craindre d'un homme que j'aimais encore au delà du tombeau. « N'appréhende point, me dit-il; je suis ravi de te voir. » A ce mot, je courus pour l'embrasser. « Non, pas cela, reprit-il; mon corps n'est plus que de matière subtile, mal propre à recevoir ces marques de ton amitié. Quelle folie te porte à publier les choses que nous avons dites ensemble quand je vivais? Crois-tu réjouir le monde par mes contes?... Étais-je si connu, que mon nom ne soit pas encore oublié? etc. »

L'auteur lui répond que son nom est immortel, que sa personne était aimée, estimée dans toute l'Europe; que, dans les rôles qu'il a représentés, il n'a agi que selon la justice et l'honnêteté. « Quand tu as représenté les friponneries des praticiens, les contorsions des femmes, les fourberies

ARLECHINO

des banqueroutiers, les impertinences des bourgeois, crois-tu avoir fait un grand mal?... » La conversation dure ainsi entre l'auteur et le défunt Dominique pendant un volume. Dans cette conversation viennent des histoires plaisantes, des anecdotes scandaleuses du temps, des bons mots, facéties, moralités, idées philosophiques, etc. C'est un pot-pourri sur Dominique.

Dans une comédie, Arlequin veut vendre sa maison; il vient trouver l'acheteur en scène, et, afin, lui dit-il, qu'il n'achète pas chat en poche, il veut lui faire voir un échantillon de la marchandise, et tire de dessous son casaquin un gros plâtras. Dans une autre scène, Arlequin est mendiant; Ottavio l'interroge sur plusieurs choses; entre autres, il lui demande combien il a de pères.

« Mais je n'en ai qu'un, répond Arlequin.

— Mais pourquoi n'as-tu qu'un père? lui demande Ottavio en se fâchant.

— Que voulez-vous? je suis un pauvre homme, je n'ai pas le moyen d'en avoir davantage. »

Pasquariello veut mener Arlequin au cabaret; mais, dans cette pièce, il est sobre et lui répond : « Le verre est la boîte de Pandore, c'est de là que sortent tous les maux. »

Citons encore quelques traits du caractère tracé par Dominique dans les différents Arlequins qu'il a représentés.

Mezzetin promet à Arlequin de lui faire épouser Colombine s'il veut le seconder dans une nouvelle fourberie. Pendant que Mezzetin songe à son projet, Arlequin compte les boutons de son justaucorps, et, à chaque bouton, dit :

« J'aurai Colombine, je ne l'aurai pas; je l'aurai, je ne

l'aurai pas; je l'aurai, je ne l'aurai pas; je l'aurai, je ne l'aurai pas. (*Il pleure.*) Je ne l'aurai pas!

MEZZETIN. Qu'avez-vous? pourquoi pleurez-vous?

ARLEQUIN *pleurant*. Je n'aurai pas Colombine! hi! hi! hi!

MEZZETIN. Qui est-ce qui vous a dit cela?

ARLEQUIN *montrant ses boutons*. C'est la boutonomancie! »

Dans *l'Homme à bonnes fortunes,* Arlequin, travesti en marquis, reçoit beaucoup de présents des femmes auxquelles il a su plaire. Il vient déjà de recevoir et de mettre sur son dos deux robes de chambre, quand on lui en apporte une troisième de la part d'une veuve qui va venir voir l'effet de son cadeau. On frappe à la porte, c'est elle! Arlequin n'a que le temps de passer cette troisième robe pardessus les deux autres, ce qui le rend semblable à un éléphant. La veuve entre malgré la défense.

« ARLEQUIN *en colère*. Eh morbleu! Madame, ne vous avais-je pas fait dire que je n'étais pas visible aujourd'hui?...

LA VEUVE. Pour vous trouver, Monsieur, il faut vous prendre au saut du lit; le reste du jour vous êtes inabordable.

ARLEQUIN. Il est vrai que je n'ai pas une heure à moi. Je suis si courbatu de ces aventures que le vulgaire appelle bonnes fortunes, que mon superflu suffirait à vingt fainéants de la cour.

LA VEUVE. Je crois, Monsieur, que c'est aujourd'hui un de vos jours de conquête, vous voilà fleuri comme un petit Cupidon!

ARLEQUIN. Je n'ai pourtant encore fait la conquête que d'un bouillon postérieur, qui me cause des épreintes horribles.... Il faut que ma femme de chambre ne me l'ait pas donné de droit fil.

La veuve. J'ai été aussi incommodée toute la nuit, de tranchées; je suis aujourd'hui à faire peur.

Arlequin. En vérité, Madame, cela est vrai. Il y a aujourd'hui bien des erreurs à votre teint; mais il est resté là-bas un peu de décoction, ne vous en faites point faute.

La veuve. Ce n'est pas avec des simples que l'âcreté de mon mal peut se guérir. Ma maladie est là. (*Elle se touche au cœur.*)

Arlequin. On sait bien qu'une femme grosse a toujours de petits maux de cœur.

La veuve. Moi grosse?... moi?... Ah! quelle ordure! Il y a trois ans que M. Grattefeuille, mon mari, est mort. Grosse! quelle obscénité!

Arlequin. Ah! Madame, je vous demande pardon, je vous croyais fille; on s'y trompe quelquefois.

La veuve. Mais, Monsieur, je vous trouve bien gros : qu'avez-vous?

Arlequin. Je n'ai rien, c'est que je soupai furieusement hier au soir.

La veuve. Il faut qu'il y ait autre chose. N'êtes-vous point hydropique?

Arlequin. J'en serais bien fâché!

La veuve. Voyons!... (*Elle lui lève ses robes de chambre l'une après l'autre.*)

Arlequin *se défendant*. Eh fi! Madame, que faites-vous là? Cela n'est point honnête!

La veuve. Une, deux, trois robes de chambre? c'est-à-dire

trois maîtresses!... Ah! traître! c'est donc ainsi que tu me joues?... Et tu dis que tu n'aimes que moi!

ARLEQUIN *faisant semblant de vouloir aller à la garde-robe.* Madame, je n'en puis plus!

LA VEUVE. Voilà l'effet de tes serments?...

ARLEQUIN. Madame, je vais, si je ne sors....

LA VEUVE. Scélérat!

ARLEQUIN. Madame, je ne réponds plus de la discrétion de.....

LA VEUVE. N'as-tu point de honte?... Non, je ne veux plus de commerce avec toi... Rends-moi ma robe de chambre. » (*Elle veut lui arracher sa robe de chambre; ils se battent. Arlequin la décoiffe; elle perd une de ses jupes et s'en va.*)

Quant à l'étymologie du nom d'Arlequin, c'est ainsi que Dominique l'explique :

CINTHIO dit à Arlequin, son valet : « A propos, depuis que tu es à mon service, je n'ai pas encore songé à te demander ton nom? — Je m'appelle ARLECHINO SBRUFADELLI. » A ce nom de Sbrufadelli, Cinthio éclate de rire. « Ne prétendez pas railler, lui dit Arlequin; mes ancêtres étaient gens de conséquence. Sbroufadel, premier du nom, était *chaircutier* de son métier, mais si supérieur dans sa profession que Néron ne voulait manger que de ses saucisses... De Sbroufadel naquit *Fregocola*, grand capitaine; il épousa mademoiselle *Castagna* (châtaigne), qui était d'un tempérament si vif qu'elle accoucha de moi deux jours après son mariage. Mon père en fut enchanté, mais sa joie fut de courte durée, à cause de certaines chicanes que lui cherchèrent les gens de justice. Lorsque mon père rencontrait, de jour, quelque honnête homme sur le grand chemin, il ne manquait jamais de lui ôter son chapeau; et, si c'était de nuit, il lui ôtait son chapeau et son manteau. La justice trouva à redire à cet excès de civilité, et donna ordre de l'arrêter. Mon père ne l'attendit pas, il me prit dans mon maillot, et m'ayant mis dans un chaudron et le reste de ses meubles dans un panier, il sortit de la ville en poussant devant lui l'âne qui portait sa maison et son héritier. Il frappait souvent le pauvre animal en lui criant : « *Ar! ar!* qui, en langage asinique, signifie : *Marche! marche!* » En marchant ainsi, il aperçut derrière lui un homme qui le suivait. Cet homme, voyant que mon père le regardait avec attention, se cacha derrière un buisson où il s'accroupit (*se messe chin*); mon père, qui le prenait pour l'exempt chargé de l'arrêter, croyant qu'il se mettait en cette posture pour le mieux surprendre, frappa alors plus fortement l'âne, en disant: « *Ar lè chin*, c'est-à-dire : *Marche! il est accroupi.* » Mais il s'aperçut bientôt de son erreur; cet homme, qui lui avait fait si belle peur, « était un simple paysan qui, pour avoir mangé trop de raisin, avait un cours de ventre. » De sorte que n'ayant pas encore de nom, mon père se souvenant de la peur qu'il avait eue, et des paroles qu'il avait si souvent répétées, *ar lè chin, ar lè chin*, m'appela *Arlechino*. »

Dans une autre scène italienne, nous voyons Pasquariel donnant des conseils à Arlequin embarrassé de trouver une bonne profession.

« Pasquariel.. Fais-toi médecin. Si la fortune te sourit, tu seras bientôt riche. Vois le docteur, combien il gagne depuis qu'il est en vogue pour la goutte! il a amassé plus de deux cent mille francs, et il n'en sait pas plus que toi.

ARLEQUIN. Il faut donc qu'il en sache bien peu, car je ne sais rien.

PASQUARIEL. Cela ne t'empêchera pas d'être habile médecin.

ARLEQUIN. Parbleu, tu te moques! Je ne sais ni lire ni écrire.

PASQUARIEL. N'importe, te dis-je. Ce n'est pas la science qui fait le médecin heureux. C'est le jargon de l'effronterie.

ARLEQUIN. .... Mais encore! Comment est-ce qu'ils font avec leurs malades?

PASQUARIEL. Je vais te montrer cela dans le moment. On commence par avoir une mule, et on se promène dessus par tout Paris. D'abord un homme vient, qui dit : « Monsieur le médecin, je vous prie de venir jusque chez mon parent qui est malade. — Volontiers, monsieur. » L'homme marche devant et le médecin le suit sur sa mule. (*Ici Pasquariel imite l'homme qui marche, il se retourne et dit à Arlequin qui le suit en trottant :*) Que faites-vous là?

ARLEQUIN. Je fais la mule.

PASQUARIEL. On arrive au logis du malade. L'homme frappe; on vient ouvrir; le médecin descend de dessus sa mule, et ils montent tous deux l'escalier.

ARLEQUIN. Et la mule, monte-t-elle aussi l'escalier?

PASQUARIEL. Eh non, la mule reste à la porte. C'est l'homme et le médecin qui montent l'escalier. Les voilà dans l'antichambre du malade. L'homme dit au médecin :

« Suivez-moi, Monsieur; je vais voir si mon parent dort. » (*Ici Pasquariel marche fort doucement, allonge le bras et feint d'ouvrir les rideaux d'un lit.*)

Arlequin. D'où vient que vous marchez si doucement?

Pasquariel. C'est à cause du malade. Nous voici dans sa chambre et tout auprès de son lit.

Arlequin. Auprès de son lit? Prenez donc garde de renverser le pot de chambre.

Pasquariel. « Monsieur, le malade ne dort point; vous pouvez vous approcher. » Aussitôt le médecin se met sur le fauteuil auprès du lit, et dit au malade : « Montrez-moi votre langue. (*Pasquariel tire une langue énorme, contrefaisant le malade, et dit :*) Ah! Monsieur, je suis bien mal.

Arlequin *regardant la langue de Pasquariel*. Ah! la vilaine maladie!

Pasquariel. Voilà une langue bien sèche et bien échauffée.

Arlequin. Il faut la mettre à la glace!

Pasquariel. Voyons le pouls? (*Il feint de tâter le pouls du malade.*) Voilà un pouls qui va diablement vite! Tâtons le ventre! Voilà un ventre bien dur!

Arlequin. Il a peut-être avalé du fer?

Pasquariel. Vite, qu'on m'apporte les matières.

Arlequin. Et quelles matières, Monsieur?

Pasquariel. Les matières du malade, ne savez-vous pas?

Arlequin. Ah! oui, oui! (*Il s'éloigne, puis revient tenant son chapeau sur une main, en guise de bassin, et ayant l'autre main devant son nez.*) Tenez, Monsieur, voilà les matières.

Pasquariel. Les matières sont louables!

Arlequin. Voilà de belles matières à louer, vraiment!

Pasquariel. Qu'on me donne du papier, une plume et de l'encre. (*Il fait comme s'il écrivait.*) Recipe ce soir un lavement, demain matin une saignée, et demain au soir une médecine. (*Tout ceci se figure par Pasquariel, comme si on donnait véritablement un lavement, si on faisait une saignée et qu'on avalât une médecine.*) Après, on prend congé du malade, et on s'en va en disant : « Monsieur, demain je viendrai à pareille heure, et j'espère dans peu vous tirer tout à fait d'affaire. » Aussitôt l'homme qui vous a introduit vous reconduit et vous met dans la main un demi-louis d'or. Vous remontez sur votre mule et vous vous en allez.

Arlequin. Mais comment pourrai-je jamais deviner quand il y aura de la fièvre?

Pasquariel. Je m'en vais te l'apprendre. Quand le pouls est égal, c'est-à-dire qu'il fait tac, tac, tac, il n'y a point de fièvre. Mais quand il est interrompu et qu'il va vite, en faisant ti, ta, ta; ti, ta, ta; ti, ta, ta, il y a de la fièvre.

Arlequin. Voilà qui est joli : tac, tac, tac, point de fièvre; ti, ta, ta; ti, ta, ta; ti, ta, ta, de la fièvre!

Pasquariel. Te voilà aussi savant que les maîtres; allons-nous-en.

Arlequin. Ti, ta, ta; ti, ta, ta; je suis pour le ti, ta, ta. »

Arlequin, devenu médecin, prescrit les ordonnances suivantes :

« Le Capitan lui ayant demandé un remède pour le mal de dents. « Prenez, lui dit Arlequin, du poivre, de l'ail et du vinaigre, et frottez-vous-en le derrière, cela vous fera oublier votre mal. » Lorsque le Capitan est prêt à sortir, Arlequin le rappelle : « Monsieur, Monsieur! dit-il, j'oubliais le meilleur ; prenez une pomme, coupez-la en **quatre parties égales** : mettez un des quartiers dans votre bouche ; et ensuite tenez-vous ainsi la tête dans un four, jusqu'à ce que la pomme soit cuite, et je réponds que votre mal de dents se trouvera guéri. »

Dans le tableau fort curieux que possède le Théâtre-Français, et qui porte pour inscription, écrite en lettres d'or : Farceurs françois et italiens, depuis soixante ans. Peint en **1671**, nous trouvons *Dominique* sous son costume d'*Arlequin*, ainsi que beaucoup d'autres types italiens, comme : *Brighella*, *Scaramouche*, *le Docteur*, *Pantalon*, *Mezzetin*, *le Matamore*, mêlés aux types français : *Turlupin*, *Gros-Guillaume*, *Gaultier-Garguille*, *Guillot-Gorju*, *Jodelet*, *Gros-René* et *Molière*.

ÉVARISTE GHERARDI.

En 1689, Évariste Gherardi continua les rôles d'Arlequin. Il était fils de Jean Gherardi (*Flautin*), et né à Prato, en Toscane. Il fit ses débuts dans la reprise du *Divorce*, par le rôle d'Arlequin qu'avait créé avant lui Dominique, l'année précédente. Voici ce qu'il en dit lui-même :

« Cette comédie n'avait point réussi entre les mains de
» M. Dominique. On l'avait rayée du catalogue des pièces
» qu'on reprenait de temps en temps, et les rôles en avaient
» été brûlés. Cependant (moi qui de ma vie n'avais monté
» sur le théâtre et qui sortais du collège de la Marche, où
» je venais d'achever mon cours de philosophie sous le
» docte M. Bublé), je la choisis pour mon coup d'essai, qui

» arriva le 1er octobre 1689. Lorsque je parus pour la pre-
» mière fois, par ordre du roi et de monseigneur, elle eut
» tant de bonheur entre mes mains, qu'elle plut générale-
» ment à tout le monde, fut extraordinairement suivie, et
» par conséquent valut beaucoup d'argent aux comédiens.

» Si j'étais homme à tirer vanité des talents que la nature
» m'a donnés pour le théâtre, soit à visage découvert, soit
» à visage masqué, dans les principaux rôles sérieux ou
» comiques, j'aurais ici un fort beau champ à satisfaire
» mon amour-propre. Je dirais que j'ai plus fait en com-
» mençant, et dans mes premières années, que les plus
» illustres acteurs n'ont su faire après vingt ans d'exercice
» et dans la force de l'âge. Mais je proteste que, bien loin
» de m'être jamais enorgueilli de ces rares avantages, je les
» ai toujours regardés comme des effets de mon bonheur, et
» non pas comme des conséquences de mon mérite; et si
» quelque chose a su flatter mon âme dans ces rencontres,
» ce n'est que le plaisir de me voir universellement applaudi,
» après l'inimitable M. Dominique, qui a porté si loin
» l'expression du naïf du caractère d'Arlequin, que les
» Italiens appellent *goffagine*, que quiconque l'a vu jouer
» trouvera toujours quelque chose à redire aux plus fameux
» Arlequins de son temps. »

On voit que Gherardi se donne des louanges assez naïves.
Il est vrai qu'elles n'étaient pas exagérées, qu'il avait un
grand talent et qu'il eut du succès tout le temps qu'il fut au
théâtre, c'est-à-dire jusqu'à la fermeture, en 1697. Il espéra
le faire rouvrir par ses protecteurs de cour, mais ce fut en
vain. Il donna alors un recueil fort intéressant des scènes

françaises qui s'apprenaient et s'intercalaient souvent dans les canevas italiens.

Quelques mois avant la publication de ce recueil, Gherardi avait fait une chute sur la tête, dans un divertissement joué à Saint-Maur avec Poisson et la Thorillière. Il ne se soigna pas, et, le jour où il avait été présenter son *théâtre italien* à monseigneur, comme il tenait, entre ses jambes, son fils (qu'il avait eu d'Élisabeth Danneret, dite *Babet*, la chanteuse de la troupe), il se trouva mal, et mourut subitement. C'était le 31 août 1700.

« Il n'était ni bien ni mal fait,
» Grand ni petit, plus gras que maigre.
» Il avait le corps fort allègre,
» Le front haut, l'œil faible, mais vif.
» Le nez très-significatif,
» Et qui promettait des merveilles.
» La bouche atteignait les oreilles.
» Son teint était d'homme de feu;
» Son menton se doublait un peu;
» Son encolure, assez petite,
» Le menaçait de mort subite. »

D'après un portrait gravé, il ressemble peu, quant à la figure, à cette description. Il a le front haut, c'est vrai; mais les yeux sont très-grands et vifs, le nez aquilin, la narine mobile, la bouche mince, bien dessinée, et non pas fendue jusqu'aux oreilles; la mâchoire est fortement accusée; en somme, c'est une tête très-intelligente, pleine de finesse, et qui annonce un esprit vif et caustique.

Voici quelques passages de l'œuvre de Gherardi, c'est-à-dire des scènes recueillies et jouées par lui :

Désespoir d'Arlequin dans *l'Empereur dans la lune* :

« Ah! malheureux que je suis! le Docteur veut marier Colombine à un fermier, et je vivrai sans Colombine? Non, je veux mourir! Ah! Docteur ignorant! ah! Colombine fort peu constante! ah! fermier beaucoup trop fripon! ah! Arlequin extrêmement misérable! courons à la mort. On écrira dans l'histoire ancienne et moderne : Arlequin est mort pour Colombine. Je m'en irai dans ma chambre, j'attacherai une corde au plancher, je monterai sur une chaise, je me mettrai la corde au cou, je donnerai un coup de pied à la chaise, et me voilà pendu! (*Il fait la posture d'un pendu.*) C'en est fait! rien ne peut m'arrêter; courons à la potence... — A la potence! Et fi donc, monsieur, vous n'y pensez pas. Vous tuer pour une fille? ce serait une grande sottise... — Oui, monsieur; mais une fille trahir un honnête homme, c'est une grande friponnerie.... — D'accord; mais quand vous vous serez pendu, en serez-vous plus gras? — Non, j'en serai plus maigre; je veux être de belle taille, moi! qu'avez-vous à dire à cela? Si vous voulez être de la partie, vous n'avez qu'à venir.... — Ho! pour cela, non, vous ne vous en irez pas.... — Ho! je m'en irai.... — Ho! vous ne vous en irez pas.... — Je m'en irai, vous dis-je. (*Il tire son coutelas, s'en frappe, puis dit :*) Ah! me voilà délivré de cet importun. A présent, qu'il n'y a plus personne, allons nous pendre. (*Il fait semblant de s'en aller et s'arrête tout court.*) Mais non! se pendre, c'est une mort ordinaire, une mort qu'on voit tous les jours, cela ne me ferait point d'honneur. Cherchons quelque mort extraordinaire, quelque mort héroïque, quelque mort arlequinique. (*Il songe.*) Je l'ai trouvé! Je me boucherai la bouche et le nez, le vent ne pourra pas sortir, et comme cela, je mourrai. Voilà qui est fait. (*Il se bouche le nez et la bouche avec les deux mains, et après être resté quelque temps dans cette posture, il dit :*) Non, le vent sort par le bas, cela ne vaut pas le diable. Hélas! que de peine pour mourir! (*Vers le parterre.*) Messieurs, si quelqu'un voulait mourir pour me servir de modèle, je lui serais bien obligé... Ah! par ma foi, j'y suis. Nous lisons, dans les histoires, qu'il y a du monde qui est mort à force de rire. Si je pouvais mourir en riant, ce serait une mort fort drôle. Je suis fort sensible au chatouillement; si on me chatouillait longtemps, on me ferait mourir de rire. Je m'en vais me chatouiller, et comme cela, je mourrai. » (*Il se chatouille, rit, et tombe par terre.*)

Dans la même pièce, à quelques scènes plus loin, il vient trouver le Docteur et se donne pour le fils du fermier, Colin, qui doit épouser Colombine. Le Docteur est dupe, jusqu'au moment où arrive un courrier qui annonce que le fils du fermier est malade et ne peut venir. Le Docteur se tourne vers Arlequin, le regarde en le toisant du haut en bas, et lui dit : « Vous n'êtes pas Colin!

— Excusez-moi, Monsieur, répond Arlequin, « *Je croyais de l'être.* » Désolé de n'avoir pas encore réussi, il cherche un nouveau moyen pour obtenir Colombine. Il se met à courir d'un côté à l'autre du théâtre, et, après s'être bien essoufflé, il crie : « Eh! quelqu'un, par charité, ne pourrait-il m'apprendre où demeure le docteur Grazian Balouard? » (*Mettant la main à sa bouche et imitant le son de la trompette.*) Pu, pu, pu! à quinze sous le docteur Balouard!

Le Docteur, *à part*. Que veut dire ceci? (*A Arlequin.*) Le docteur Grazian Balouard? Le voici, Monsieur; que lui voulez-vous?

Arlequin. Ah! Monsieur, soyez le bien trouvé; faites-moi bien des compliments et bien des révérences. Je suis ambassadeur extraordinaire, envoyé par l'empereur du monde de la Lune, pour vous demander Isabelle en mariage.

Le Docteur. A d'autres, à d'autres, mon ami! je ne donne pas si aisément dans le panneau. Dans la lune, un empereur! (*A part.*) Cela pourrait pourtant bien être: puisque la lune est un monde comme le nôtre, apparemment qu'il y a quelqu'un pour la gouverner. (*A Arlequin.*) Mais, mon ami, êtes-vous de ce pays-là, vous?

Arlequin. Non, Monsieur, je ne suis ni de ce pays-là ni de ce pays-ci. Je suis Italien d'Italie, pour vous rendre mes services, né natif de la ville de Prato, l'une des plus charmantes de toute la Toscane.

Le Docteur. Mais comment avez-vous donc fait pour monter à l'empire de la Lune?

Arlequin. Je m'en vais vous le dire. Nous avions fait une partie, trois de mes amis et moi, pour aller manger une oie à Vaugirard. Je fus député par la compagnie pour aller acheter l'oie. Je me transportai à la Vallée de misère: j'y fis mon achat et je m'acheminai vers le lieu du rendez-vous. Lorsque je fus arrivé dans la plaine de Vaugirard, voilà six vautours affamés qui se ruent sur mon oie et qui l'enlèvent. Moi, qui craignais de la perdre, je la tenais ferme par le cou, de manière qu'à mesure que les vautours enlevaient l'oie, ils m'enlevaient aussi avec elle. Quand nous fûmes bien haut, un nouveau régiment de vautours venant au secours des premiers, se jette aussi à corps perdu sur mon oie, et, dans le moment, nous fait perdre, à elle et à moi, la vue des plus hautes montagnes et de tous les plus hauts clochers; moi, toujours obstiné comme un diable à ne point lâcher prise, jusqu'à ce que le cou de mon oie manque, et je tombe dans un lac... Des pêcheurs y avaient heureusement tendu des filets, *j'y tombai dedans*. Les pêcheurs me tirèrent hors de l'eau, et, me prenant pour un poisson de conséquence, me chargèrent sur leurs épaules et m'apportèrent en présent à monsieur l'Empereur. On me met d'abord par terre, et monsieur l'Empereur, avec toute sa cour, m'environne. On dit : « Quel poisson est-ce là? » Monsieur l'Empereur répond : « Je crois que c'est un anchois. — Pardonnez-moi, Monseigneur, reprend un gros seigneur qui faisait l'homme d'esprit, c'est plutôt un crapaud. — Enfin, dit l'Empereur, qu'on m'aille frire ce poisson-là tel qu'il soit. » Quand j'entendis qu'on m'allait frire, je commence à crier : — Mais, Monseigneur.... — Comment, dit-il, est-ce que les poissons parlent? » Je lui dis comme quoi je n'étais pas poisson, et de quelle manière j'étais arrivé à l'empire de la Lune. Il me demanda aussitôt : « Connais-tu le docteur Grazian Balouard et sa fille Isabelle? Eh bien, va la lui demander en mariage de ma part. » Mais je lui répondis : — Je ne pourrai jamais trouver le chemin pour m'en retourner, car je ne sais pas par où je suis venu. —

Que cela ne t'embarrasse pas, je t'enverrai à Paris dans une influence que j'y envoie, chargée de rhumatismes, de catarrhes, de fluxions de poitrine et autres petites bagatelles de ce genre-là. » Il dit encore : « Je garde au Docteur une des meilleures places de mon empire. »

Le Docteur. Est-il bien possible? Vous a-t-il dit ce que c'est?

Arlequin. Vraiment oui; il dit qu'il y a environ quinze jours que, dans les douze signes du zodiaque, le Scorpion est mort, il veut vous mettre à la place. »

Le Docteur croit tout, fait mille questions sur ce souverain lunaire, demande comment sont les maisons, les villes, la manière de vivre à la cour de ce pays. Arlequin lui donne des détails sur la manière dont l'empereur mange. On lui décoche à manger au moyen d'arbalètes, et on lui seringue à boire. « C'est fort curieux, dit-il. Un jour, un arbalétrier maladroit visa mal la bouche du roi, et lui envoya un œuf au beurre noir dans l'œil. Ce qui a été cause que ces œufs-là ont été depuis appelés des œufs pochés. Dans ce pays-là, on ne se sert d'aucun instrument semblable aux nôtres. On y joue du nez, c'est un *nazotement* fort agréable. » Puis, après s'être fait donner par le Docteur bourse et bijoux, il s'en va et revient habillé en Empereur de la Lune.

Le Docteur lui fait des questions sur son empire et sur ses sujets.

« Arlequin. Mes sujets? ils sont quasi sans défauts, parce qu'il n'y a que l'intérêt et l'ambition qui les gouvernent.

Colombine. C'est tout comme ici.

ARLEQUIN. Chacun tâche de s'y établir du mieux qu'il peut aux dépens d'autrui; et la plus grande vertu dans mon empire, c'est d'avoir beaucoup de bien.

LE DOCTEUR. C'est tout comme ici.

ARLEQUIN. Dans mon pays, il n'y a pas de bourreaux; mais, au lieu de faire expédier les gens en un quart d'heure sur une place publique, je les baille à tuer aux médecins, qui les font mourir aussi cruellement que leurs malades.

COLOMBINE. Quoi! Seigneur, là-haut les médecins tuent aussi le monde? Monsieur, c'est tout comme ici!

ISABELLE. Et dans votre empire, Seigneur, y a-t-il des beaux esprits?

ARLEQUIN. C'en est la source. Il y a plus de soixante-dix ans que l'on travaille après un dictionnaire qui ne sera pas encore achevé de deux siècles.

COLOMBINE. C'est tout comme ici. Et dans votre empire, fait-on bonne justice?

ARLEQUIN. On l'y fait à peindre.

ISABELLE. Et les juges, Seigneur, ne s'y laissent-ils point un peu corrompre?

ARLEQUIN. Les femmes, comme ailleurs, les sollicitent. On leur fait parfois quelques présents; mais, à cela près, tout s'y passe dans l'ordre.

LE DOCTEUR. C'est tout comme ici. Seigneur, dans votre empire, les maris sont-ils commodes?

ARLEQUIN. La mode en est venue presque aussitôt qu'en France. Dans les commencements, on avait un peu de peine à s'y résoudre; mais présentement tout le monde s'en fait honneur.

COLOMBINE. C'est tout comme ici.... Et les femmes, sont-elles heureuses dans votre empire?

ARLEQUIN. Cela ne se peut comprendre. Ce sont elles qui manient tout l'argent et qui font toute la dépense. Les maris n'ont d'autre soin que de faire payer les revenus, et réparer les maisons.

COLOMBINE. C'est tout comme ici.

ARLEQUIN. Jamais nos femmes ne se lèvent qu'après midi. Elles sont régulièrement trois heures à leur toilette; ensuite elles montent en carrosse et se font mener à la Comédie, à l'Opéra, ou à la promenade. De là, elles vont souper chez quelque ami choisi. Après souper, on joue, ou on court le bal, selon les saisons; et, sur les quatre ou cinq heures après minuit, les femmes se viennent coucher dans un appartement séparé de celui du mari, en telle sorte qu'un pauvre diable d'homme est quelquefois six semaines sans rencontrer sa femme dans sa maison; et vous le voyez courir les rues à pied, pendant que madame se sert du carrosse pour ses plaisirs.

Tous *ensemble*. C'est tout comme ici!! »

ANTONIO VICENTINI

(THOMASSIN).

Quand une nouvelle troupe italienne appelée par le Régent vint à Paris, en 1716, Antonio Vicentini dit *Thomassin* débuta avec toute la troupe, le 8 mai 1716, au théâtre du Palais-Royal, dans l'*Inganno fortunato*, par le rôle d'Arlequin.

« Le célèbre Dominique, qui s'était fait une si grande réputation en France, avait un défaut dans la voix auquel il avait si bien accoutumé le public, qu'on n'avait pas songé depuis sa mort qu'un Arlequin pût être supportable sans parler de la gorge et affecter un ton de perroquet. »

Riccoboni et Thomassin étaient très-inquiets de la façon dont le public recevrait un nouvel Arlequin, doué d'une voix claire et naturelle. Il y avait plusieurs scènes de nuit dans *l'Heureuse Surprise*. « On en plaça une au commencement de la pièce. Lelio appelait son valet Arlequin, qui d'abord ne répondait pas, puis, par intervalles, paraissait se rendormir chaque fois après avoir répondu. Lelio allait le chercher, l'amenait sur la scène, dormant tout debout. Arlequin, réveillé, répondait et, se laissant tomber par terre, se rendormait. Son maître le réveillait de nouveau : Arlequin dormait sur son bras. Enfin le public, favorablement disposé par cette scène, après avoir ri et applaudi pendant un quart d'heure sans que le nouvel Arlequin eût prononcé une parole, n'eut pas le courage de le chicaner sur sa voix lorsqu'il se fit entendre. »

Vicentini était né à Vicence, et jouait en Italie depuis longtemps, quand Riccoboni lui fit des offres pour l'amener à Paris. Marivaux fit pour Thomassin plusieurs pièces, entre autres *la Surprise de l'Amour*, en 1722, et *le Prince travesti*, en 1724. Il n'y avait plus alors à improviser, c'était la comédie *sostenuta*, et Arlequin n'avait plus qu'à faire valoir l'esprit de l'auteur. Marivaux, tout en conservant à ce type sa couleur originale, le fait paraître tantôt petillant d'esprit, tantôt tout à fait stupide. C'est un mélange de

Sganarelle, de Sancho Pança, de Crispin et de Figaro. Dans *le Prince travesti*, Arlequin est valet du prince de Léon, qui se cache sous le nom de Lelio. Il rencontre la princesse de Barcelone, amoureuse de Lelio, laquelle lui fait des questions sur son maître.

« LA PRINCESSE. Que cherches-tu, Arlequin? Ton maître est-il dans le palais?

ARLEQUIN. Madame, je supplie Votre Principauté de pardonner l'impertinence de mon étourderie; si j'avais su que votre présence eût été ici, je n'aurais pas été assez nigaud pour y venir apporter ma personne.

LA PRINCESSE. Tu n'as point fait de mal; mais dis-moi, cherches-tu ton maître?

ARLEQUIN. Tout juste, vous l'avez deviné, Madame; depuis qu'il vous a parlé tantôt, je l'ai perdu de vue dans cette peste de maison, et, ne vous déplaise, je me suis aussi perdu, moi. Si vous vouliez bien m'enseigner mon chemin, vous me feriez plaisir; il y a ici un si grand tas de chambres, que j'y voyage depuis une heure sans en trouver le bout. Par la mardi! si vous louez tout cela, cela vous doit rapporter bien de l'argent. Pourtant, que de fatras de meubles, de drôleries, de colifichets! tout un village vivrait un an de ce que cela vaut... Cela est si beau, si beau, qu'on n'ose pas le regarder; cela fait peur à un pauvre homme comme moi. Que vous êtes riches, vous autres princes! et moi, qu'est-ce que je suis en comparaison de cela! Mais n'est-ce pas encore une autre impertinence que je fais, de raisonner avec vous comme avec ma pareille?... Voilà votre camarade qui rit, j'aurai dit quelque sottise.

Hortense. Tu n'as point dit de sottise; au contraire, tu me parais de bonne humeur.

Arlequin. Pardi! je ris toujours : que voulez-vous? je n'ai rien à perdre. Vous vous amusez à être riches, vous autres, et moi je m'amuse à être gaillard; il faut bien que chacun ait son amusette en ce monde. »

Avec son maître, Arlequin ne se montre pas moins critique et profond.

« Lelio... Je veux bien te confier que je suis un homme de condition, qui me divertis à voyager inconnu dans tous les États. Je suis jeune, c'est une étude qui me sera nécessaire un jour.

Arlequin. Ma foi, cette étude-là ne vous apprendra que misère : ce n'était pas la peine de courir la poste pour aller étudier toute cette racaille. Qu'est-ce que vous ferez de cette connaissance des hommes? Vous n'apprendrez que des pauvretés.

Lelio. C'est qu'ils ne me tromperont plus.

Arlequin. Cela vous gâtera.

Lelio. D'où vient?

Arlequin. Vous ne serez plus si bon enfant, quand vous serez bien savant sur cette race-là. En voyant tant de canailles, par dépit, canaille vous deviendrez.... Adieu, de quel côté tournerai-je pour retrouver notre cuisine? »

Puis viennent des scènes d'un bon comique entre Arlequin et Frédéric, courtisan ambitieux qui veut séduire Arlequin. Celui-ci redevient alors le valet balourd, opposant à ses tentatives la probité grossière et ingénue du paysan.

« Arlequin. Pardi! vous me traitez comme votre enfant, il n'y a pas à tortiller à cela. Du bien, des emplois et une jolie fille; voilà une pleine boutique de vivres, d'argent et de friandises : par la sanguienne! vous m'aimez beaucoup, pourtant!

Frédéric. Oui; ta physionomie me plaît, je te trouve un bon garçon.

Arlequin. Oh! pour cela, je suis drôle comme un coffre : laissez faire, nous rirons comme des fous ensemble; mais allons faire venir ce bien, ces emplois et cette jolie fille; car j'ai hâte d'être riche et bien aise. »

Frédéric lui demande un petit service, c'est celui d'espionner son maître, et de venir lui rapporter ses paroles et ses actions. « Observe tout soigneusement, et, en attendant que je te récompense entièrement, voilà, par avance, de l'argent que je te donne encore.

Arlequin. Avancez-moi encore la fille, nous la rabattrons sur le reste.

Frédéric. On ne paye un service qu'après qu'il est rendu, mon enfant, c'est la coutume.

Arlequin. Coutume de vilain que cela!... J'aime mieux vous faire mon billet comme quoi j'ai reçu cette fille à-compte : je ne plaiderai point contre mon écrit... Mais tenez, j'ai opinion que vous voulez me donner un office de fripon; car qu'est-ce que vous voulez faire des paroles du seigneur Lelio, mon maître, là?

Frédéric. C'est une simple curiosité qui me prend.

Arlequin. Hom.... il y a de la malice là-dessous; vous avez l'air sournois : je m'en vais gager dix sols contre vous que vous ne valez rien.... Allez, vous ne devriez pas tenter un pauvre garçon qui n'a pas plus d'honneur qu'il lui en faut, et qui aime les filles. J'ai bien de la peine à m'empêcher d'être un coquin : faut-il que l'honneur me ruine, qu'il m'ôte mon bien, mes emplois, et une jolie fille! Par la mardi! vous êtes bien méchant d'avoir été trouver l'invention de cette fille.

Frédéric. Songes-tu bien que je t'offre ta fortune, et que tu la perds?

Arlequin. Je songe que cette commission-là sent le tricot tout pur, et par bonheur que ce tricot fortifie mon pauvre honneur qui a pensé barguigner. Tenez, votre jolie fille, ce n'est qu'une guenon; vos emplois, de la marchandise de chien : voilà mon dernier mot, et je m'en vais tout droit trouver la princesse et mon maître.... pour leur conter mon désastre et toute votre marchandise.

Frédéric. Misérable! as-tu donc résolu de me perdre, de me déshonorer?

Arlequin. Bon! quand on n'a point d'honneur, est-ce qu'il faut avoir de la réputation? »

Thomassin exécutait parfois des tours de force et de souplesse très-extraordinaires. « Il faisait, en dehors, le tour des premières, secondes et troisièmes loges : mais le public, qui s'intéressait très-fort à la vie de cet aimable acteur, lui fit retrancher ce lazzi [1], qui était trop péril-

---

[1] Le mot lazzi, devenu français, est pris généralement dans notre langue pour plaisanterie, bon mot. En italien, il est plus généralement employé pour exprimer les fantaisies de la pantomime. Dans tous les anciens *libretti*, on le trouve comme désignant une scène muette.

leux et qui effrayait toujours les spectateurs plus qu'il ne les amusait. »

« Sa gaieté naturelle et les grâces de sa balourdise auraient suffi pour charmer le public, quand même la nature n'en aurait pas fait un excellent acteur, ce qui peut être pris dans toute l'étendue de ce terme : vrai, naïf, original et pathétique. » Au milieu des rires qu'il excitait par ses bouffonneries, il surprenait et arrachait tout à coup des larmes. « Souvent, après avoir commencé par rire de la façon dont il exprimait la douleur, on finissait par éprouver l'attendrissement dont il était pénétré. »

Comme Dominique, Thomassin ne fit, en fait d'élèves, que de très-mauvaises copies, et « l'on ne voyait que de pitoyables débuts dans les rôles d'Arlequin » jusqu'au jour où Carlin vint lui succéder.

Thomassin avait épousé Marguerite Rusca, qui jouait les rôles de *suivante* sous le nom de Violette. Il mourut après une longue maladie, le 19 août 1739, âgé de cinquante-sept ans. Parmi plusieurs enfants qu'il a laissés, et qui ont paru sur la scène italienne-française, le plus connu est madame de Hesse, épouse de l'acteur de ce nom.

Le 8 octobre 1739, Antonio Cattolini débuta, pour la seconde fois, dans le rôle d'Arlequin, sur la scène italienne de Paris, mais il ne fut pas reçu.

Le 21 novembre de la même année, Antonio Constantini, frère du célèbre Angelo Constantini, qui avait créé les *Mezzetin* à Paris, débuta dans l'emploi des Arlequins. Il joua « avec beaucoup de vivacité », donna quelque espérance de réparer la perte que le théâtre avait faite dans la

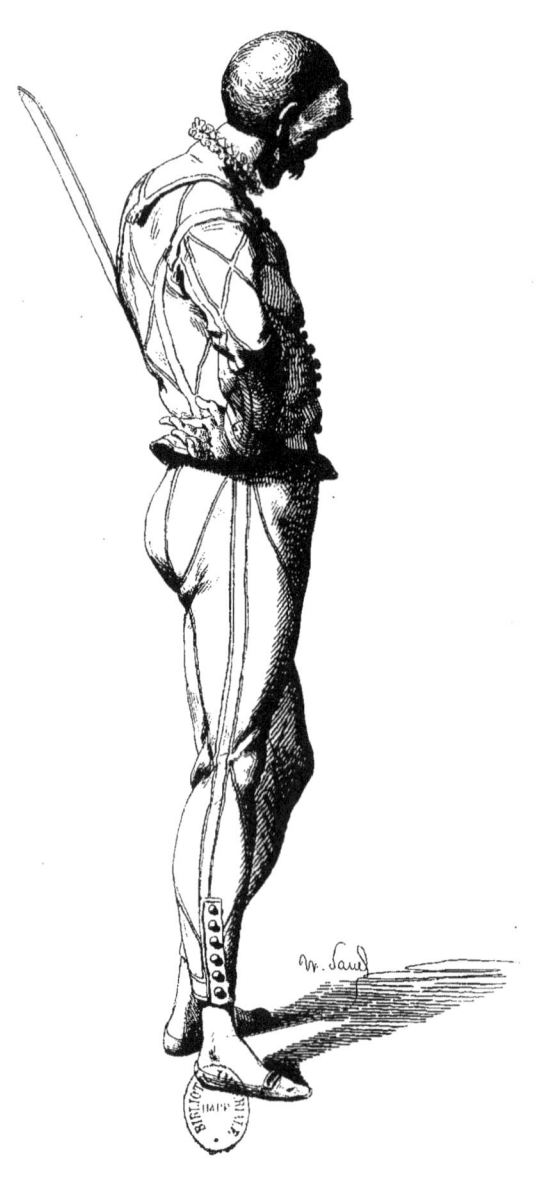

ARLEQUIN

personne de Thomassin; mais il ne tint pas ses promesses, et ne fut pas reçu pour les rôles de *Zanni*. Il resta au théâtre jusqu'en 1742.

Le faible début de Théodorak, en 1737, ne fut pas plus heureux en 1740. — Théodorak, anagramme de *Cadoret*, était Alsacien.

« Il est incroyable ce qu'il parut d'Arlequins en l'espace
» de trois ou quatre années; il semblait qu'ils sortaient
» des cendres de Thomassin : mais, semblables à ces ombres
» qui se forment des exhalaisons des tombeaux et que le
» moindre bruit dissipe, le sifflet du parterre les faisait
» bientôt disparaître. »

En 1741, Joachim Vicentini, dernier fils de Thomassin, âgé de dix-huit ans, débuta dans les Arlequins le 26 août; « mais comme les talents ne sont pas toujours héréditaires, il ne fut pas reçu à la Comédie-Italienne, » et alla jouer en province.

La même année, « le sieur Molin débuta aussi par le rôle d'Arlequin, et ne fut pas mieux accueilli. Il retourna en province. »

CARLO BERTINAZZI
(CARLIN).

Enfin, le 10 avril 1741, Carlo Bertinazzi, né à Turin en 1713, fit ses débuts et fut reçu dans la troupe, au mois d'août 1742, après avoir obtenu plus d'une année de succès et surpassé les espérances qu'on avait fondées sur son talent dans le fameux personnage d'Arlequin. Ce brillant début fut ainsi constaté par l'auteur du *Mercure* : « Le jeudi,

10 avril 1741, les comédiens italiens firent l'ouverture de leur théâtre par une pièce italienne, en prose et en trois actes, intitulée *Arlequin muet par crainte*, dans laquelle le sieur Carlin Bertinazzi, né à Turin, âgé de près de vingt-huit ans, joua pour la première fois, avec applaudissements, le rôle d'Arlequin, qui est le principal personnage de la pièce. Le sieur Rochard, qui avait fait le compliment au public, à la clôture du théâtre, fit aussi celui de l'ouverture et s'exprima en ces termes : « Messieurs, ce jour, qui
» renouvelle nos soins et nos hommages, devait être mar-
» qué par une nouveauté que nous vous avions préparée;
» mais l'acteur qui va avoir l'honneur de paraître devant
» vous, pour la première fois, avait trop d'intérêt et d'im-
» patience d'apprendre son sort pour nous permettre de
» reculer son début. » — « Si votre nouveauté tombe, a-t-il dit, j'apprendrai comment le public siffle, et c'est ce que je ne veux point savoir; si elle réussit, je saurai comment on applaudit, et ferai peut-être une funeste comparaison de sa réception à la mienne. » — Pour ne donner à ce nouvel acteur aucun lieu de reproche, nous nous sommes entièrement conformés à ses désirs. Il sait, Messieurs, non-seulement ce qu'il a à craindre en paraissant devant vous, mais en y paraissant après l'excellent acteur que nous avons perdu (Thomassin), *dont il va jouer le même rôle*. Les sujets d'une si juste crainte seraient balancés dans son esprit, s'il connaissait les ressources qu'il doit trouver dans votre indulgence; mais c'est en vain que nous avons essayé de le rassurer : il ne peut être convaincu de cette vérité que par vous-mêmes, et nous espérons, Messieurs, que vous

voudrez bien souscrire aux promesses que nous lui avons faites de votre part. Elles sont fondées sur une si longue et si heureuse expérience, que nous sommes aussi sûrs de vos bontés que vous devez l'être de notre zèle et de notre profond respect. »

C'est ainsi que l'on complimentait alors le public. Flatté de ce *léger* discours, il accueillit avec indulgence Carlin, qui du reste n'en avait pas besoin.

> « La vérité n'est point flattée :
> » Oui, Carlin paraît à nos yeux
> » Ce que Momus est dans les cieux,
> » Ce que Neptune est chez Prothée. »

Carlin avait un jeu vrai, naturel et comique. Garrick, le voyant dans une pièce où il venait de recevoir une correction de son maître, menaçant ce dernier d'une main et se frottant les reins de l'autre, fut ravi de la vérité de cette pantomime, et s'écria : « Voyez comme le dos de Carlin a de l'expression et de la physionomie! »

Carlin Bertinazzi était, comme tous les grands bouffons, d'un caractère très-mélancolique; comme celle de Dominique, sa gaieté était ce que les Anglais appellent *humour*; elle tenait à son esprit, et non à son tempérament. On raconte que Dominique, atteint du spleen au suprême degré, alla consulter Dumoulin, médecin célèbre qui lui conseilla pour remède d'aller entendre Dominique à la Comédie-Italienne, parce qu'il faisait rire tout le monde. « Hélas! lui répondit le pauvre acteur, je suis Dominique, et dès lors je me regarde comme un homme perdu. »

Aux talents du théâtre, Carlin joignait des connaissances en divers genres et toutes les qualités d'un honnête homme.

On raconte qu'un beau soir d'été, où la chaleur était étouffante, Carlin devant jouer dans deux pièces, Camerani, le semainier, vint lui dire qu'il n'y avait dans la salle qu'une seule personne et qu'il n'y avait pas lieu à donner la représentation. Carlin se mit à rire et dit qu'il fallait jouer quand même, puisqu'il y avait *un* public. La toile se lève; Carlin paraît, tire son sabre de bois, fait le tour du théâtre, et après mille lazzis, qui faisaient rire aux éclats un gros monsieur assis dans un coin de l'orchestre, il s'avance sur la rampe et lui dit:

« Monsieur *Tout-seul*, nous sommes désolés, mes camarades et moi, d'être obligés de jouer par le temps qu'il fait devant une seule personne; cependant, si vous l'exigez, nous jouerons. » Le spectateur entra en conversation avec l'acteur, lui dit qu'il était de la province, qu'il n'était venu que pour le voir jouer et qu'il le priait de lui faire cette faveur. Carlin se résigna et commença son rôle. Tout à coup le ciel se couvre, l'orage gronde et la pluie tombe par torrents. La salle se remplit comme par enchantement, et en moins d'une heure la recette s'élève à 900 livres, recette énorme à cette époque. A la fin de la dernière pièce, Carlin s'avance de nouveau sur la rampe et cherche son gros monsieur, qui s'était tordu de rire pendant toute la représentation. « Monsieur *Tout-seul*, êtes-vous encore là? » demanda Carlin. Le provincial se lève et répond : « Oui, monsieur Carlin, et vous m'avez bien fait rire! — Monsieur

Tout-seul, je viens vous remercier de nous avoir obligés à jouer; grâce à vous, nous avons fait une énorme recette. Merci donc encore, monsieur *Tout-seul*. — Enchanté, monsieur Carlin; au revoir, » répondit le gros provincial en enjambant sa banquette pour s'en aller. Et tous les spectateurs de rire.

Lorsqu'on hésitait à afficher, soit à cause de la chaleur, soit pour quelque autre motif, Carlin disait à Camerani : « Affichons toujours; qui sait? peut-être que M. *Tout-seul* viendra ce soir. »

Carlin mourut à Paris en 1783, et jouait encore, peu de temps avant sa mort. Son âge avancé ne lui avait rien fait perdre de sa vivacité, de son enjouement et de sa souplesse. On lui fit cette épitaphe :

> « De Carlin pour peindre le sort,
> Très-peu de mots doivent suffire :
> Toute sa vie il a fait rire,
> Il a fait pleurer à sa mort. »

On a de lui, comme auteur, *les Métamorphoses d'Arlequin*.

La littérature moderne a fait de lui un personnage historique. Un très-remarquable roman de M. de Latouche lui attribue une correspondance suivie avec le pape Clément XIV, dont il avait été réellement le camarade d'école. MM. Rochefort et Gustave Lemoine ont fait, il y a quelques années, une très-jolie pièce sur cette donnée. Carlin, ignorant que le nouveau pape fût ce même Laurent Ganganelli, son ami d'enfance, recevait sa visite, le tutoyait et jouait avec lui une scène dont Ganganelli tenait le manuscrit en riant si fort, qu'il oubliait de donner la réplique.

A propos du début d'un Arlequin au Théâtre-Italien, Collé, dans son *Journal historique*, parle ainsi des maîtres dans l'art burlesque : « Le lundi 21 courant (juin 1751), je fus à la Comédie voir un nouvel Arlequin qui y jouait depuis plusieurs jours. C'est un coquin assez léger, un saltimbanque, une espèce de danseur de corde, un bateleur, un froid comédien ; comme il n'est ici qu'en passant, les Italiens n'auraient pas eu la maladresse de le laisser monter sur leur théâtre s'il eût été meilleur, ou même eût pu balancer Carlin, leur Arlequin actuel. Ce dernier, qui est depuis quelques années en possession de ce rôle, ne s'en tire point mal, quoiqu'il soit souvent lourd dans l'action et toujours bête dans le propos, quoi qu'en disent les partisans de ce mauvais spectacle. Thomassin, son prédécesseur, était au moins aussi bête que Carlin, et même, si l'on veut, l'était davantage ; mais il réparait ce défaut par un feu continuel dans l'action et des grâces inimitables. Ce comédien avait même une partie singulière dans un Arlequin, je veux dire le pathétique ; il touchait jusqu'aux larmes dans certaines pièces, telles que *la Double Inconstance*, *Timon*, *l'Isle des esclaves*, et autres ; ce qui m'a toujours paru un prodige sous le masque d'Arlequin. »

En 1777, Bigottini débuta dans les rôles d'Arlequin. Voici ce que Grimm dit à son sujet :

« Un jeune Arlequin de soixante et quelques années, le sieur Bigottini, a débuté sur le théâtre de la Comédie-Italienne, dans une pièce de sa composition, intitulée *Arlequin esprit follet*. Le jeu du sieur Bigottini n'a aucun rapport avec celui de l'acteur qu'il doit remplacer ; il n'a ni la même grâce ni la même finesse, ni la même naïveté : ses métamorphoses cependant sont ingénieuses et variées; et ses mouvements, sans avoir la souplesse et le moelleux qui caractérisent les moindres gestes de Carlin, sont d'une précision et d'une prestesse singulières. Rien n'égale la promptitude avec laquelle il change de costume et de masque; son talent à cet égard tient du prodige, mais c'est un genre de mérite qui n'amuse pas longtemps... Il n'y a que l'esprit qui puisse se varier à l'infini, il n'y a que la grâce dont le charme soit toujours le même. »

A la fin du siècle dernier, un des Arlequins les plus célèbres en Italie fut Golinetti.

Les principaux acteurs qui jouèrent les Arlequins sur les théâtres forains sont :

En 1698, Babron, fils de la demoiselle Babron, ouvreuse de loges de la troupe italienne de 1645. Il débuta au *Jeu de Bertrand* dans les Arlequins, courut la province et revint à la foire en 1725.

En 1700, Philippe Lalauze, dans la troupe de la veuve Maurice, devint son associé et passa en province en 1716. Il revint en 1720 et se mit avec Restier, dont le spectacle n'existait que par tolérance. L'année suivante, il s'associa avec Maillard, Baxter, Alard et Sorin, qui avaient obtenu le privilége de l'Opéra-Comique.

En 1712, Michu de Rochefort, peintre, dans la troupe d'Octave.

En 1721, Cadet, fils du maître machiniste de l'ancienne Comédie-Italienne à l'Opéra-Comique.

En 1721, Baxter, Arlequin anglais, célèbre danseur,

obtint le privilége de l'Opéra-Comique de la foire, fit de mauvaises affaires et se retira dans un ermitage où il mourut dans la dévotion en 1747.

En 1734, Lebicheur était peintre de profession; il épousa la sœur d'Halliot, peintre de l'Académie. Il joua en province et entra comme Arlequin dans la troupe d'Honoré. Il imitait, à s'y méprendre, Thomassin. Il mourut en 1754.

De 1704 à 1758, Dolet, qui voyagea en Italie avec Constantini, s'associa avec Laplace, entra dans la troupe d'Octave, monta, en 1722, un jeu de marionnettes, puis entra à l'Opéra-Comique, qu'il ne quitta qu'en 1725.

En 1760, Nicolet père et fils, entrepreneurs de la *salle des Grands-Danseurs* (la Gaîté).

En 1786, le petit Moreau, haut de quatre pieds.

En 1792, l'Italien Lazzari, directeur du petit théâtre auquel il donna son nom.

En 1804, Laporte, et Lepeintre aîné qui débuta dans les Arlequins sur le théâtre des Jeunes Artistes.

Le personnage d'Arlequin, qui a subi autant de variations dans le type que dans l'orthographe de son nom, qui d'*Harlequino*, est devenu *Arlechino*, *Arlichino* et aujourd'hui *Arlecchino*, est tant soit peu passé de mode en Italie. Meneghino et Stenterello l'ont remplacé. Cependant on le retrouve encore dans les théâtres de marionnettes. Là il est vêtu d'habits à carreaux jaunes, rouges et verts; il porte toujours son masque et sa mentonnière noire, simulant la barbe; mais, peut-être pour indiquer son grand âge, ses moustaches et ses sourcils sont devenus blancs.

En France, ce type est à peu près fini. Son esprit du

siècle dernier est retombé dans ses jambes. Il n'est plus qu'un mime de tradition, plus ou moins gracieux. Cossard et Derruder (*planche 4*) ont sauté et dansé ses derniers succès.

Les principaux acteurs qui remplirent encore les rôles d'arlequins, furent, en Italie :

Fremeri, en 1624.

Belotti, en 1625.

Girolamo Francesco, en 1630.

Astori, Venise 1720.

Bertoli, en 1750.

Ignazio Casanova, de Bologne, en 1754.

TRIVELIN.

Trivelino est, sous un nom et un costume différents, le même type qu'Arlequin avant que Dominique lui eût donné cette nuance de finesse que ses successeurs lui conservèrent depuis.

Au lieu de losanges rangés avec symétrie, ce sont des triangles sur les coutures seulement, et des soleils et des lunes semés çà et là sur l'étoffe. Il porte aussi le chapeau mou avec la queue de lièvre, mais il ne se permet pas de porter la *batte*. Son nom, du reste, qui veut dire porteur de guenilles, d'habit troué, est peut-être le véritable nom que portait l'Arlequin avant le seizième siècle.

Nous avons dit qu'en 1653 Domenico Locatelli (*Trivelin*) jouait sur la scène de la Comédie-Italienne à Paris, quand

Dominique Biancolelli débuta sous le nom d'*Arlechino*. Ils furent valets tous les deux et eurent à peu près les mêmes caractères et les mêmes rôles. C'était un double emploi sous les chiffres de premier et second Zanni, car nous voyons, dans la nouvelle troupe italienne qui vint à Paris en 1716, beaucoup de pièces où les rôles de *Zanni* sont joués indifféremment sous le nom de Trivelin, Arlequin ou Scapin.

Dans les troupes qui couraient l'Italie, au dix-septième siècle, le rôle de Trivelino consistait à être un intrigant, à tourmenter sans cesse cette pauvre bête d'*Arlecchino*. Il se liguait avec *Fritellino* et *Truffaldino* pour jouer des tours pendables au Docteur ou à Pantalon. C'était un vrai scélérat, digne de rivaliser avec Brighella.

Dans *Artemire*, parodie du Théâtre-Italien (1720):

« TRIVELIN.

Les biens de Pantalon deviendront mon salaire;
Le crime est approuvé quand il est nécessaire.
Mais Arlequin paraît; quoiqu'il soit un peu sot,
Je prétends qu'il conspire et qu'il soit du complot.
  (A Arlequin.)
Avez-vous du courage?

ARLEQUIN.

Oui, surtout à table.

TRIVELIN.

.... Je connais vos talents pour manger et pour boire.
Vous savez dignement remuer la mâchoire,
J'en conviens; mais je veux de vous d'autres exploits
Pour un projet hardi, de vous seul j'ai fait choix....

ARLEQUIN.

.... Pantalon est en vie....

TRIVELIN.

Cela m'importe peu, mon cher, j'ai résolu
De l'assassiner.

ARLEQUIN.

Fi! cela sent la potence.

TRIVELIN.

.... Il faut, cher Arlequin, me servir de second....

ARLEQUIN.

Dans l'art d'assassiner je suis encor novice,
Ne comptez pas sur moi.

TRIVELIN.

Vous êtes un poltron.

ARLEQUIN.

Oh! parlez mieux, l'ami, je suis prudent....
Mais, pour assassiner Pantalon, point d'affaire....
Je ne puis voir sans peine égorger un cochon,
Comment pourrais-je, hélas! massacrer Pantalon! »

Domenico Locatelli, qui jouait au théâtre du Petit-Bourbon les rôles de Trivelin, était venu en France en 1645 (*planche* 5). C'était un excellent comédien. Il a composé en français *Rosaure, impératrice de Constantinople*, pièce à grand spectacle, qui fut représentée en 1658. Après une carrière brillante, il mourut en mars 1671.

« La Parque souvent très-cruelle,
O justes cieux! quelle nouvelle!
Par un tour traître et fort vilain,
Nous vient d'enlever Trivelin,

> Qui, dedans la troupe italique,
> Était un si charmant comique.
> Elle a fait ce tour, par dépit,
> Comme je crois, de maint répit
> Qu'il fallait que la mauricaude,
> Qui ne veut pas que l'on la fraude,
> Accordât, sans nul doute, à ceux
> Qui voyaient ce facétieux ;
> Lequel, leur inspirant la joie,
> Lui ravissait ainsi sa proie.
> O vous, qu'il a fait vivre ainsi,
> Daignez donc, en lisant ceci,
> Faire pour lui quelque prière,
> C'est le moins que vous puissiez faire. »

Pierre-François Biancolelli, né en 1681, connu sous le nom de *Dominique* que portait son père, fit ses études au collége des Jésuites. Au sortir de ses classes, il se lia avec Joseph Tortoretti (*Pascariel*), qui courait alors la province, et entra dans sa troupe. Il débuta avec succès dans les *Trivelin*, à Toulouse. Il alla ensuite à Montpellier, où il épousa la fille de Tortoretti, dont il était devenu amoureux à Paris, et pour laquelle il s'était fait comédien.

Il passa ensuite en Italie avec sa femme, et joua à Venise, Milan, Parme, Mantoue, Gênes, puis revint en France et joua en province jusqu'en 1710. Il vint de nouveau à Paris, et joua jusqu'en 1717 aux foires Saint-Germain et Saint-Laurent, après quoi il entra dans la troupe italienne du Régent. Biancolelli fut auteur de plus de quatre-vingts pièces pour le répertoire italien. Il mourut à Paris en 1734.

TRUFFALDIN.

La première création de ce personnage eut lieu vers 1530, dans la troupe d'Angelo Beolco (Ruzzante). Il représente le valet rusé et menteur, sous le nom de *Truffa* (*le fourbe*). Ce type devint populaire en Italie, et, vers le milieu du dix-septième siècle, il devint une des variétés de l'Arlequin, sous le diminutif de TRUFFALDINO.

Dans *la Vaccaria* de Ruzzante, Truffa est valet de Flavio, jeune amoureux, et dans *la Rhodiana* du même auteur, valet de Roberto, qu'il aide dans ses amours :

« Vous pouvez vous fier entièrement à moi, lui dit-il, car bien que vous me voyiez sous ces habits de paysan, je ne suis cependant pas de basse extraction. Je ne me découvre qu'à vous seul, bien certain que vous ne divulguerez pas mon secret. Sachez que mon vrai nom est Gasparo, fils de Roberto San-Severino; j'ai été forcé de fuir mon pays par amour pour une belle dame dont j'étais épris et dont les parents en voulaient à ma vie. J'ai voyagé en Italie, en Orient et en Occident, où j'ai appris plusieurs langues, ce qui m'a été fort utile par la suite. Finalement, étant à Venise, je me suis énamouré de la sœur de ma patronne, nommée Lucretia, et, afin de pouvoir lui parler en secret, j'ai pris l'habit des paysans; et ne vous offensez pas si, seul avec vous ou en compagnie, je me sers du langage correspondant à mon habit. »

Vers 1738, Sacchi jouait en Italie et surtout à Venise sous le nom de *Truffaldino*, caricature bergamasque, des rôles semblables à ceux d'Arlecchino. Goldoni et l'abbé Chiari s'étaient vantés de chasser du théâtre la *comedia dell' arte* et les *masques de cuir*; Sacchi, voyant la comédie nationale disparaître, partit de Venise avec sa troupe et ses amis, le Brighella, le Tartaglia et le Pantalon, pour chercher fortune au delà des mers. Mais le tremblement de terre de Lisbonne les chassa du Portugal; Sacchi revint alors à Venise avec sa troupe, et, en 1761, le théâtre de San-Samuel, fermé depuis cinq ans, fut nettoyé, et la réouverture se fit par *l'Amour des trois oranges*, fable en cinq actes, de Carlo Gozzi. Le genre *fiabesco* (merveilleux), ayant Gozzi pour soutien, fit fureur à Venise jusqu'en 1769, époque à laquelle une troupe rivale de celle de Sacchi, s'emparant des pièces et des acteurs du pauvre *impresario*, fit tomber son théâtre au profit de celui de Sant-Angelo, malgré l'essai de comédies *soutenues* et apprises qui fut fait par Sacchi; « mais, dit M. Paul de Musset, la décadence et la dispersion de la troupe Sacchi n'en étaient pas moins inévitables. Truffaldin prenait de l'âge et perdait ses jambes. Pour surcroît de complication, ce vieux fou s'avisa d'être amoureux de la Ricci (la maîtresse de Ch. Gozzi), et malgré ses soixante-dix ans, il donna de l'ombrage à notre poëte, qui voulait bien se contenter du titre d'ami, à condition de ne point voir d'amant en titre. Un jour, Gozzi trouva sa belle occupée à tailler du satin blanc pour faire une robe. C'était un cadeau de Sacchi, et la jeune première, avec la naïveté italienne, aurait bien voulu conserver à la fois les aunes de satin et sa vertu. La chose étant décidément impossible, elle garda le satin. »

La donnée du personnage que Sacchi représentait consistait à être poltron, battu et trompé. Vantard, très-orgueilleux de sa naissance et traitant tout le monde de bâtard, il n'en était pas moins, la plupart du temps, le souffre-douleur de la pièce. Sacchi était un admirable improvisateur, aussi les rôles qui lui étaient destinés ne sont-ils pas écrits dans les pièces de Charles Gozzi.

« Personne, dit celui-ci, ne pourra écrire le rôle de Truffaldin, pas plus en prose qu'en vers. Il suffit au Sacchi de connaître l'intention de l'auteur pour improviser des scènes supérieures à toutes celles qu'un écrivain pourrait lui tracer. »

Les parties de la pièce où Truffaldin, ainsi que les autres masques, doit agir, ne sont indiquées que par : « Truffaldino entre, fait ses plaisanteries, » ou bien, simplement : « Il entre, puis sort. » Dans certaines pièces, cependant, son rôle est plus explicite.

« *Truffaldin* : Vous me demandez ce que je suis et ce que je sais faire. Je vais vous le dire et vous raconter sincèrement ma vie. Je suis sorti de l'hôpital des Enfants trouvés. Laissez-moi un peu penser à mon arbre généalogique ! A coup sûr, il y a quelque probabilité que je suis fils de roi, car j'ai toujours senti dans mon sang une grande supériorité. Dans l'hôpital, on voulut m'apprendre à lire et à écrire. Mais ma grandeur d'âme ne put jamais s'abaisser à cette *mesquinité;* par suite d'une certaine férocité royale, il m'arriva même de rompre le crâne au magister. Après quoi je me sauvai, et, grâce à mon héroïsme, je me fis mendiant. Pris par des corsaires, je fus vendu comme esclave. Les Turcs, saisissant dans ma physionomie les signes certains de ma noble origine et admirant la majesté de mon ventre, m'évaluèrent sur le marché la somme de cinquante philippes. Mon acheteur ayant éprouvé dans divers travaux combien j'étais monarchiquement porté à les mépriser tous, me revendit pour cinquante livres. Le troisième acheteur m'attela avec un âne. Là je devins si célèbre par mon indifférence pour toute espèce d'occupation, hormis celle de manger, que le dernier acheteur me revendit pour vingt-sept livres et demie. Enfin, je fus décoré d'un honorable coup de pied au derrière, et sortis ainsi de la servitude avec honneur et gloire.... J'y étais aussi déplacé que des poissons sur un pré ou du fromage dans une bibliothèque. Après tout ce que je viens de vous dire, vous pouvez facilement voir à quel emploi je suis propre. »

PULCINELLA.
1685.

POLICHINELLE.

PULCINELLA, PUNCH, HANSWURST, MEO-PATACCA, MARCO-PEPE, IL SITONNO, BIRRICHINO.

« Brrrrr.... Brrrr...... Oui, mes enfants! c'est moi! moi Polichinelle avec mon gros bâton, me voilà! petit bonhomme vit encore! Je viens pour vous égayer, le plus agréablement que je pourrai, car certains quidams m'ont dit que vous étiez tristes! Tristes, morbleu! et de quoi? La vie n'est-elle pas une agréable chose, une bonne plaisanterie, une vraie farce de comédie, dont le monde est le théâtre, et où il y a de quoi rire, allez! pour tant peu que vous vous donniez la peine d'y regarder? Voilà près de quatre mille ans, mes enfants, que je roule mes bosses sur la surface du globe, au milieu des hommes, qui ne sont pas moins féroces et sauvages que les tigres et les crocodiles; et voilà quatre mille ans que je ris, mais, parfois, à en avoir mal dans le dos. N'est-ce pas drôle, bien drôle, dites-moi, de voir sur un si petit espace, qu'on appelle le monde, cette fourmilière de créatures qui, chacune prise à part, se croit la privilégiée de la nature entière? Demandez à un de ces atomes s'il changerait de peau avec son voisin? Non! soyez tranquilles! elle lui plaît trop, son écorce! Mais demandez-lui s'il changerait de bourse avec ce même voisin. Oh! oui, si la sienne est plus ronde que la mienne, dira-t-il. Et chacun se démène, va, vient, amasse, remue, roule, grouille et pense au lendemain plus qu'à la veille. Il semblerait, à les voir, qu'ils vivront toujours. Ils sont tous fous! Voyez celui-ci! il amasse et empile écu sur écu, attendant, pour s'en servir, l'heure de sa mort. Son fils se dépêche de tout éparpiller en se donnant beaucoup de peine aussi pour se ruiner le corps et la bourse; souvent il meurt avant d'y avoir réussi. C'est la loi, faire et défaire. Voyez celui-là qui s'alambique la cervelle à chercher un moyen de se faire remarquer de quelques autres malheureux, lesquels ne voudraient pas être dérangés de la voie qu'ils suivent, que leurs pères ont suivie, et que leurs fils suivront. Il a eu une idée quelconque, l'idée de déranger ses voisins, qui le prennent, l'enferment, le font rôtir ou noyer, n'est-ce pas drôle? Ah! vous auriez ri de voir pendiller des milliers de carcasses humaines aux arbres des chemins, alors que je ne sais quel *turlu* avait passé dans la tête de quelques lunatiques. Je ne me suis jamais tant diverti qu'il y a une quinzaine de siècles. C'étaient des fournées entières de gens plus faibles que ceux qui étaient les plus forts en ce moment-là; c'était là leur tort. C'était très-drôle de les voir déchiquetés et mangés par les animaux féroces. Vous allez m'appeler grosse bête, balourd! disant que je n'ai pas compris ce que j'ai vu. Chut! mes enfants! mieux vaut prendre la chose en riant, car les fils de ces étripés s'en revengèrent bien plus tard!

» Mais ce qu'il y a de plus drôle, ce sont les femmes, ou la femme. Ah! voilà un étrange animal! Que de vanité, que de malice dans ces petits êtres pour lesquels je ferais encore des bêtises! Par Pluton ou par le diable! (c'est tout un, et je me moque de l'un comme de l'autre, car ce sont encore là des inventions humaines!) il fait beau voir l'homme et la femme se rechercher, se tromper, se haïr, le tout ensemble. Les deux sexes se sont déclaré la guerre, et ne peuvent pourtant vivre l'un sans l'autre. Demandez à un homme ce qu'il pense des femmes. Il répondra : Ce sont des coquettes, vaniteuses et menteuses. A une femme ce qu'elle pense des hommes. Ce sont des égoïstes, des perfides! Allons! allons! il y a du vrai de part et d'autre. Car, pour de l'or, vous aurez des uns et des autres tant et plus. Soyez riche et vous serez honoré, aimé, flatté; vous serez beau, jeune si vous voulez, vous aurez amour, considération, honneurs, etc. Soyez pauvre, vous ne vaudrez pas une botte d'oignons!

» J'aperçois d'ici certaines gens qui ne partagent pas mon opinion : libre à eux! ils sont encore jeunes! S'ils avaient, comme moi, vu des cités entières disparaître sous les cendres volcaniques, s'ils avaient eu leurs chaussures brûlées par les laves du Vésuve, s'ils avaient vu se ruer les peuples sanguinaires du Midi sur les peuples farouches du Nord, et réciproquement.... J'eus beau faire le gros dos, je vous assure que je m'en souviens, mes enfants!... S'ils avaient dit, comme moi, aux puissants de la terre leurs vérités en trois mots, aux nations les plus orgueilleuses de la terre qu'elles n'étaient que des peuplades de brutes et de sauvages, ils penseraient différemment, ils y regarderaient peut-être à deux fois avant de me contredire.

» J'ai la conscience large et facile? Sans doute! ce qui est aux autres est à moi, et je n'ai qu'à me baisser pour ramasser, à plein chapeau, l'or et les richesses de mes voisins. Vous trouvez cela mauvais? C'est ma manière de voir; je méprise tant les hommes, que je me soucie peu de ce qu'ils peuvent penser et dire de moi.

» Cependant n'allez pas me qualifier de voleur! ce n'est pas le mot qui me blesse, c'est l'intention. Prenez garde! on ne m'a jamais insulté impunément et je ne suis jamais plus à craindre que lorsque je suis en belle humeur; à bon entendeur, salut! Vous n'êtes pas dignes d'entendre mes joyeux propos, car ce qui devrait vous faire rire a l'air de vous contrarier. Quoi! voulez-vous pleurer, parce que tout va mal? Regardez-moi! j'ai souffert autant qu'un autre, mais j'ai cuirassé ma bosse et mon cœur. Je suis le rire en personne, le rire triomphant, le rire du mal. Tant pis pour ces rangées de capucins de cartes qu'un souffle abat. Moi, je suis de fer et de bois, aussi vieux que le monde! »

Polichinelle a raison de le dire, il a le cœur aussi sec que son bâton, c'est un égoïste dans toute l'acception du mot. Sous une apparente belle humeur, c'est un être féroce; il fait le mal pour le plaisir de le faire. Se souciant de la vie d'un homme comme de celle d'une puce, il aime et cherche les querelles, et se plaît fort dans les massacres.

Loin d'être fanfaron, il ne se vante pas toujours de ses méchantes actions, et, lorsque vous l'entendez rire aux éclats, soyez sûr qu'il a tué son homme. Il ne craint ni Dieu ni diable, lui qui a vu passer, sous son nez crochu et verruqueux, tant de sociétés et de religions; mais, quand il le faut, il sait se taire sur ces matières-là.

Après son bâton, son *satou aux grosses créances*, comme il l'appelle, car c'est de cette monnaie-là qu'il paye ses dettes, ce qu'il aime le plus, c'est la bouteille et les femmes. Il est bien vrai, comme il le dit lui-même, que pour avoir des femmes, il faut de l'argent, et il n'en a pas. Bien qu'il prétende n'avoir qu'à se baisser pour en prendre dans le coffre de ses amis, ses amis ne sont pas si simples; ils se cachent avec leurs richesses à son approche. Sans argent, il faut être persuasif auprès du beau sexe, et malgré ses bosses et sa figure peu faite pour séduire, il est si caustique, si persuasif, si entreprenant et si insolent, qu'il a des succès. « Je ne me fais pas d'illusions sur le compte de mon physique, dit-il, et je ne vous expliquerai pas mon secret, car je ne le connais pas; d'ailleurs, m'expliquerez-vous les femmes, vous, beau curieux? On leur plaît parce qu'on leur plaît, il n'y a pas d'autres raisons. La femme est un être bizarre et mystérieux, c'est la seule bonne chose en ce monde, après le vin et les coups. »

Il aime également toutes les belles, car il n'y en a pas une qui puisse se vanter de l'avoir fixé longtemps.

PULCINELLA.

Ce fut vers l'an 540 de Rome que les Romains introduisirent chez eux le genre des pièces improvisées dites *atellanes*, avec les types principaux, Maccus, Bucco, Pappus et Casnar, parlant l'osque, le grec et le latin.

C'étaient presque toujours des sujets champêtres, les mœurs des paysans de la Campanie, puis les ridicules des habitants des petites villes. C'est *Pappus præteritus*, comme qui dirait *Pantalon éconduit; Maccus soldat; Maccus dépositaire testamentaire; le Médecin; les Peintres; le Boulanger; Pappus agricola*, etc. Les atellanes possédaient deux sortes de bouffons, deux *sanniones*. Le Maccus : vif, spirituel, insolent, un peu féroce; et le Bucco : suffisant, flatteur, fanfaron, voleur et lâche. Le Pulcinella moderne a ces deux caractères tout à la fois : c'est un mélange de bravoure et de lâcheté, de vanité bête et d'insolence spirituelle.

On prétend que ces deux caractères différents avaient été attribués de même à Maccus, le paysan osque, aussi célèbre et aussi aimé alors que Pulcinella l'est aujourd'hui.

« Le Maccus, personnage osque, dit M. Ferdinand Fouque, a pour caractère la sottise, l'impertinence, le désordre, comme son nom l'indique; — car, en grec, $\mu\alpha\kappa\kappa o\tilde{\alpha}\sigma\theta\alpha\iota$ signifie faire le bouffon, radoter, être fou.... Le Maccus, dans les atellanes, répond quelquefois à l'Arlequin, mais le plus souvent au Polichinelle. C'est un Maccus que la statuette en métal conservée au musée du marquis Capponi. Il a une espèce de manteau qui lui descend aux genoux, et des sandales aux pieds; sa tête est rasée, son nez est gros, courbe et crochu.... On trouve encore un Maccus sur une cornaline : il est vêtu de pourpre; ses pieds sont nus; sa tête est rasée; son nez lui tombe sur la bouche et lui couvre le menton, ce qui lui donne un air stupide; sa posture est flegmatique, et ses bras, qu'il tient croisés sur sa poitrine, sont entortillés dans son habit. Il représente un Maccus philosophe comme dans la comédie intitulée *Polichinelle travesti en docteur* (Pulcinello finto dottore).

» Bucco est d'origine osque.... Par son nom et par sa figure, il ressemble au parasite de la grande comédie. Son caractère est un composé de hauteur et de bassesse, de ridicules et de folies. Il fait le plaisant au besoin, l'impertinent selon les circonstances; souple, officieux, insinuant, bouffon, bavard, paresseux, gourmand, famélique, il a tous les vices qui cadrent avec les mœurs d'une nation corrompue; aussi connaît-il le secret de plaire aux grands et de se rendre nécessaire : il étudie leurs penchants, se prête à leurs fantaisies, sert leurs passions, favorise leurs entreprises libertines.... Le Bucco avait des joues monstrueuses et une bouche démesurée. »

Pulcinella descend donc en ligne droite de Maccus; mais comment le nom de Pulcinella a-t-il été substitué à celui de Maccus? C'est une question à peu près résolue aujourd'hui. On sait que le Maccus avait le nez crochu, les jambes longues, le dos légèrement voûté, l'estomac proéminent, et qu'à l'exemple de tous les anciens mimes, il égayait autant par ses gestes et ses cris que par ses bons mots.

La spécialité de Maccus était d'imiter avec la bouche le cri des oiseaux et le piaulement des poulets, au moyen d'une sorte d'appeau qui devint la *pratique*, le *sgherlo* ou *pivetta*. Cet instrument ne devait pas être de son invention; il l'avait pris aux schœnobates ou joueurs de marionnettes grecs, qui avaient inventé ce *sgherlo* pour imiter, faire la charge, pour ainsi dire, de la voix des véritables acteurs passant par le porte-voix du masque, et pour en reproduire le son métallique. Maccus fut donc surnommé, à cause de ses cris de volaille effarouchée, peut-être aussi à cause de son nez en bec et de sa démarche bizarre, Pullus gallinaceus, puis, par contraction, Pulcino, et Pulcinella.

En 1727, on trouva sous terre, à Rome, une figurine de bronze qui est au musée Capponi, et qui rappelle Maccus.

« Mais ce qui paraîtra peut-être singulier, dit l'abbé de
» Saint-Non dans son voyage de Naples, en 1782, c'est de
» retrouver ici un Polichinel absolument semblable au
» nôtre pour les traits essentiels, la bosse devant et der-
» rière, à l'exception de quelques petites différences d'ajus-
» tement qui ne sont qu'une affaire de mode; car, en Italie,
» où le Polichinel joue encore un bien plus grand rôle que
» sur nos théâtres, il est habillé autrement que le nôtre,
» mais il lui ressemble pour le masque et pour le caractère
» (il donne le dessin de cette figurine). Cette figure bizarre
» est prise d'après un bronze antique qui a été trouvé à
» Rome en 1727 : l'original est conservé dans le museum
» du marquis Capponi, qui l'a fait graver avec la plus

PULCINELLO

» grande exactitude, ainsi que l'histoire de ce grand per-
» sonnage, dont on ne peut disconvenir que les titres et la
» généalogie ne soient de la première antiquité :

« Vetus histrio personatus in Esquiliis repertus an. 1727
» ad magnitudinem æri archetypi expressus, cui oculi et
» in utroque oris angulo Sannæ seu globuli argentæi sunt.
» Gibbus in pectore et in dorso, inque pedibus socci.
» Hujus generis moriones et ludiones, verbis gestuque ad
» risum movendum compositi, locum habuerunt in jocu-
» laribus fabulis Atellanis, ab Atella Oscorum opido, inter
» Capuam et Neapolim, ubi primum agi cœperunt deno-
» minatæ. Unde homines absurdo habitu oris et reliqui
» corporis cachinnos a natura excitantes, etiamnum pro-
» deunt; huic nostro persimiles et vulgo PULLICINELLÆ dicun-
» tur, a PULLICENO fortasse : qua voce Lampridius in Severo
» Alexandro, PULLUM GALLINACEUM appellat. PULCINIELLÆ
» autem speciatim excellunt adunco, prominentique naso,
» rostrum pullorum et pipionum imitante. »

(*Musée du marquis Capponi, à Rome.*)

Louis Riccoboni donne à la fin de son *Histoire du théâtre italien* le dessin de cette même figurine. Il est à remarquer qu'elle a, dans chaque coin de la bouche, une petite boule qui ne peut appartenir qu'à une sorte de *sgherlo* ou de pratique.

« Dans mon *Histoire du théâtre italien*, dit-il en parlant
» du *Mimus centunculus*, j'avais fait des conjectures sur le
» personnage de Polichinel des Napolitains, et je l'avais
» cru un *Mimus albus*, en lui donnant une dérivation aussi

» ancienne que celle de notre Arlequin; mais comme je
» n'avais point trouvé de preuves qui, en quelque façon,
» eussent autorisé mon opinion, lorsque je fus prêt à
» l'imprimer j'en supprimai le chapitre. Si, dans ce temps-
» là, j'avais connu le monument dont je viens de parler
» (la figurine de bronze), j'aurais travaillé sur Diomède
» et sur Apulée, pour en faire autant que nos savants
» d'Italie ont fait.... Je n'en demande point davantage pour
» m'assurer que je ne m'étais point trompé lorsque j'ai
» cru le Polichinel descendu en droite ligne du *Mimus*
» *albus* de la comédie des atellanes. »

Dans un article sur la comédie italienne (G. Sand), daté de 1852, on lit : « Le plus ancien de tous les types, » c'est le Polichinel napolitain. Il descend en droite ligne » du *Maccus* de la Campanie, ou plutôt c'est le même per- » sonnage. Le Maccus antique ne figurait point dans la » comédie régulière, mais dans ces espèces de drames sati- » riques fort anciens qui s'appelaient *atellanes*, du nom de » la ville d'*Atella*, où ils avaient pris naissance. Une statue » de bronze retrouvée à Rome en 1727 ne peut laisser de » doute sur l'identité de Maccus et de Polichinel. Le Poli- » chinel des atellanes porte, comme son descendant, deux » énormes bosses, un nez crochu comme le bec d'un oiseau » de proie, et de grosses chaussures reliées sur le cou-de- » pied, qui ne s'éloignent pas trop de nos sabots modernes. » Il a l'air railleur, sceptique et méchant : deux boules » d'argent, placées aux coins de ses lèvres, lui agrandissent » la bouche et donnent à sa physionomie quelque chose » de bas et de faux, expression complétement étrangère à

» celle du Polichinel moderne. Cette différence dans l'exté-
» rieur des deux personnages me paraît accuser une diffé-
» rence plus profonde entre les caractères. L'acteur des
» anciens devait être quelque chose de plus bas, de plus
» haineux que le Polichinel moderne : comique surtout par
» ses difformités, je me figure voir de loin une espèce de
» Thersite populaire aux prises avec l'oppression de l'escla-
» vage et de la laideur. Polichinel, c'est déjà la révolte; il
» est affreux, mais il est terrible, rigoureux et vindicatif;
» il n'y a ni Dieu ni diable qui le fasse trembler quand il
» tient son gros bâton. A l'aide de cet instrument, qu'il
» promène volontiers sur les épaules de son maître et sur
» la nuque des officiers publics, il exerce une espèce de
» justice sommaire et individuelle, qui venge le faible des
» iniquités de la justice officielle. Ce qui me confirme dans
» cette opinion, c'est que dans les farces napolitaines on
» trouve deux Polichinels : l'un, bas et niais, véritable fils
» de Maccus; l'autre, hardi, voleur, batailleur, bohémien,
» et création plus moderne. »

Quand les théâtres païens furent détruits, et avec eux les tragédies et les comédies, on sait que les *atellanes* continuèrent sur les places publiques; le Polichinelle y figurait, ainsi que l'Arlequin, qui était aussi très-aimé des Romains.

Pendant tout le moyen âge, à l'époque où l'on ne représentait sur les théâtres que des mystères, Pulcinella disparut. Ce n'est qu'au seizième siècle, à la renaissance des théâtres, qu'un comédien nommé Silvio Fiorello tira ce personnage de l'oubli, et introduisit Pulcinella dans les parades napolitaines. Fiorello était chef d'une troupe de comédiens. Il jouait lui-même sous le nom du capitaine Matamore, et confia le rôle de Pulliciniello (comme on l'appelait alors) à Andrea Calcese, d'abord tailleur, surnommé le *Ciuccio*, qui imitait dans la perfection l'accent et les manières des paysans d'Acerra, près de Naples. Le Ciuccio mourut en 1656.

Le costume de Pulcinella a peu varié depuis André Calcese. Pulliciniello, c'est ainsi qu'il est encore appelé au commencement du dix-septième siècle, porte une sorte de blouse blanche ample, serrée à la taille par une ceinture de cuir dans laquelle sont passés un sabre de bois et une escarcelle; son pantalon est large et plissé; souliers de cuir. Il ne porte pas de collerette, mais il a un chiffon d'étoffe blanche, bordé d'un galon vert, qui lui sert de *tabaro;* il porte le demi-masque noir à longues moustaches et à barbe; sa tête est couverte d'une calotte blanche et d'un immense chapeau gris, dont les ailes sont relevées de chaque côté et forment une casquette démesurée, de la forme de celle que l'on portait encore sous Louis XI.

C'est ainsi qu'il était représenté par Argieri, né à Rome, et connu à Paris sous le nom du *Polichinel romain*. Au bas d'une image qui le représente, on lit : « masque burlesque qui parle la langue des paysans napolitains, et qui est vestu de toile blanche, contrefaisant la beste et le stupide. »

Au milieu du dix-septième siècle, Pulcinella change tout à coup de costume sur le théâtre de la Comédie-Italienne à Paris, en 1645. Barbançois, le *Pulcinella* de la troupe de Mazarin, imite Jupilles, le *Polichinel* français de 1640. Il

prend la veste et le pantalon aux couleurs rouge et jaune
galonné de vert, mais il porte la toque et le manteau
traditionnels à tout type italien (*planche* 6).

En 1697, Michel-Ange da Fracassano exagère les deux
bosses du costume, et se coiffe d'un feutre gris orné de
deux plumes de coq, ce qui le rend tout à fait semblable au *Polichinel* de la foire. C'est ainsi que l'a représenté
Watteau.

Au commencement du dix-huitième siècle, il subit aussi
en Italie l'influence française; car, sous le nom de *Pulcinello*, Coleson, qui eut une si grande vogue à Florence,
à Venise, à Milan et à Paris sur les théâtres forains, le
représente avec un ventre qui garnit tout son large vêtement
boutonné de haut en bas. Il porte le demi-masque noir, à
nez protubérant avec une grosse verrue, la collerette et le
chapeau gris à haute forme et à larges bords; le pantalon est large et un peu court. Il est toujours vêtu de toile
blanche, et porte un gros bâton à la main. Ce personnage, appelé encore à Bologne Purricinella, me fait
l'effet d'être plutôt romain que napolitain, car le costume
de celui de Naples s'est peu modifié depuis sa création.
D'après Riccoboni, ce personnage épais et lourd (*planche* 7),
serait le second Pulcinella napolitain, le type du *balordo*.

« Les comédies napolitaines, dit-il, à la place du Scapin
» et de l'Arlequin, ont deux Polichinels : un fourbe, et
» l'autre stupide. Dans le pays, l'opinion commune est que
» c'est de la ville de Bénévent, qui est la capitale des Sam-
» nites des Latins, qu'on a tiré ces deux caractères opposés.
» On dit que cette ville, qui est moitié sur la hauteur d'une

» montagne, et moitié au bas, produit des hommes d'un
» caractère tout différent. » Bénévent est bâtie comme Bergame, où nous avons dit que la même tradition existait
pour Arlequin le Stupide, représentant les habitants de la
ville basse, Brighella le Spirituel, ceux de la ville haute.
Pulcinello serait alors le type de la balourdise et de la grossièreté, un digne descendant de Maccus; tandis que le
POLLICINIELLA napolitain serait le fin, le rusé, le sensuel
rejeton de Bucco. Ce type devint européen. En France il
devint Polichinelle; en Angleterre, PUNCH, par abréviation
de PUNCHINELLO, et JACK PUDDING; en Allemagne, HANSWURST
(Jean Saucisse) et PULZINELLA; en Hollande, TONEELGEK; en
Espagne, don CHRISTOVAL PULICHINELA, et, jusqu'en Orient,
le KARAGHEUS n'est qu'un Polichinelle.

Pulcinella est, tour à tour, et selon la pièce, maître,
domestique, magistrat, poëte, danseur, mais pas acrobate;
au fond, c'est toujours le même caractère. En ce qui le
concerne, la pièce se plie à son rôle, et non lui à la pièce.
Quelquefois, mais rarement, on l'a vu marié à une PULCINELLINA, et avoir femme et enfants; mais cela n'a guère
lieu que dans les théâtres de marionnettes. Dès que l'on
s'éloigne de Naples seulement de trente milles, le type cesse
d'être le portrait du Napolitain. « Il y a trente ans, nous
disait un homme d'esprit, il n'y avait pas à Naples un
seul individu qui n'eût quelque chose de Pulcinella. Cela
se perd un peu aujourd'hui, mais il en reste encore suffisamment. »

A Naples, Pulcinella a élu domicile au théâtre de
San-Carlino. « C'est là, dit M. Fréd. Mercey, que soir et

matin il est le héros d'aventures bouffonnes et merveilleuses. En effet, quoique le Polichinelle de San-Carlino ne soit pas de bois, il ne se repose jamais, et quand on a annoncé pour le matin et pour le soir quelque pièce nouvelle, *giocosissima in tutte le sue scene, ricca di bizarri avenimenti... con Pulcinella,* Pulcinella doit être sous les armes et gambader mort ou vivant. Voulez-vous avoir une idée de ces pièces, *divertissantes d'un bout à l'autre et riches d'événements bizarres,* pièces qui ne doivent cependant leur succès qu'à Pulcinella? Nous allons en analyser quelques-unes, choisissant de préférence celles qui font le mieux connaître le peuple napolitain.

» *Pulcinella chef de brigands.* La scène se passe dans les Calabres. Pulcinella, qui a fait de mauvaises affaires dans le commerce, se livre à une autre industrie : il exploite les grands chemins... Pulcinella a tout ce qu'il faut pour être un excellent chef... Il est sans scrupule et sans pitié, il professe le plus souverain mépris pour la vie des hommes... Le nouveau chef a des projets sur une meunière des environs de Nicastro, qui, outre ses appas, a, si l'on en croit la renommée, un grand sac rempli d'écus dans son armoire. Pulcinella laisse sa bande dans la forêt voisine, et, suivi d'un seul de ses compagnons, il va faire une visite à la meunière. Pour ne pas lui donner d'ombrage, il fait cacher son camarade derrière un buisson et se présente seul à la porte. C'est un dimanche; le brigand a choisi ce jour-là, parce qu'il sait que le meunier est à l'église de la bourgade voisine, et que la meunière reste seule au logis avec un enfant. Pulcinella se présente comme un garçon meunier sans ouvrage. Il est bien accueilli par la meunière; mais tout à coup, profitant d'un moment où l'enfant s'est éloigné, il tire un grand couteau et menace la meunière de lui couper la gorge, si elle ne lui donne sur-le-champ tout l'argent qu'elle possède... — Mon argent est là-haut, dit-elle, dans mon armoire; venez avec moi, je vous le donnerai. Pulcinella la suit... Tandis qu'il fouille dans l'armoire, la femme s'esquive lestement et ferme la porte à double tour. Les fenêtres sont garnies de barreaux de fer, la porte a un demi-pied d'épaisseur; Pulcinella est pris au piége comme un étourneau. La meunière ne perd pas de temps, elle appelle son enfant : — Cours à Nicastro, lui dit-elle, et va chercher ton père et les carabiniers; cours vite, dis-lui qu'il y a un brigand dans la maison. — L'enfant part, mais le compagnon de Pulcinella, qui entend les cris de son chef, lui barre le passage et l'arrête. La meunière ne perd cependant pas courage, elle verrouille les portes et barricade les fenêtres. Sa situation est des plus critiques. Elle entend Pulcinella qui, à l'aide d'un marteau, commence à démolir le parquet sur sa tête; elle voit son enfant que l'autre brigand menace de mort si elle n'ouvre pas... Cependant le brigand du dehors garrotte l'enfant, et le jette dans un coin; rôdant ensuite autour de la maison, il cherche quelque porte ou quelque fente par laquelle il puisse pénétrer et délivrer son chef. Tout à coup l'idée lui vient de se glisser par la roue du moulin et par l'ouverture de l'arbre tournant; mais dans ce moment la meunière a, de son côté, la pensée de mettre cette roue en mouvement... Le brigand vient de se glisser

POLICINELLA.
(1600)

à moitié dans l'intervalle laissé entre le mur et l'arbre tournant, lorsque la meunière détache la cheville qui retient les engrenages; la roue se met en mouvement, et, avant qu'elle ait fait deux tours, le bandit est broyé comme sous le pilon d'un mortier. Pendant ce temps, Pulcinella a achevé son trou, et il va se précipiter dans la chambre, quand le mari de la meunière arrive avec un détachement de carabiniers. Pulcinella ne perd pas courage. Comme ceux-ci montent l'escalier qui conduit à la chambre où il est renfermé, il saute par le trou du plafond, s'échappe par un autre escalier, et grimpe sur le toit de la maison.

» Le reste de la pièce n'est plus qu'une sorte de divertissement burlesque dans lequel figurent la meunière, les soldats, les paysans et Pulcinella poursuivi, déployant son adresse et faisant toutes sortes de tours de force. On le voit, par exemple, prendre la place de la girouette et tourner à tous les vents; mais au moment où on met en joue ce personnage fort peu métallique, il fait un bond, saute sur le toit, du toit dans le jardin, et se blottit dans un coin où il figure une borne. Un soldat monte sur cette borne pour regarder par une fenêtre, la borne se dresse et s'enfuit; puis Pulcinella se glisse sous un van et tâche de gagner le bois, cheminant comme une tortue. A la fin on le prend, et on le mène à Nicastro pour être pendu. L'histoire de sa pendaison est connue. Pulcinella se laisse tranquillement conduire sur l'échafaud; mais, lorsque la corde est prête, il fait toutes sortes de façons avec le bourreau, s'y prend maladroitement, et feint toujours de ne pouvoir trouver l'ouverture. — Quel balourd! s'écrie le bourreau impatienté; tiens, regarde, c'est ainsi qu'il faut s'y prendre! et il passe sa tête dans le nœud coulant. Pulcinella saisit le moment favorable, se pend à la corde et étrangle le bourreau, en lui criant : — Eh bien, suis-je encore un balourd?

» ..... Dans les *Ruines de Pompeïa*, Pulcinella, qui aime la fille d'un *custode* de l'endroit, s'est mêlé à une troupe de visiteurs étrangers, qu'il amuse de ses saillies et aux dépens desquels il se régale, volant les meilleurs morceaux du déjeuner, et escamotant toujours le *carlin* que les visiteurs mettent dans la main des custodes. Ceux-ci finissent par s'apercevoir de la chose, trouvent la plaisanterie fort mauvaise, et veulent prendre au collet Pulcinella, qui se fâche, crie très-fort, et s'indigne qu'on ose soupçonner un galant homme comme lui, un personnage de son importance. Il contrefait tour à tour un lord anglais, un officier français; mais bientôt convaincu d'imposture et serré de près, il joue du bâton, s'enfuit à travers les ruines, et disparaît tout à coup au moment où on croyait le tenir. On le trouve à la fin dans une des caves nouvellement découvertes, couché sur un tas d'amphores vides, en compagnie.... de la fille du custode. Tout s'arrange, et la pièce se termine par un mariage qui paraît fort nécessaire.

» ..... Les personnages qui figurent dans ces pièces tout à fait nationales, sont, outre le Polichinelle et le Scaramouche, le *paysan*, la *Romaine*, le *soldat*. »

Le POLLICINIELLA (*planche* 8), comme on l'appelle en dialecte napolitain, passionne encore maintenant tout aussi bien le roi et la cour que le dernier des lazzaroni. Il porte une sorte de blouse courte, assez ample, avec ou sans ceinture; les manches sont serrées au poignet, ainsi que le pantalon à la cheville; souliers blancs et un peu forts de semelle. Il ne porte pas de collerette; son demi-masque noir est imberbe, mais sillonné de rides; sa coiffure est un feutre gris ou blanc, sans bords, en forme de pain de sucre. Dans certaines occasions, quand il faut faire un peu de toilette, il change son chapeau de feutre contre un autre chapeau en percale blanche comme son vêtement, d'une forme aussi haute et aussi singulière, mais enjolivé de nœuds de faveur rose. Il porte le demi-masque noir, à long nez aquilin, orné d'une verrue, et les joues sillonnées de rides profondes annoncent que Polliciniella n'est pas né d'hier.

L'esprit de ce Polliciniella diffère beaucoup du Polichinelle français et du PUNCH anglais. Il est farceur, taquin, railleur, mais non scélérat. C'est le type du bourgeois napolitain dans sa grossièreté naturelle, empreinte toutefois de cet esprit mordant dont l'abbé Galiani est un type épuré. Il est lent dans ses mouvements (les Pulcinella célèbres sont très-sobres de gestes), l'air niais, mais de l'esprit argent comptant, surtout dans les *a parte* qu'il adresse toujours directement au public.

Polliciniella joue encore aujourd'hui à Naples sur plusieurs théâtres; mais la scène par excellence est *San-Carlino*, où, deux fois par jour, se presse un public formé de tous les rangs de la société. San-Carlino a une troupe renommée qui se compose principalement de masques ou types nationaux inaltérables. Depuis le commencement de ce siècle, plusieurs acteurs s'y sont fait une grande réputation : Celesi Balli et Tomaso Fabioni en 1800, Lucio Bebio en 1803, Camerano en 1805, etc. Un Polliciniella célèbre y a été applaudi pendant vingt-cinq ans. Après avoir été un des plus brillants capitaines de cavalerie du roi Murat, après s'être trouvé avec lui à plusieurs grandes et victorieuses campagnes, décoré par l'empereur Napoléon I*er*, il fut réformé lors du retour des Bourbons à Naples. C'est alors que, soit nécessité de vivre ou fantaisie, il endossa la casaque de Polliciniella, avec laquelle il a amassé une très-belle fortune. Il a été l'idole de tous les Napolitains et de tous ceux qui comprennent le dialecte. Sobre de mouvements, froid, lent, plein de *goffagine* (balourdise), parlant le moins possible, mais le peu de mots qu'il disait marqués au coin de l'esprit le plus vif et le plus mordant, il arrivait, malgré le masque qui lui couvrait la moitié du visage, à une miraculeuse expression de physionomie. Une des facéties qu'il répétait souvent, surtout en temps de carnaval, car pendant le carême il est défendu à Polliciniella de porter ni masque ni costume, c'était de manger dans un énorme *cantaro* (vase de nuit), des monceaux de macaroni dont ce personnage est très-friand. On le voyait alors tirer ces longues pâtes, et se les faire descendre dans la bouche de toute la hauteur de son bras, aux grands éclats de rire de l'assistance.

En parlant de Pulcinella, M. Ch. Magnin dit : « Le Pulcinella de Naples, grand garçon aussi droit qu'un autre, bruyant, alerte, sensuel, au long nez crochu, au demi-masque noir, au bonnet gris et pyramidal, à la camisole blanche, sans fraise, au large pantalon blanc plissé et serré à la ceinture par une cordelière à laquelle pend une clochette, Pulcinella, dis-je, peut bien à la rigueur rappeler le *Mimus albus* et, de très-loin, le *Maccus* antique ; mais il n'a, sauf son nez en bec et son nom d'oiseau, aucune parenté ni ressemblance avec notre Polichinelle. Pour un trait de ressemblance, on signalerait dix contrastes. »

POLICHINELLE.

« Polichinelle, dit M. Charles Magnin, tel que nous l'avons fait ou refait, présente au plus haut degré l'humeur, et la physionomie gauloises. Je dirai même, pour ne rien cacher de ma pensée, que, sous l'exagération obligée d'une loyale caricature, Polichinelle laisse percer le type populaire, je n'ose dire d'Henri IV, mais tout au moins de l'officier gascon, imitant les allures du maître dans la salle des gardes du château de Saint-Germain ou du vieux Louvre. Quant à la bosse, Guillaume Bouchet nous apprend qu'elle a été de temps immémorial l'apanage du badin ès farces de France. On appelait au treizième siècle Adam de la Halle le *bossu d'Arras*, non pas qu'il fût bossu, mais à cause de sa verve railleuse :

On m'appelle bochu, mais je ne le suis mie.

Et quant à la seconde bosse, elle rappelle la cuirasse luisante et bombée des gens de guerre, et les ventres à la poulaine alors à la mode, et qui imitaient la courbure de la cuirasse. Le chapeau même de Polichinelle (je ne parle pas de son tricorne moderne, mais du feutre à bords retroussés qu'il portait encore au dix-septième siècle) était la coiffure des cavaliers du temps, le chapeau à la Henri IV. Enfin, il n'y a pas jusqu'à certains traits caractéristiques du visage, jusqu'à l'humeur joviale, hardie, amoureuse du bon drille, qui ne me rappellent en charge les qualités avantageuses et les défauts du Béarnais. Bref, malgré son nom napolitain, Polichinelle me paraît un type entièrement national, et une des créations les plus spontanées et les plus vivaces de la fantaisie française. »

Ce fut vers 1630 que Polichinelle passa, dit-on, des tréteaux dans les troupes de marionnettes. Mais ce qui est certain, c'est qu'en 1649 Polichinelle avait son théâtre sur la rive gauche de la Seine, chez Brioché ou Briocci.

> « Je suis Polichinelle
> Qui fait la sentinelle
> A la porte de Nesle. »

« Une tradition qui subsiste encore, dit M. Charles Magnin, le savant historiographe de Polichinelle, et que se transmettent tous les vrais enfants de Paris, de Chartres et d'Orléans, a conservé l'air et les couplets de la fameuse chanson de Polichinelle :

> « Je suis le fameux Mignolet,
> Général des Espagnolets.
> Quand je marche, la terre tremble :
> C'est moi qui conduis le soleil,
> Et je ne crois pas qu'en ce monde
> On puisse trouver mon pareil.

> Les murailles de mon palais
> Sont bâties des os des Anglais;
> Toutes mes salles sont dallées
> De têtes de sergents d'armées
> Que dans les combats j'ai tués.
>
> Je veux, avant qu'il soit minuit,
> A moi tout seul prendre Paris.
> Par-dessus les tours Notre-Dame,
> La Seine je ferai passer;
> Des langues des filles, des femmes,
> Saint-Omer je ferai paver.... »

Cette chanson rattache avec certitude Polichinelle au règne d'Henri IV et à nos longs démêlés avec l'Espagne. »

La vraie patrie de Polichinelle fut les foires Saint-Germain et Saint-Laurent, chez Bertrand et chez Francisque, où pendant plus d'un siècle il railla et plaisanta toutes gens et toutes choses; mais on lui passa bien des méchancetés à cause de sa taille et de sa personne de bois.

> « Les acteurs y sont de niveau,
> Aucun d'eux ne s'en fait accroire;
> Les mâles au porte-manteau,
> Et les femelles dans l'armoire.
> Isabelle sous les verrous,
> Laisse Colombine tranquille,
> Et Polichinelle à son clou
> Ne cabale pas contre Gille. »

En 1721, quand le Théâtre-Français fit fermer les théâtres forains, Polichinelle railla et ricana de plus belle. L'année suivante, Polichinelle couvrit encore de son bâton une vengeance que Lesage, Fuzelier et d'Orneval voulurent tirer des théâtres de l'Opéra, de la Comédie-Française et de la Comédie-Italienne réunis. Ils s'entendirent avec Laplace, entrepreneur de marionnettes, et lui donnèrent trois opéras-comiques inédits qui attirèrent tout Paris et firent délaisser les théâtres royaux. Polichinelle chanta et se moqua encore davantage. Nos trois associés avaient fait peindre un Polichinelle plus grand que nature comme enseigne, avec cette devise : « J'en valons bien d'autres. »

Le nombre d'auteurs qui ont travaillé pour Polichinelle est incroyable. Parmi les pièces qui firent le plus de bruit, citons : *Polichinelle Grand Turc; Polichinelle colin-maillard; la Noce de Polichinelle et l'accouchement de sa femme; les Amours de Polichinelle; Polichinelle magicien; Polichinelle à la guinguette de Vaugirard; Polichinelle maçon; Polichinelle don Quichotte; Polichinelle Gros-Jean*, etc.

En 1793, le *Vieux Cordelier* s'écrie : « Cette multitude
» égoïste est faite pour suivre aveuglément l'impulsion des
» plus forts. On se battait au Carrousel et au Champ de
» Mars... à côté du tranchant de la guillotine, sous lequel
» tombaient des têtes couronnées, et sur la même place et
» dans le même temps, on guillotinait aussi Polichinelle,
» qui partageait l'attention de cette foule avide. » Mais, après le 10 thermidor, Polichinelle prit sa revanche sur le bourreau et sur le diable lui-même. Il recommença de plus belle à les battre et à les pendre tous les deux à la même corde.

En 1819, Arnault écrivait, en parlant du rôle de Poli-

POLICHINELLE
(1820)

chinelle joué à l'Opéra par Ély et à la Porte-Saint-Martin par Mazurier (*planche* 9): « C'est un personnage important, c'est l'homme du jour; personne, pour le quart d'heure, ne lui dispute la faveur publique, si ce n'est lui-même; car Polichinelle est double, comme autrefois le fut Amphitryon, et, comme ce héros, il combat aussi contre lui-même, à la grande satisfaction du public. Quand on songe à toutes les qualités que doit réunir un Polichinelle parfait, on ne peut trop féliciter le siècle qui produit deux fois un pareil modèle.... En fait de difformités, le Polichinelle doit être ce qu'est Apollon en fait de perfections. Bossu par devant et par derrière, juché sur ses jambes de héron, armé des bras du singe, il doit se mouvoir avec cette roideur sans force, cette souplesse sans ressort, qui caractérisent le jeu d'un corps qui n'a pas en lui le principe du mouvement, et dont les membres, mis en action par un fil, ne sont pas attachés au tronc par des articulations, mais par des chiffons. Le but de l'acteur dans ce rôle est d'imiter la machine avec autant de fidélité que, dans un autre rôle, cette machine en mettrait à imiter l'homme. C'est à quoi réussit merveilleusement le Polichinelle de la Porte-Saint-Martin (Mazurier). Il n'a rien d'humain; à la nature de ses mouvements et de ses chutes, on ne le croirait pas de chair et d'os, mais de coton et de carton; son visage est un vrai visage de bois: il fait illusion à un tel point, que les enfants le prennent pour une marionnette qui a grandi, et peut-être ont-ils raison. »

Quant à Ély, de l'Opéra, « quoi de plus savant que ses gestes et que ses attitudes, soit quand, adossé à la coulisse, il y semble accroché plutôt qu'appuyé ; soit quand, s'affaissant tout à fait sur lui-même, il semble avoir été abandonné par la main ou par le clou qui le soutenait? C'est vraiment sublime!... On vient d'accorder à Polichinelle les honneurs de la lithographie. L'on peut inscrire à volonté, suivant la prédilection que l'on porte à l'un ou l'autre de ces virtuoses, le nom de Mazurier ou d'Ély. »

Le même écrivain a consacré aussi en vers l'éternelle vogue de Polichinelle :

> « Quels succès par les siens ne sont pas effacés?
> Les *Roussel* passeront, les *Janot* sont passés !
> Lui seul, toujours de mode, à Paris comme à Rome,
>   Peut se prodiguer sans s'user ;
>   Lui seul, toujours sûr d'amuser,
> Pour les petits enfants est toujours un grand homme. »

Il y a quelques années, M. Champfleury donna au théâtre des Funambules plusieurs pantomimes très-originales. Il avait cherché à *remettre en lumière* le personnage de Polichinelle ; il lui avait donné autre chose à faire, dans ses canevas, que de se casser perpétuellement. Il voulait rajeunir le personnage ; mais l'ancienne tradition était déjà perdue, et Vauthier, qui est un admirable Polichinelle de bois, ne put rendre que ce qu'il savait, c'est-à-dire les traditions de Mazurier et d'Ély.

« O Polichinelle, dit M. Charles Nodier, fétiche original et capricieux des enfants! — grotesque Achille du peuple! — modeste et puissant Roscius des carrefours! — inappréciable Falstaff des âges infortunés qui n'ont pas connu Shakspeare!...

» O Polichinelle, simulacre animé de l'homme naturel abandonné à ses instincts naïfs et ingénieux! — type éternel du vrai dont les siècles paresseux ont tardé trop longtemps à saisir le galbe difforme, mais spirituel et plaisant! — O Polichinelle, dont le thème original enchanta souvent les loisirs de Bayle, et ranima plus d'une fois la paresse assoupie de la Fontaine!

» O Polichinelle, inépuisable orateur, philosophe imperturbable, intrépide et vigoureux logicien! — grand moraliste pratique, infaillible théologastre, politique habile et sûr!

» O Polichinelle, seul arbitre légitime (il faut bien en convenir une fois à la face des nations), seul juge compétent et irrécusable des Codes et des Institutes, des Digestes et des Pandectes, des Novelles et des Authentiques, des Constitutions et des Chartes, des Extravagantes et des Canons!

» O Polichinelle, toi dont la tête de bois renferme essentiellement, dans sa masse compacte et inorganique, tout le savoir et tout le bon sens des modernes! »

« ....Ne serait-il pas à propos de réveiller un peu Polichinelle? dit M. Ch. Magnin.... Surtout ne dites point qu'il est mort : Polichinelle ne meurt pas. — Vous en doutez? Vous ne savez donc pas ce que c'est que Polichinelle? C'est le bon sens populaire, c'est la saillie alerte, c'est le rire incompressible. Oui, Polichinelle rira, chantera, sifflera tant qu'il y aura, par le monde, des vices, de la folie, des ridicules. — Vous le voyez bien, Polichinelle n'est pas près de mourir.... Polichinelle est immortel! »

PUNCH.

C'est en 1688 que Pulcinella passa en Angleterre, à la suite des Stuarts. Son nom anglais de PUNCH vient bien de PUNCHINELLO, puisque, dans les premiers temps de son installation à Londres, on disait indifféremment Punchinello et Punch. Mais là, comme à Paris, Punch devint le roi des marionnettes. Ce Napolitain, après avoir été Français, devint, en se naturalisant Anglais, un gaillard peu facile à manier, et d'une férocité goguenarde qui fait aujourd'hui encore le fond de son caractère.

M. Charles Magnin dit que « Punch, suivant la définition
» de M. Payne, est le don Juan de la populace. D'ailleurs,
» le plus ancien texte où cet habile critique ait trouvé la
» mention des aventures de Punch et Judy, est une ballade
» qu'il ne croit pas remonter au delà de 1790.... On lira
» ici, je crois, la traduction de cette pièce avec plaisir. »

LES FREDAINES DE M. PUNCH.

« Oh! prêtez-moi l'oreille un moment! je vais vous conter une histoire, l'histoire de M. Punch, qui fut un vil et mauvais garnement, sans foi, et meurtrier. Il avait une femme et un enfant aussi, tous les deux d'une beauté sans égale. Le nom de l'enfant, je ne le sais pas; celui de la mère était Judith. — *Right tol de rol lol*, etc.

» M. Punch n'était pas aussi beau. Il avait un nez d'éléphant, monsieur! sur son dos s'élevait un cône qui atteignait la hauteur de sa tête; mais cela n'empêchait pas qu'il n'eût, disait-on, la voix aussi séduisante qu'une sirène, et par cette voix (une superbe haute-contre, en vérité!) il séduisit Judith, cette belle jeune fille. — *Right tol de rol lol*, etc.

» Mais il était aussi cruel qu'un Turc, et, comme un Turc, il ne pouvait se contenter de n'avoir qu'une femme (c'est, en effet, un pauvre ordinaire qu'une seule femme!); et cependant la loi lui défendait d'en avoir deux, ni vingt-deux, quoiqu'il pût suffire à toutes. Que fit-il dans cette conjoncture, le scélérat? Il entretint une dame. — *Right tol de rol lol*, etc.

» Mistress Judith découvrit la chose, et, dans sa fureur jalouse, s'en prit au nez de son époux et à celui de sa folâtre compagne. Alors Punch se fâcha, se posa en acteur tragique, et, d'un revers de bâton, lui fendit bel et bien la tête en deux.... O le monstre! — *Right tol de rol lol*, etc.

» Puis il saisit son tendre héritier... et le lança par la fenêtre d'un second étage; car il aimait mieux posséder la femme de son amour que son épouse légitime, monsieur! et il ne se souciait pas plus de son enfant que d'une prise de macouba. — *Right tol de rol lol*, etc.

» Les parents de sa femme vinrent à la ville pour lui demander compte de ce procédé, monsieur! Il prit une trique pour les recevoir, et leur servit la même sauce qu'à sa femme, monsieur! Il osait dire que la loi n'était pas *sa* loi, qu'il se moquait de la lettre, et que si la justice mettait sur lui sa griffe, il saurait lui apprendre à vivre. — *Right tol de rol lol*, etc.

» Alors il se mit à voyager par tous pays, si aimable et si séduisant, que trois femmes seulement refusèrent de suivre ses leçons si instructives. La première était une simple jeune fille de la campagne; la seconde, une pieuse abbesse; la troisième, je voudrais bien dire ce qu'elle était, mais je n'ose; c'était la plus impure des impures. — *Right tol de rol lol*, etc.

» En Italie, il rencontra des femmes de la pire espèce; en France, elles avaient la voix trop haute; en Angleterre, timides et prudes au début, elles devenaient les plus amoureuses du monde; en Espagne, elles étaient fières comme des infantes, quoique fragiles; en Allemagne, elles n'étaient que glace. Il n'alla pas plus loin vers le Nord; c'eût été folie. *Right tol de rol lol*, etc.

» Dans toutes ces courses, il ne se faisait aucun scrupule de jouer avec la vie des hommes. Pères et frères passaient par ses mains. On frémit rien qu'à penser à l'horrible traînée de sang qu'il a versée par système. Quoiqu'il eût une bosse sur le dos, les femmes ne pouvaient lui résister. — *Right tol de rol lol*, etc.

» On disait qu'il avait signé un pacte avec le vieux *Nick'las,* comme on l'appelle; mais, quand j'en serais mieux informé, je n'en dirais pas plus long. C'est peut-être à cela qu'il a dû ses succès partout où il est allé, monsieur; mais je crois aussi, convenons-en, que ces dames étaient un peu couci-couci, monsieur! — *Right tol de rol lol*, etc.

» A la fin, il revint en Angleterre, franc libertin et vrai corsaire.... Cependant le jour approchait, le jour où il devait solder ses comptes. Quand le jugement fut prononcé, il ne lui vint que des pensées de ruses en songeant à l'exécution ; et quand le bourreau au front sinistre lui annonça que tout était prêt, il lui fit un signe de l'œil et demanda à voir sa maîtresse. — *Right tol de rol lol*, etc.

» Prétextant qu'il ne savait comment se servir de la corde qui pendait de la potence, monsieur, il passa la tête du bourreau dans le nœud coulant et en retira la sienne sauve. Enfin le diable vint réclamer sa dette ; mais Punch lui demanda ce qu'il voulait dire : on le prenait pour un autre ; il ne connaissait pas l'engagement dont on lui parlait. — *Right tol de rol lol*, etc.

» Ah ! vous ne le connaissez pas ? s'écria le diable : très-bien ! je vais vous le faire connaître. Et aussitôt ils s'attaquèrent avec fureur et aussi durement qu'ils le purent. Le diable combattait avec sa fourche ; Punch n'avait que son bâton, monsieur ! et cependant il tua le diable, comme il le devait. Hourra ! *Old Nick* (Satan) est mort, monsieur ! » — *Right tol de rol lol*, etc.

HANSWURST.

Le Polichinelle allemand, Hanswurst (Jean Boudin), est, pour le caractère et l'esprit, un mélange de Pulcinella et d'Arlequin, mais fort dissemblable pour ce qui est du costume. — Au seizième siècle, Hanswurst ressemble, par son extérieur, au Pulliciniello napolitain d'alors, mais bien plus gras et replet que celui-ci : « C'est, dit M. Magnin, une espèce de *franca-tripe* (farceur de haute graisse....) Depuis deux siècles, le type physique et moral de Hanswurst a peu varié. Ce bouffon, suivant Lessing, possède deux qualités caractéristiques : il est balourd et vorace, mais d'une voracité qui lui profite, bien différent en cela d'Arlequin, à qui sa gloutonnerie ne profite pas, et qui reste toujours léger, svelte et alerte. En Hollande, Hanswurst ne fait plus, depuis longtemps, que l'office de Paillasse : il bat la caisse à la porte, et invite la foule à entrer. Comme acteur et comme marionnette, il a été supplanté par *Hans Pickelharing (Jean-hareng-salé)*, nous dirions plutôt *dessalé*, et plus récemment par *Jan-Klaassen (Jean-Nicolas)*. Celui-ci, devenu le héros des marionnettes hollandaises, s'est approprié, non sans succès, les mœurs turbulentes et gaiement scélérates du Punch anglais et du Polichinelle parisien.... En Allemagne, Hanswurst a eu plusieurs rivaux : il a dû céder plusieurs fois le pas à Arlequin, à Polichinelle et à Pickelharing. » Au siècle dernier, ce personnage était joué dans la troupe allemande improvisatrice, par Prehauser, qui en avait fait une sorte de valet ayant quelque rapport avec le Brighella. Mais le théâtre improvisé viennois ayant dû céder la place au genre classique, le Hanswurst a été remplacé par Casperle, le joyeux paysan autrichien.

MEO-PATACCA.

A Rome, les habitants du Trastevere ont deux types qui sont certainement de la famille de Polichinelle; types qui ont cependant un peu vieilli : c'est Meo-Patacca et son fidèle compagnon Marco-Pepe.

Meo-Patacca est Trasteverin, il prétend descendre de

MEO-PATACCA
(1800)

Maccus comme Pulcinella, ce qui est très-possible. Il est, comme lui, spirituel et insolent. Il ne peut pas non plus souffrir la contradiction, et son meilleur moyen de persuasion, c'est son bâton. Il commence par frapper, et quand il a assommé son homme, il s'explique avec lui. Il a l'œil vif et brillant, le visage brun, le profil exagérant le type romain de l'ancienne Rome. Il est la personnification du Trasteverin, le descendant de Néron ou de Maccus, dont le sang s'est légèrement mélangé en route. Il parle le dialecte romain, et ne prononce pas une phrase sans répéter deux fois le mot le plus énergique, comme : « Je *veux* que vous fassiez cela, je le *veux*. » « Il avale, dit M. Mercey dans son *Théâtre en Italie*, toutes les syllabes finales des infini-
» tifs. Il dit *sape* pour *sapere*, et *fa* pour *fare*; ou bien, il
» remplace les dernières syllabes de ces mots par la parti-
» cule *ne*, qu'il place à tout propos; alors il dit *fane* pour
» *fare*, *sapene* pour *sapere*, *chine* pour *chi*, *quine* pour *qui*.
» Il se plaît encore à déplacer les *l* et les *r* : quand il parle
» de sa gloire, il ne dit pas *gloria*, mais *grolia*, etc. »

Giuseppe Berneri a écrit tout un poëme en dialecte populaire de Rome (*Il Linguaggio romanesco*) en douze chants, imprimé à Rome en 1685, sur Meo-Patacca, et ce poëme serait peut-être tombé dans l'oubli, si Bartolomeo Pinelli, le dessinateur romain, ne l'eût illustré en 1823.

Le poëme de Berneri commence ainsi :

« Je chante la gloire du plus brave des jeunes plébéiens de Rome... le plus redouté de tous les chefs de leur bande. »

(« *Il capo-truppa della gente sgherra.* ») Comme qui dirait de

la race querelleuse, tapageuse et tant soit peu assassine....
« Et, quoique né dans une simple boutique, un souffle guerrier embrase son âme, et il a du sel dans sa salière. *E sale in zucca.* »

Meo-Patacca s'irrite de l'audace de « ces canailles de Turcs infâmes » qui osent assiéger Vienne, cette cité chrétienne. Il forme le projet d'aller la délivrer, et s'arrêtant devant la statue de Marc-Antoine, « qui a la main levée en signe de triomphe », il la regarde et dit : « Qui sait si l'on ne verra pas un jour dresser ici une autre » statue? Qui sait si un homme que j'appelle *moi* ne s'en » montrera pas digne? » Ses compagnons, au nombre de dix, qui le suivent comme les moutons suivent le premier de la bande, l'admirent déjà et s'inclinent devant lui. Alors il les promène parmi les ruines de l'ancienne Rome et enflamme leur courage par des discours belliqueux. Il lui suffira, leur dit-il, d'une troupe de cinq cents jeunes Trasteverins, courageux et bien armés de *crache-feu* (arquebuses), *dorindanes, braquemarts et frondes*, pour chasser le Turc. Il leur parlerait encore si la troupe, fatiguée de ne rien dire, n'eût interrompu ses harangues par des *Viva Meo-Patacca! viva!* à réveiller les cendres des vieux Romains du Campo Vaccino; et, au milieu des acclamations de la foule, il est porté en triomphe à son logis.

Au commencement du second chant, tous ces héros sont prêts à partir, « c'était l'heure où les charcutiers, les frui- » tiers et autres marchands de victuailles, étendent, avec » des perches, des toiles devant leurs boutiques pour les

» protéger contre la chaleur qui devient insupportable,
» afin de faire plaisir à ceux qui vendent de l'eau glacée.
» C'était midi, » .... quand Meo-Patacca est entouré d'une
troupe de femmes qui arrivent en poussant des cris de désespoir. Ce sont les épouses plus ou moins légitimes des héros
qui vont suivre Patacca. Puis, après bien des discours, il
sort triomphant de cette lutte, « qu'il regarde comme la
» plus pénible qu'il eût jamais soutenue ; rien n'arrête plus
» cette brave armée. Elle va partir, quand arrive la nou-
» velle de la délivrance de Vienne par Sobieski. » Meo-
Patacca n'est pas bien sûr de n'avoir pas été pour quelque
chose dans la déconfiture du Turc. Il convoque ses compagnons, et on se livre à de grandes réjouissances. Pendant la
fête, on apprend que Bude a été prise d'assaut par les chrétiens, et que les juifs se sont joints aux Turcs pour repousser
l'attaque. « Vengeance! vengeance sur les juifs! » Cette
parole, jetée au milieu de la foule, n'est bientôt plus qu'un
cri, et toute l'armée de Patacca se rue dans le *ghetto* (quartier des juifs), qu'elle attaque et pille, à la plus grande
gloire de Dieu.

C'est au théâtre de *Palla-Corda,* dit M. Mercey, que
Meo-Patacca, plutôt héros épique que dramatique, figure
dans une foule de petits drames *à coups de bâton.* « Mais il
» n'est plus si méchant homme qu'autrefois. Il est vrai que
» le bravo a changé de costume, de caractère et d'état.
» Au lieu du *fungo,* de la veste et de la culotte de velours à
» double rang de boutons argentés, il a revêtu de mé-
» chantes guenilles, et tient, par son costume bigarré, le
» milieu entre Brighella et Polichinelle. »

Lors de son séjour à Rome en 1740, le président de Brosses écrivait ceci : « Toutes les troupes de comédiens que j'ai vues en ce pays-ci sont au moins aussi bonnes que celles de Paris ; ils ont des personnages que nous n'avons pas ; tel qu'un Briguelo (Brighella), premier *Zanni*, qui tient lieu d'Arlequin et qui en a le masque, mais avec un habillement différent ; pour second *Zanni*, une espèce de Polichinelle en guenilles, fait tout autrement que le nôtre, et plus semblable à l'ancien Pierrot. Vous ne lui voudriez pas de mal, si vous le voyiez dans le milieu d'une synagogue, empruntant de l'argent des juifs, qui, après lui avoir fait une usure damnable, exigent encore, pour lui compter son capital, qu'il se fasse juif... C'est alors *che va in collera*, et qu'avec le grand bois dont il est armé, *da loro bastonate tante e tante*. En un mot, ils me font souvent rire et hausser les épaules. Ce sont d'excellents comédiens et de misérables comédies. »

D'après les dessins de Pinelli, les costumes de Meo-Patacca et de Marco-Pepe se ressemblent beaucoup. Les cheveux sont retenus dans une sorte de résille en étoffe ; le col est dégagé, bien qu'ils portent une sorte d'écharpe qui sert d'ornement sur les épaules et qui se noue en une grosse rosette sur la poitrine. Une large ceinture retenait jadis un poignard ; mais les armes ayant été défendues, ils le remplacèrent par une forte trique. La veste, ou plutôt le le gilet à manches, se boutonne de côté. Les culottes sont ouvertes aux jambes comme au temps de Berneri ; mais les jarretières nous semblent plus modernes, ainsi que les escarpins à boucles d'acier, que Meo-Patacca n'a jamais dû porter au dix-septième siècle. Il porte aussi le *fungo* à larges bords et le manteau.

Pinelli a certainement pris ses types parmi ses amis et compatriotes du *Trastevere*, ce qui donne à Meo-Patacca, ainsi vêtu (*planche* 10), plutôt l'air d'un *bravo* que d'un Pulcinella en guenilles, tel qu'il était il y a encore quelques années.

MARCO-PEPE.

Marco-Pepe est, dans le poëme de Berneri, le seul qui ose tenir tête à Meo-Patacca. Il y joue le rôle d'un traître. Meo-Patacca le provoque, ils se battent; mais, dans le combat, Marco-Pepe ne remporte que du déshonneur.

Marco-Pepe, dans les drames de *Palla corda*, est l'ami et le souffre-douleur de Meo-Patacca. Il cherche à imiter ce héros qui marche derrière lui, car Marco-Pepe est un fanfaron, un vantard, un braillard, on dirait qu'il va tout avaler; il a l'air bien plus terrible que son compagnon. Il crie bien plus fort que lui; mais si Meo-Patacca se fâche ou ferme seulement le poing, Marco-Pepe disparaît comme par enchantement.

Meo-Patacca ne doute de rien; Marco-Pepe craint tout.

Ces types existent encore aujourd'hui à Rome sur le Théâtre-Émilien (*Triato Mijani*). Tacconi, naturellement bossu, directeur de la troupe, joue et récite un jour en dialecte des monts (*linguaggio monticiano*), le lendemain en transteverin, les pièces dont il est toujours l'auteur. Les drames ou pièces héroïques, comme *Héro et Léandre*, *Francesca di Rimini*, *Juliette et Roméo*, sont également arrangées par lui et travesties au goût de son public. Pour en donner un exemple : Roméo, vêtu dans le genre de Meo-Patacca, coiffé d'un chapeau empanaché, flanqué d'un grand bancal de cavalerie, répond à Juliette qui vient de lui reprocher, en termes peu choisis, la mort de son *cugino fratello*.

« Tiens-toi tranquille, fille, je vais te faire comprendre. (*Sta zitta, figlia, che ti voglio far capace.*) Sache qu'hier, en te quittant, au bas de l'escalier, j'allumai mon cigare. (*Sai dunque che ieri, lasciannoti, la giù la scala, m'accesi un sigaro, me accesi.*) Voilà qu'en tournant la rue, j'entends cette mauvaise parole. (*Ecco ch' ar vortane* (pour *al volto*) *d'una strada, sento sta parolaccià.*) Tu te sauves, vilaine bête! (*Tu te la fumi, brutta carogna!*) L'injure reçue (*magnata sta foglia*), je me retourne de suite, je tire mon sabre (*mi cavo la sciabola*), et... mais tu sais le reste (*mo sai il resto, mo*), etc. »

IL SITONNO.

Les Napolitains ont un type très-populaire, qu'ils appellent *il Guapo* et *il Sitonno* (le garçon). Il représente le bravache populaire. Vêtu comme le Napolitain de la basse classe actuelle, mais de certains quartiers de la ville : veste ronde et large en velours de coton couleur cannelle, une sorte de casquette sur l'oreille, pantalon de couleur claire avec la ceinture rouge autour de la taille, il marche, un long rotin à la main, en se balançant d'une façon insolente et provocatrice; il ne parle que de coups de couteau, coups de bâton, coups de pierre, coups de carabine et coups de toutes sortes, avec une emphase pleine de réticences menaçantes. Cependant, quoiqu'il ne soit pas tout à fait lâche, les faits répondent peu aux paroles, et le plus souvent les menaces et les querelles se terminent, au lieu de sang, par du vin versé au cabaret voisin.

Dans la *Piovana* d'Angelo Beolco (*Ruzzante*), 1530, un jeune paysan amoureux porte le nom de Siton. C'est là sans doute le type primitif du *Sitonno*, qui est encore le type du paysan, mais devenu faubourien, et bien dénaturé.

« Je ne fais pas de différence entre un amoureux et un de ces jeunes veaux auquel un bouvier aurait mis, pour rire, un bandeau sur les yeux et fourré une épine sous la queue, et qui irait de çà et de là sans savoir où il va, ni où il est. Moi je suis le veau, l'amour est le bouvier, l'épine c'est le chagrin que j'ai au cœur, et l'égarement c'est le bandeau que j'ai sur les yeux. Je ne sais pas où je vais, bien ou mal, puisque où je suis je ne suis pas. Je suis ici, et mon cœur et mon âme sont auprès de la Nina, mon amoureuse. »

(*Piovana* de Ruzzante.)

BIRRICHINO.

A Bologne, les théâtres de marionnettes ont encore un autre type qui personnifie les *facchini*, les jeunes gens de la basse classe de la ville ; c'est le *Birrichino*. D'après les annotations du poëme de *Bertoldo Bertoldino e Cacasenno*, Birrichino viendrait de la profession d'une certaine classe oisive et mendiante, vivant de larcins et de friponneries, exerçant plusieurs vilains métiers à Bologne. On dit en grec θυρος, en latin *birrus* et *burrus*, manteau de bure dans lequel s'enveloppaient ces fripons. Ce mot viendrait plutôt de *buricus* des Latins, ou de *borrico* (âne) des Espagnols, parce que, comme les *gitanos*, ils faisaient le métier de maquignons, de raseurs de mulets et autres du même genre.

Birrichino est moqueur, plaisant, faiseur de niches; il ne manque jamais de *passer la jambe* au commissaire ou au sbire quand ils entrent en scène. C'est un être insaisissable, leste, vif, doué d'une paire de jambes qui disputeraient le prix de la course à un lièvre. Il n'est jamais voleur. Si parfois il dérobe quelque chose, ce n'est pas pour en profiter, c'est une farce qu'il fait à un ennemi pour le forcer à chercher, car il finit toujours par le lui rendre. Il est vêtu comme les gens du peuple de Bologne. Doit-on le rattacher aux variétés de Polichinelle?

LA BALLERINA
(1800)

LA BALLERINE.

L'art de la danse est inséparable de l'art théâtral, et surtout de la pantomime. Xénophon raconte qu'à l'occasion des dix mille Grecs envoyés pour seconder Cyrus dans sa campagne contre Artaxerxès, et revenus après avoir opéré leur savante retraite tant vantée par les historiens, les Grecs instituèrent des jeux et des fêtes publiques.

« Des Thraces parurent les premiers, tout armés, et sautèrent au son de la flûte. Ils s'élevaient si haut et retombaient avec tant de force, que les spectateurs en parurent effrayés.

» Un Mysien vint après : il tenait un bouclier de chaque main... Souvent il tournait rapidement sur lui-même et faisait le saut périlleux sans lâcher ses boucliers. Il finit par frapper, à la manière des Perses, d'un bouclier sur l'autre, et par exécuter, au son de cet instrument nouveau, un pas charmant.

» Des Arcadiens parurent ensuite sur la scène : ils étaient couverts d'armes brillantes et s'avancèrent en cadence, se tenant les uns les autres par la main, et la flûte exécutant une marche guerrière. Quelques-uns se détachaient de la bande, d'autres s'y joignaient, et ils finissaient tous par danser en rond, mais avec tant de rapidité et de justesse que le mouvement d'une roue n'est ni plus prompt ni plus égal.

» Enfin deux femmes parurent, vêtues des habits les plus élégants : l'une dansa la pyrrhique, un bouclier à la main ; l'autre, la danse d'Ariane, agitant un mouchoir ; mais celle-ci dansa avec tant de légèreté et de grâce, qu'elle ravit tous les spectateurs et termina le ballet au bruit de tous les applaudissements. »

« Pindare cite une danse qu'exécutait une troupe de vierges lacédémoniennes... La plupart des danses laconiennes étaient communes aux garçons et aux filles... Dans l'*Hormus*, les jeunes garçons et les jeunes filles formaient par leur entrelacement la figure d'un collier. Le jeune coryphée s'avançait avec la vigueur de son sexe, et prenait des poses mâles et belliqueuses. La jeune fille, qui conduisait le chœur, s'avançait ensuite formant des pas gracieux et modestes. »

« Dans l'origine, dit Lucien, les mêmes personnes chantaient et dansaient en même temps ; mais comme on s'aperçut que l'agitation de la danse gênait la respiration, on jugea plus à propos de faire chanter les unes et danser les autres. »

Il y eut dans l'antiquité des danses imitatives de la figure et de l'allure des animaux. « De l'imitation des animaux on passa à l'imitation des hommes, en choisissant ceux que leur profession ou leurs vices rapprochaient le plus de l'allure animale. Comme l'*Emmélie* était l'imitation des corps les mieux faits et les plus sains, le *Cordace* ou danse comique fut l'imitation des corps les plus mal faits ou les plus déformés par les suites de la sensualité et des passions basses. » (Magnin, *Origines du théâtre moderne*.)

Pline parle de la célèbre Lucceia, qui joignait au talent de la danse celui de la déclamation. Elle reparut sur la scène à l'âge de cent ans, pour réciter quelques vers. Il parle aussi d'une autre actrice, Galeria Copiola, mime et danseuse, qui avait débuté l'an 671 de Rome et qui reparut du temps d'Auguste. Elle avait alors cent quatre ans. Phœbé Vocontia et la célèbre Dionysia, qui recevait 200,000 sesterces (environ 50,000 francs d'appointements par an), étaient aussi des *saltatriculæ* (mimes danseuses). On retrouve ces deux genres à la Renaissance; l'animal, le contrefait, le burlesque, aussi bien dans les masques classiques de la Comédie italienne que dans les grotesques de Léonard de Vinci; le gracieux, le noble, le beau, dans le personnage de la ballerina (danseuse). (*Planche* 11.)

Pietro Maria Cecchini (Fritellino) dit, dans ses *Discours concernant les comédies*, publiés en 1614, mais écrits à la fin du seizième siècle, « qu'il n'y a guère plus de cinquante ans que c'est la coutume d'introduire les femmes sur la scène. » Il veut dire par là, sans aucun doute, que les femmes se chargèrent de rôles tenant une place importante dans l'intrigue et en chassèrent absolument les jeunes garçons. Dès le quinzième siècle (1494), en Italie, les femmes montent sur le théâtre et y jouent, concurremment avec les jeunes garçons, souvent licencieux dans leurs mœurs et leurs paroles, des rôles de déesses, de nymphes ou de personnages allégoriques et mythologiques, etc. Ces premières actrices, dans les comédies du seizième siècle, en dépit d'une grande liberté de manières et de langage, gardaient toujours quelque chose de la retenue de leur sexe.

Dans sa *supplica*, N. Barbieri (Beltrame) dit : « ... Je n'accepterai jamais l'usage de faire jouer les rôles de femmes ou de jeunes filles par des garçons, surtout ayant vu les inconvénients qui en résultent dans certaines *académies* (troupes). Ces jeunes gens ne savent d'abord pas se vêtir d'habits qui ne sont pas ceux de leur sexe, et ils se font habiller chez eux par leurs femmes, ou leurs servantes écervelées, qui parfois s'amusent à badiner avec eux, et celui qui n'a pas les sens apaisés par les années ou par des soins sérieux peut facilement devenir fat et vaniteux; car, ainsi travestis en femmes, ces enfants vont se montrer par la ville, causant et folâtrant avec l'un et l'autre; et, arrivant au théâtre tout échevelés, il faut alors que leurs amis ou leurs précepteurs se remettent à les peigner, à leur refaire leurs couleurs ou leur arranger leurs collerettes et ajustements. Il faut encore être satisfait quand ils arrivent à temps, et puis il faut les flatter, les cajoler pour leur donner du courage; il y a là de quoi lasser la patience de qui est chargé de ce soin. Il est plus naturel que les femmes remplissent leurs propres rôles; elles savent se vêtir elles-mêmes, et, comme elles sont honnêtes, au lieu d'apporter du scandale, elles ne donnent que le bon exemple…. Mais, dira celui-ci, j'ai fait la cour à une comédienne, et je n'ai pas été long à réussir auprès d'elle. C'est possible, mais toutes les femmes n'ont pas cette bonne volonté et tous les hommes cette heureuse chance. Il y a tel homme qui recherche une femme pendant des années et dépense pour elle des trésors, sans obtenir autre chose qu'un échec. Et, d'ailleurs, les comédiennes sont des femmes comme les autres, et la nature ne leur a pas donné le privilége de pouvoir résister à l'amour plus que les autres. Elles ne peuvent pas faillir sans que tout le monde le sache, et, outre la crainte de Dieu, elles sont forcées de vivre avec plus d'égards et d'honnêteté que celles qui ont pour couvrir leur faute le manteau de l'hypocrisie. » — « Du reste, dit M. H. A. Soleirol dans un intéressant travail sur Molière et sa troupe, l'apparition des femmes sur les planches semble remonter à des temps bien plus reculés, ainsi qu'on le voit par de vieux dessins. D'après ces dessins où se trouvent les noms des acteurs et la désignation des rôles qu'ils ont remplis, on voit qu'au quinzième siècle beaucoup de femmes jouèrent dans les mystères, soit des rôles de femmes, soit des rôles d'anges. Beaucoup d'autres vieux portraits montrent qu'au seizième siècle, les femmes jouaient parmi les clercs de la basoche, parmi les *Enfants sans souci;* qu'elles parurent sur les tréteaux des places publiques; enfin, on a des costumes de femmes qui auraient joué dans les comédies de Marguerite de Navarre, vers 1540. »

Si, en France, au quinzième siècle, les femmes paraissaient

et jouaient dans les mystères, à plus forte raison remplissaient-elles des rôles depuis longtemps sur les théâtres d'Italie, nation qui nous précéda toujours et nous surpassa très-souvent par ses artistes de tous genres.

Il est bien certain que, pendant toute la durée du moyen âge, les bohémiennes, les *joculatores* (joueurs de comédies, jongleurs et *jongleresses*) ne se firent pas faute de monter sur les tréteaux. Ils venaient égayer et divertir les repas somptueux des grands seigneurs en jouant des scènes de comédie, comme celles du *Berger et de la bergère*, du *Courtois*, du *Mariage*, du *Pèlerin*. Ces parades étaient mêlées de danses et de chants. Les premières actrices tiennent beaucoup de ces *ballerines*. Les rôles qu'elles jouaient étaient d'ailleurs très-courts dans des canevas encore très-simples, et une femme dans une troupe suffisait parfois à tous les rôles. On sait que, jusqu'à la fin du dix-septième siècle, les rôles de femmes un peu libres (les commères) étaient toujours joués par les hommes, comme Scaramouche, Arlequin et Pierrot.

Plus tard, toutes les actrices italiennes devaient savoir danser; cela rentrait dans l'éducation première. Ce fut même pour beaucoup d'actrices célèbres le point essentiel de leur admission sur le théâtre, et au siècle dernier encore, l'immortelle tragédienne Hippolyte Clairon dut, pour être admise au Théâtre-Italien, savoir chanter et danser. Les fameuses filles de l'acteur Véronèse, Coraline et Camille, durent à la danse leur succès principal. Ceci est applicable encore à madame Favart, dont la danse villageoise en sabots fit courir tout Paris.

Dans le théâtre d'Angelo Beolco (Ruzzante, 1530), la jeune femme ou la jeune fille occupe parfois tout au plus deux ou trois scènes vers le milieu de la pièce, et laisse aux autres personnages le soin de la continuer et de la dénouer. Elle est encore le sujet ou l'objet de l'intrigue; mais, contrairement à nos modernes règles théâtrales, elle disparaît quelquefois au moment où l'on s'intéresse le plus à son sort. La raison du peu de développement de ces rôles fut sans doute l'insuffisance, l'inexpérience des artistes qui en étaient chargées; peut-être encore l'obligation, pour elles, d'aller se costumer pour le ballet final. Dans la *Mandragore*, de Machiavel, la Lucrezia paraît pour la première fois au troisième acte, et ne reparaît qu'à la fin du cinquième.

Chez les Italiens, la danse était en telle réputation, qu'au seizième siècle la jeunesse française « passait les monts pour apprendre à baller ». Pas de spectacles chez eux sans danses et sans musique, car, aujourd'hui encore, les entr'actes de *Norma* ou de *Semiramide* sont remplis par des ballets imitant les danses villageoises. Au dix-septième siècle, la cour de Savoie l'a emporté sur toutes les cours de l'Europe par ses ballets et ses représentations féeriques, sous la direction du fameux comte d'Aglié, génie fécond en inventions théâtrales.

Le rendu compte de l'un de ses ballets, donné à l'occasion de la naissance du cardinal de Savoie en 1634, est assez curieux par les singuliers personnages allégoriques qui y figurent.

Le titre de ce ballet est : *la Verita nemica della Apparenza sollevata dal Tempo.*

« Au lever de la toile, on voyait un chœur de Faux-Bruits et de Soupçons qui précédaient l'Apparence et le Mensonge.

» Le fond du théâtre s'ouvrit. Sur un grand nuage porté par les Vents on vit l'Apparence, vêtue d'un habit de couleurs changeantes et parsemé de glaces et de miroirs, avec des ailes et une queue de paon; elle paraissait comme dans une espèce de nid d'où sortirent en foule les Mensonges pernicieux, les Fraudes, les Tromperies, les Mensonges agréables, les Flatteries, les Intrigues, les Mensonges bouffons, les Plaisanteries, les jolis petits Contes.

» Ces personnages formèrent les différentes entrées, après lesquelles le Temps parut. Il chassa l'Apparence, il fit ouvrir le nuage sur lequel elle s'était montrée. On vit alors une grande horloge à sable de laquelle sortirent la Vérité et les Heures. Ces derniers personnages, après différents récits analogues au sujet, formèrent les dernières entrées qu'on nomme *le grand ballet.* »

L'usage était alors que les plus grands personnages, les souverains eux-mêmes, remplissent des rôles dans ce genre de fêtes brillantes. Aussi Louis XIV, voulant être dans ses plaisirs, comme en toutes choses, le premier de son siècle, dansa-t-il dans les ballets de sa cour, et se fit-il applaudir comme acteur, chanteur et danseur.

« Le roi a répété par deux fois son ballet pour le danser devant la reine d'Angleterre. » (Guy Patin, 1661.) C'est cette même année que le grand roi créa une académie de danse, « parce que, dit-il dans ses lettres patentes, l'art de la danse a toujours été reconnu l'un des plus honnêtes et des plus nécessaires à former le corps aux exercices, par conséquent l'un des plus utiles à notre noblesse, non-seulement en temps de guerre dans nos armées, mais encore en temps de paix dans nos ballets. »

Louis XIV affectionnait le rôle du Soleil dans ces ballets splendides, pour l'un desquels on faisait neuf cents habits neufs, et quels habits! Cependant il prenait quelquefois l'emploi des comiques. Dans le ballet des *Saisons*, il représenta la blonde Cérès entourée de Moissonneurs, joués par messeigneurs de Saint-Aignan et de Vertpré, MM. Lulli et Bruneau, les sieurs Beauchamp, Raynal, Lecomte et Lapierre. Dans le *Triomphe de Bacchus*, Louis XIV joua une sorte de vaurien, coupeur de bourse, spadassin, et chanta même un couplet en faveur du beau sexe. Dans les *Amants magnifiques*, comédie-ballet de Molière (1670), il coopéra non-seulement à la composition du scenario et de la mise en scène, mais encore il mima, dansa, chanta et joua de la flûte et de la guitare.

Citons, parmi les danseuses les plus célèbres, Gertrude Boon, qu'on appelait *la belle Tourneuse ;* ce surnom lui venait du genre de danse qu'elle exécutait. « Après s'être
» piqué trois épées dans le coin de chaque œil, où elle les
» faisait tenir aussi droites que si elles eussent été piquées
» dans un poteau, elle prenait son mouvement de la
» cadence des violons qui jouaient un air qui semblait
» exciter les vents, et elle tournait d'une vitesse si surpre-
» nante, pendant un quart d'heure, que tous ceux qui la
» regardaient attentivement en demeuraient étourdis. »

Elle parut et obtint ses plus grands succès sur le théâtre de la dame Baron, à la foire Saint-Germain. Gertrude Boon était jeune, belle, et excessivement gracieuse en exécutant ses exercices bizarres. Elle était également vertueuse et n'écoutait aucun de ses nombreux soupirants. Parmi eux se trouva un sieur Gervais qui avait fait une fortune considérable au jeu, et qui, pour prouver à cette fille austère qu'il l'aimait sincèrement, lui offrit sa fortune et son nom. Gertrude l'accepta pour époux, non à cause de sa fortune, mais croyant à son amour. Le mariage fut conclu; mais la bonne harmonie entre les époux ne dura pas toujours, car Gertrude chercha à faire rompre son mariage, dont la validité fut confirmée par un arrêt de la grande chambre du 4 mars 1715.

Violente, célèbre danseuse de corde, était Italienne. Elle débuta à la foire Saint-Laurent en 1717, et on la vit danser les *Folies d'Espagne* sur une planche en équilibre, de huit pouces de largeur, avec autant de grâce que de justesse.

Mademoiselle Hamoche, femme d'Hamoche, le Pierrot forain, en 1721, cumulait les emplois d'actrice tragique et de première danseuse sur les théâtres forains. En 1724, mademoiselle Grognet dansait à l'Opéra-Comique; elle passa au service du duc de Modène en 1736, et épousa le marquis d'Argens, à Berlin. En 1725, mademoiselle Tonton Givry, danseuse chez le sieur Honoré, puis chez Pontau. En 1749, mesdemoiselles Lani, Zanelli, etc.

Mademoiselle Cuppi de Camargo, née à Bruxelles en 1710, débuta, à l'âge de seize ans, à l'Opéra en 1726, pour ne le quitter qu'en 1751. Voltaire la compare à mademoiselle Sallé, autre danseuse aussi célèbre :

> « Ah! Camargo, que vous êtes brillante!
> Mais que Sallé, grands dieux! est ravissante!
> Que vos pas sont légers, et que les siens sont doux!
> Elle est inimitable, et vous êtes nouvelle :
> Les Nymphes sautent comme vous,
> Et les Grâces dansent comme elle. »

Elle apparut sur la scène et fut reçue avec enthousiasme. Son nom devint si populaire que toutes les modes prirent son nom : ce n'étaient que bonnets à la Camargo, corsages à la Camargo, chignons à la Camargo, gâteaux à la Camargo, etc., etc.; on ne vit jamais une vogue semblable. Forcée de rester parmi les figurantes, malgré ses brillants débuts, à cause de la jalousie de mademoiselle Prévot, la Camargo sut en sortir par un coup d'éclat : « On figurait une danse de Démons; l'acteur principal manque son entrée en scène, et cependant l'orchestre faisait ronfler l'air du solo. Murmures du parterre, tapage, embarras des acteurs! Mais voilà que la jeune débutante, saisie d'une heureuse inspiration, saute au milieu du théâtre, et improvise, de verve, un pas espagnol qui transporte d'admiration les spectateurs malcontents. »

Ce qui distinguait surtout la Camargo, c'était sa grande légèreté et sa gaieté folle.

Dans une lettre du président de Brosses, écrite d'Italie en 1739, il dit : « On n'a rien de mieux à faire, quand on arrive, que d'aller à la comédie pour se délasser; c'est ce que nous fîmes à Vérone. Je ne m'accoutume pas à la modicité du prix des spectacles : les premières places ne coûtent pas dix sous; mais la nation italienne a tellement le goût des spectacles, que la quantité des gens et du menu peuple qui y vont produit l'équivalent, et tire les comédiens d'affaire. Grâce à Dieu, on ne doit pas être en peine de trouver des places à la comédie de Vérone; elle se représente tout au beau milieu de l'ancien amphithéâtre des Romains, et il n'y a point d'autres places pour les spectateurs que de s'asseoir tout uniment à découvert sur les degrés de l'amphithéâtre, où il y a de quoi placer trente mille personnes.... Les troupes du pays même sont, à mon gré, meilleures que celles qui sont transplantées à Paris et dans nos provinces. Mais ce qui m'a surpris de plus en plus, quoique je l'aie vu tous les jours, c'est une jeune danseuse qui s'élève au moins aussi haut et aussi fort que Javilliers, qui fait vingt entrechats de suite, sans se reprendre, battus à huit, et de même de tous les entre-pas de force qu'on admire dans nos maîtres; de sorte qu'à l'égard de la légèreté, la Camargo auprès d'elle est une danseuse de pierre de taille. En général, les danseuses de ce pays-ci sont beaucoup plus fortes et plus élevées que les nôtres. »

Favart, dans une lettre du 20 juin 1762, proposa au comte de Durazzo l'engagement de Baletti aîné, fils de feu Silvia, et lui parla en même temps de la demoiselle Dumalgé :

« .... Baletti est jeune, il n'a guère que trente à trente-trois ans; il a avec lui une jeune danseuse, la demoiselle

Dumalgé, de seize à dix-sept ans, très-bien de figure, les épaules tant soit peu hautes : ce n'est qu'un léger défaut. Après Catinon et Camille, elle est ce que nous avons de mieux au Théâtre-Italien en premières danseuses; elle suivra le sort de Baletti, qui l'a, dit-on, épousée secrètement. » (Pour Catinon, voir mademoiselle Foulquier, article *la Chanteuse*.)

Les premières danseuses du théâtre de la Comédie-Italienne étaient, en 1768, mesdemoiselles Rivière, Carlin, Clairval, Frédéric *l'aînée*, Frédéric *la jeune*, Ancelin, Padulli, Verdeau ; les danseuses figurantes, mesdemoiselles Durand, Delorme, Varlet, Marquise.

Dehesse était chargé de la composition des ballets, et occupait avec Berquelaure, premier danseur, le poste de maître des ballets. Les autres danseurs étaient Dumesnil, Salpétrier, Giguet *le jeune*, Picchini, de Roissi.

La danse a varié comme les modes, et cependant, quand on regarde les figures antiques, statuettes, peintures et bas-reliefs étrusques, grecs et romains, qui nous retracent de nombreux types de danseurs et de danseuses, on est frappé de ce fait, que la grâce du corps humain est au-dessus de toute convention passagère, et reste la même dans tous les temps où l'art s'épanouit dans le monde. On pourrait comparer la figure de la ballerine de la renaissance avec la danseuse au tambour de basque d'Herculanum, et retrouver le même mouvement du corps et la même chasteté dans le vêtement. Dans d'autres peintures, la manière de soulever un pan de la robe, de se draper dans la *tarentine*, ou d'élever les cymbales ou le voile au-dessus de la tête, semble créée d'hier par les brillantes chorégraphes que l'Italie nous a envoyées dans ces derniers temps : la Taglioni, la Carlotta Grisi, la Rosati et la Ferraris.

La célèbre Bigottini, la plus grande mime de ce siècle dans le genre sérieux, puisqu'elle faisait pleurer dans les scènes pathétiques, était Française. A cette époque (1809), on était engoué des artistes italiens, de telle sorte que plusieurs de nos compositeurs ont donné les premières représentations de leurs ouvrages comme étant d'artistes ultramontains; c'est ce que fit Méhul pour son opéra-comique *l'Irato*.

Il Capitan Spavento
(1577)

LE CAPITAN.

SPAVENTO, SPEZZAFER, GIANGURGOLO, IL VAPPO, ROGANTINO.

Diga usted? Me connaissez-vous? non! Vous ne me connaissez pas? Ventre! tête! *Sangre y fuego! io son chi son!* L'Italie tremble au nom du capitan Spavento! L'Espagne me révère sous le nom de Matamoros, et je terrifie la France, quand je veux, sous le nom du capitaine Fracasse, car je suis homme fort redoutable, je vous assure.

« Tout m'aime ou tout me craint, soit en paix, soit en guerre,
Je croquerais un prince aussi bien qu'un oignon. »

« …. Ce capitan, plein de boutades,
Estalant, en rodomontades,
Sa grand' valeur aux assistants,
A tant d'artifice et de grâce,
Qu'il nous fait, en la moindre farce,
Rire et trembler en même temps. »

Ce Capitan, à la moustache de léopard, à la fraise empesée, au feutre emplumé, est né, selon les uns, sur les bords du Guadalquivir; selon les autres, sur les bords de la Garonne. Mais il est plus âgé qu'il n'en a l'air; qu'aurait-il fait sur les bords de ces fleuves, alors qu'ils n'étaient encore habités que par des nations sauvages? C'est à Athènes et à Rome, sous les Césars, qu'il se montra, non pas brave, mais téméraire; non pas généreux, mais magnifique. Dès ce temps-là il renversait, d'un revers de son épée, des armées entières; d'un regard, il abattait les murailles, et, d'un souffle, les Alpes et les Pyrénées.

Il rendait les déesses folles d'amour et trompait Mars lui-même. Il a changé de forme avec les siècles, mais jamais de caractère. C'est toujours le même fanfaron, tellement menteur qu'il s'en impose à lui-même.

« Pirgopolinice. Qu'on ait soin que mon bouclier soit plus brillant que n'est ordinairement le soleil dans le temps le plus pur et le plus serein : afin que quand je m'en servirai, lorsque les deux armées seront aux prises, l'opposant aux ennemis, il les éblouisse et les aveugle. Je brûle d'envie de consoler cette épée-ci : elle se plaint, elle se désole de ce qu'il y a longtemps que je la laisse reposer, elle qui est dans la dernière impatience de hacher les ennemis en morceaux! Mais où est donc Artotrogue?

Artotrogue, *parasite*. Le voici : il a l'honneur de se tenir auprès d'un homme également robuste et heureux, d'une beauté royale et d'une valeur héroïque. Le dieu Mars lui-même n'oserait se mettre en parallèle avec vous, ni comparer ses qualités guerrières avec les vôtres.

Pirgopolinice. Parles-tu de celui que je ne voulus point renverser dans le champ Gurgustidonien (du cabaret borgne), où Bombomachides, Cluninstaridi Sarchides, petit-fils de Neptune, commandait les troupes en qualité de généralissime?

Artotrogue. Je m'en souviens fort bien. Vous voulez dire ce général dont vous dissipâtes, par un seul souffle de votre bouche, les troupes qui étaient si remarquables par la dorure de leurs armes; vous les dissipâtes, dis-je, comme le vent dissipe les feuilles, ou le coton des roseaux.

Pirgopolinice. Par le temple de Pollux! voilà une belle bagatelle....

Artotrogue. Par Pollux! comment, d'un seul coup de poing, cassâtes-vous net le bras d'un éléphant, dans les Indes!

Pirgopolinice. Comment! le bras?

Artotrogue. Ah! je me suis trompé : j'ai voulu dire la cuisse.

Pirgopolinice. Et cependant je ne le frappai que légèrement.... Te souvient-il de quelque chose?

Artotrogue. S'il m'en souvient? ce furent cent cinquante hommes en Cilicie; cent *Sicolatrohides;* trente Sardes, et soixante Macédoniens dont vous dépeuplâtes la terre en un seul jour.

Pirgopolinice. Tous ces hommes-là, ramassés ensemble, combien cela fait-il?

Artotrogue. Sept mille, tout au moins.

Pirgopolinice. Oui, justement, il faut que ce soit autant : tu comptes fort bien et fort promptement. . . . . . .

Tant que tu me supputeras pareil nombre de gens tués de ma main, je te ferai toujours manger, et je partagerai ma table avec toi.

Artotrogue. Que dirai-je de la Cappadoce, où vous coupâtes la tête à cinq cents hommes, si le tranchant de l'épée ne s'était pas émoussé! Mais ce n'était plus qu'un reste d'infanterie, s'ils avaient vécu! Est-il besoin que je vous répète ce qui est dans la bouche du genre humain? Il n'y a, disent tous les mortels, il n'y a sur la terre et parmi les vivants, qu'un seul Pirgopolinice pour exceller en valeur, en beauté, en grandes actions et en héroïsme. Toutes les femmes sont amoureuses de vous; et ce n'est pas sans sujet, ma foi, puisque vous êtes d'une beauté accomplie : le feu du beau sexe éclatait encore hier pour vous, à ce grand nombre de femmes qui m'arrêtaient par le manteau.

Pirgopolinice. Que te disaient-elles hier? conte-moi un peu cela, je te prie : cela me réjouit.

Artotrogue. Ne serait-ce point là Achille, par hasard? demandait l'une. Non, disais-je, c'est son frère. Une autre en tombait d'accord : Qu'il me paraît beau, bien fait et gracieux! sa chevelure est toute charmante! Heureuses les courtisanes qui ont l'honneur de son choix! assurément on ne peut trop envier leur sort.

Pirgopolinice. Tout de bon, elles disaient cela?

Artotrogue. Deux, entre autres, me conjurèrent de vous faire passer aujourd'hui devant leurs portes, comme si vous seul valiez toute une belle pompe, tout un spectacle enchanté.

Pirgopolinice. Avoue-moi que le trop de beauté cause souvent du chagrin et de l'embarras. . . . .
Il me semble qu'il est temps que nous allions sur la grande place, pour payer les soldats que j'enrôlai hier sur mes tablettes. Car tu sauras que le roi Séleucus m'a prié instamment de lui faire des troupes, les estimant beaucoup de mon choix et de ma main. J'ai donc résolu de rendre aujourd'hui ce bon office au roi, mon bon ami.

Artotrogue. Puisque cela est ainsi, allons donc.

Pirgopolinice. Suivez-moi bien, mes valets; et surtout affectez de faire voir que vous êtes à moi. . . . . . .

Pirgopolinice. Je puis me vanter d'être le favori de Vénus. Peut-être que cette déesse est elle-même amoureuse de moi : cela se pourrait bien, oui !

. . . .

Milphidippe, *servante*. Monseigneur *le Beau*, je vous salue très-humblement.

Pirgopolinice. Qui lui a dit mon surnom? Que les dieux vous aiment, ma fille! qu'ils vous donnent ce que votre cœur désire! . . . . Je ne doute point que cette fille-là n'en tienne aussi pour moi.

Milphidippe. Tous mes souhaits se terminent à passer ma vie avec vous, Monsieur.

Pirgopolinice. Tu aspires trop haut, et ta prétention s'étend trop loin.

Milphidippe. Ce n'est pas de moi que je veux parler; aux dieux ne plaise que je sois si téméraire! Je parle de ma maîtresse, qui meurt d'amour pour vous.

Pirgopolinice. Il y en a bien d'autres qu'elle qui souhaitent le même bonheur, et qui ne peuvent pas y atteindre. . . . . . . De quelle maîtresse? car il y a un si grand nombre de femmes qui s'offrent à moi, que je ne puis pas me souvenir de toutes. . . . . Eh bien, que me veux-tu, messagère d'amour?

Milphidippe. . . . . . . Çà donc! mon fameux Achille, laissez-vous fléchir à ma prière; accordez ce que je vous demande : sauvez généreusement la vie à une belle personne; obtenez de votre cœur héroïque quelques sentiments de douceur, de tendresse et de complaisance. Faites cela, grand preneur de villes, illustre tueur de rois.

Pirgopolinice. Oh! par Hercule, cela est fâcheux et tout à fait importun. (*A son valet.*) Combien de fois t'ai-je défendu de promettre ainsi facilement et communément mon service aux dames?

Palestrion. Il ne naît que de braves guerriers des femmes qu'il honore de son amour; et ses enfants vivent au moins quatre-vingts ans.

Milphidippe. Malheur à toi, folâtre et badin que tu es!

Pirgopolinice. Ce n'est point une raillerie : mes fils vivent mille ans, de compte fait, depuis le premier siècle jusqu'au dernier.

Palestrion. Je n'ai pas voulu en dire autant qu'il y en avait, de peur que cette fille-là ne crût que je la régalais d'un gros et impudent mensonge.

Pirgopolinice. Sais-tu, mon enfant, que je suis né le lendemain du jour mémorable que la déesse *Opis* accoucha de Jupiter?

Palestrion. Cela est certain : si bien que si monseigneur

mon maître était venu un jour plus tôt, l'empire du monde était pour lui. ». . . . .

Après toutes ses forfanteries et ses exploits, il est pris par les valets et cuisiniers de Périplectomène, reçoit une correction ignominieuse, et s'en va battu et satisfait.

« Périplectomène, *à ses valets.* Emmenez-le, et s'il ne veut pas suivre, enlevez-le par force : faites qu'il soit entre ciel et terre; mettez-le en pièces, déchirez-le par morceaux!

Pirgopolinice. Ah! seigneur Périplectomène, je vous conjure, au nom d'Hercule!

Périplectomène. Il n'y a Hercule qui tienne; ta prière est inutile. Vois, Carion, si ton couteau est bien pointu et bien aiguisé....

Pirgopolinice. Je suis perdu! je suis mort!

Carion, *cuisinier.* Pas encore; vous dites cela trop tôt! (*A son maître.*) Çà, Monsieur, vous plaît-il que je mette la main à l'œuvre? Commencerai-je l'opération?

Périplectomène. Non; je veux qu'auparavant on le bâtonne *dos* et *ventre*.

Carion. Je vais m'y employer de bonne grâce; les coups seront de poids et à grande mesure. . . . (*Il frappe.*)

Pirgopolinice. Miséricorde! grâce! je vous en conjure! je suis assez battu!

Carion, *à son maître.* Vous plaît-il que je coupe, que je taille, que je mette mon instrument en besogne?

Pirgopolinice. Hé! Monsieur, avant qu'il agisse et qu'il m'ouvre le ventre, ayez la compassion de m'entendre, je vous en conjure. . . . .

CARION. Il faut lui faire encore essuyer une grosse ondée de coups de bâton; après quoi je vous conseille de le mettre à la porte et de lui donner congé.

PIRGOPOLINICE. Les dieux te veuillent bénir, puisque tu plaides si bien en ma faveur!... En vérité, les coups de bâton m'ont tout à fait adouci; je suis métamorphosé en agneau. Laissez-moi, je vous en conjure.

PÉRIPLECTOMÈNE. Qu'on le détache.

PIRGOPOLINICE. Que je vous suis redevable! je vous en remercie de tout mon cœur. »

(*Le Soldat fanfaron*. PLAUTE.)

Le Capitan moderne ne parle pas autrement :

.... Aujourd'hui, des laquais, me trouvant à l'écart,
M'ont donné quantité de bonnes bastonnades;
Mais cet affront m'a mis en de telles boutades,
Que j'en ai dévoré les murs d'un boulevard.
Enfin, tout boursouflé de dépit, de rancune,
 De rage et de fureur,
 J'ai roué la Fortune,
Écorché le Hasard et brûlé le Malheur.

Voyez-le arpenter au soleil les dalles des palais, le nez au vent, l'œil à la piste d'un rôti, la main sur son effroyable rapière, dangereuse seulement pour les yeux des gens qui le suivent. A le voir mesurer le terrain, on croirait que la terre entière est sa propriété. S'il voulait, d'une chiquenaude il renverserait tous les édifices; mais il est magnanime, car combien d'insultes et de coups de trique n'a-t-il pas laissés tomber dans l'oubli!

Mais voici la nuit! qui vient là? Un rival sans doute. Le Capitan va le terrasser de son regard; point! Il le méprise trop; cela n'en vaut pas la peine, un simple mortel! Si c'était Jupiter encore! voire! Mais ils sont deux et ont une singulière démarche. — Retirons-nous; c'est plus généreux pour ces manants, qui pourraient mourir de frayeur à ma simple vue. Je leur sauve la vie pas moins, ajoute notre héros en ouvrant davantage, comme un compas, ses longues jambes, et en accélérant sa marche qui devient presque une fuite.

Mais, au détour d'une rue, une grêle de coups de bâton tombe inopinément sur les épaules de ce demi-dieu. Il est renversé; les batteurs d'estrade et malandrins s'apprêtent à lui dérober les richesses qu'il porte sur lui : la fameuse cotte de mailles, façonnée des anneaux d'or que lui ont fait accepter ses maîtresses, aura tenté ces pauvres gueux; mais, hélas! sous son pourpoint rayé qu'ils dédaignent, il n'a pas même de chemise. « Comme on est volé, cependant! » dit un de ces mécréants à son compagnon; et ils disparaissent en méprisant leur victime.

N'entendant plus de bruit, le Capitan ouvre un œil, puis l'autre, lève la tête, reconnaît que le danger est passé, rajuste sa rapière et les araignées qui y ont établi leurs toiles, et se dirige vers de nouveaux rivages.

> « Ce capitan fait grand éclat :
> Et sa valeur est si parfaite,
> Qu'il est des derniers au combat,
> Et des premiers à la retraite. »

« Le *Capitaine*, dit M. Frédéric Mercey, était antérieur à la domination espagnole; nous le croyons contemporain de tous ces formidables chefs de bande italiens qui se distinguèrent à Anghiari, et dans ces fameuses rencontres où un cheval qui tournait la tête ou la croupe suffisait pour faire gagner ou perdre la bataille. C'est Machiavel qui nous l'assure.

» Sous ses nouveaux maîtres, le *Capitaine* se transforme en *Matamore.* : il bredouille le castillan, prend la morgue espagnole et se corrige le mieux qu'il peut de sa poltronnerie. C'est alors qu'il ne passe guère de journées sans tuer un Maure, confondre un nécromant, ou séduire quelque princesse. L'étoffe des turbans des infidèles qu'il a décapités lui sert à habiller ses valets. . . . .
. . . .

» Aujourd'hui qu'il a subi une nouvelle transformation, il aime encore à raconter ses prouesses. Un jour, au siége de Trébizonde, il a pénétré seul dans la tente du sultan, et, le prenant par la barbe, il l'a traîné à travers son camp, tandis que, de la main qui lui restait libre, il écartait les assaillants et tenait en respect toute l'armée ennemie. Quand il rentra dans la ville, sa cuirasse était hérissée d'un si grand nombre de flèches qu'on l'eût pris pour un porc-épic. C'est de ce jour que l'image d'un porc-épic fait partie de son écusson. . . . .
. . . .

» Sa galanterie égale sa bravoure, et, lorsqu'il s'attaque à une beauté, il a de si merveilleux moyens de séduction qu'il ne trouve jamais de cruelles. Il renverse les tours, brise les portes de fer, ou, comme un dieu grec, s'insinue sous la forme d'une pluie d'or. Il est telles de ses prouesses galantes qui, depuis, ont trouvé des imitateurs. Un jour, par exemple, que dans la compagnie de la princesse Gilyme d'Apremont il galopait sur les rives du Garigliano, celle-ci, fatiguée de ses protestations amoureuses, lui dit en plaisantant : — Le feu qui consume mon chevalier est donc bien ardent? — En doutez-vous, cruelle? — Nullement, mais je sais un moyen de te soulager : c'est de te jeter dans ce fleuve. — Toutes ses eaux ne pourraient éteindre ma flamme. — C'est une galante manière de t'exprimer; aussi ne te croirai-je que si je te voyais sortir de ces flots brûlant toujours du même amour. — En vérité, belle princesse? Et l'intrépide amoureux enfonce ses éperons dans les flancs de son coursier et se précipite au milieu du fleuve. Il courut grand risque de se noyer, et ce ne fut qu'en abandonnant son cheval qu'il put gagner le bord, tout ruisselant, mais dévoré des mêmes feux. La princesse tint donc parole et récompensa un si noble dévouement. Comme les Capitans ses ancêtres, le *Matamore* était magnifique en paroles; mais sa bourse était toujours vide, et, sous sa belle cuirasse richement damasquinée, il ne portait qu'un méchant pourpoint de peau de buffle tout usé. »

. . . .

CLINDOR.

. . . .

N'êtes-vous point lassé d'abattre des guerriers?
Et vous faut-il encor quelques nouveaux lauriers?

MATAMORE.

Il est vrai que je rêve, et ne saurais résoudre
Lequel je dois des deux le premier mettre en poudre,
Du Grand Sophi de Perse ou bien du Grand Mogol.

CLINDOR.

Eh! de grâce, Monsieur, laissez-les vivre encor.
Qu'ajouterait leur perte à votre renommée?
D'ailleurs, quand auriez-vous rassemblé votre armée?

MATAMORE.

Mon armée! ah, poltron! ah, traître! Pour leur mort,
Tu crois donc que ce bras ne soit pas assez fort?
Le seul bruit de mon nom renverse les murailles,
Défait les escadrons et gagne les batailles.
. . . .
D'un seul commandement que je fais aux trois Parques
Je dépeuple l'État des plus heureux monarques;
La foudre est mon canon, les destins mes soldats,
Je couche d'un revers mille ennemis à bas,
D'un souffle, je réduis leurs projets en fumée....
Et tu m'oses parler cependant d'une armée!
Tu n'auras plus l'honneur de voir un second Mars :
Je vais t'assassiner d'un seul de mes regards.
Veillaque!... Toutefois je songe à ma maîtresse;
Ce penser m'adoucit. Va, ma colère cesse.
. . . .
Quand je veux, j'épouvante, et quand je veux, je charme,
Et selon qu'il me plaît, je remplis tour à tour
Les hommes de terreur et les femmes d'amour.

Du temps que ma beauté m'était inséparable,
Leurs persécutions me rendaient misérable.
Je ne pouvais sortir sans les faire pâmer;
Mille mouraient par jour à force de m'aimer.

J'avais des rendez-vous de toutes les princesses,
Les reines à l'envi mendiaient mes caresses :
Celle d'Éthiopie et celle du Japon,
Dans leurs soupirs d'amour, ne mêlaient que mon nom.
. . . .
Les déesses aussi se rangeaient sous mes lois,
Et je te veux conter une étrange aventure
Qui jeta du désordre en toute la nature,
Mais désordre aussi grand qu'on en voie arriver.

Le Soleil fut un jour sans se pouvoir lever,
Et ce visible dieu que tant de monde adore,
Pour marcher devant lui ne trouvait point d'Aurore.
On la cherchait partout, au lit du vieux Tithon,
Dans les bois de Céphale, au palais de Memnon.
Et, faute de trouver cette belle fourrière,
Le jour jusqu'à midi se passa sans lumière.

CLINDOR.

Où pouvait être alors la reine des clartés?

MATAMORE.

Au milieu de ma chambre, à m'offrir ses beautés.
Elle y perdit son temps, elle y perdit ses larmes;
Mon cœur fut insensible à ses plus puissants charmes,
Et tout ce qu'elle obtint pour son frivole amour
Fut un ordre précis d'aller rendre le jour.
. . . .
Les voilà, sauvons-nous; non, je ne vois personne!
Avançons hardiment. Tout le corps me frissonne....
Je les entends, fuyons. Le vent faisait ce bruit,
Marchons sous la faveur des ombres de la nuit.
. . . .
Ces diables de valets me mettent bien en peine
De deux mille ans et plus je ne tremblai si fort.
C'est trop me hasarder; s'ils sortent, je suis mort;

Car j'aime mieux mourir que leur donner bataille,
Et profaner mon bras contre cette canaille.
Que le courage expose à d'étranges dangers !
Toutefois, en tout cas, je suis des plus légers :
S'il ne faut que courir, leur attente est dupée,
J'ai le pied pour le moins aussi bon que l'épée.
Tout de bon, je les vois, c'est fait, il faut mourir !
J'ai le corps si glacé que je ne puis courir.
. . . .
Viens çà ! tu sais ton crime, et qu'à l'objet que j'aime
Loin de parler de moi, tu parlais pour toi-même ?

CLINDOR.

Oui, pour me rendre heureux j'ai fait quelques efforts.

MATAMORE.

Je te donne le choix de trois ou quatre morts.
Je vais, d'un coup de poing, te briser comme un verre,
Ou t'enfoncer tout vif au centre de la terre ;
Ou te fendre en dix parts, d'un seul coup de revers ;
Ou te jeter si haut, au-dessus des éclairs,
Que tu sois dévoré des feux élémentaires ;
Choisis donc promptement, et pense à tes affaires.

CLINDOR.

Vous-même choisissez.

MATAMORE.

Quel choix proposes-tu ?

CLINDOR.

De fuir en diligence ou d'être bien battu.

MATAMORE.

Me menacer encore ! Ah, ventre ! quelle audace !
Au lieu d'être à genoux et d'implorer ta grâce !
Il a donné le mot, ces valets vont sortir....
Je m'en vais commander aux mers de t'engloutir.

LE CAPITAN.

CLINDOR.

Sans vous chercher si loin un si grand cimetière,
Je vous vais, de ce pas, jeter dans la rivière.

MATAMORE.

Ils sont d'intelligence! ah, tête!

CLINDOR.

Point de bruit.
J'ai déjà massacré dix hommes cette nuit,
Et si vous me fâchez, vous en croîtrez le nombre.

MATAMORE.

Cadédiou! ce coquin a marché dans mon ombre!
Il s'est fait tout vaillant d'avoir suivi mes pas.
S'il avait du respect, j'en voudrais faire cas.
Écoute, je suis bon, et ce serait dommage
De priver l'univers d'un homme de courage.
Demande-moi pardon, et cesse, par tes feux,
De profaner l'objet digne seul de mes vœux;
Tu connais ma valeur, éprouve ma clémence.

CLINDOR.

Plutôt, si votre amour a tant de véhémence,
Faisons deux coups d'épée au nom de sa beauté.

MATAMORE.

Parbieu! tu me ravis de générosité.
Va, pour la conquérir, n'use plus d'artifices;
Je te la veux donner pour prix de tes services.
Plains-toi dorénavant d'avoir un maître ingrat!

(*L'Illusion comique*. P. CORNEILLE.)

« La tradition du théâtre nous apprend que ce rôle de Matamore fit la fortune de *l'Illusion comique*.... Les bravades formidables du Capitan et sa piteuse déconfiture avaient pour les contemporains un intérêt comique qui n'est plus aussi sensible pour nous. La forfanterie régnait alors à la cour, à la ville, à l'Académie même; elle était, pour ainsi dire, passée dans les mœurs françaises.... Témoin l'illustre Scudéry, seigneur de la Garde, qui tenait sa plume d'une main, son épée de l'autre, et qui appelait en duel Corneille pour lui prouver, d'estoc et de taille, que le *Cid* était une détestable tragédie.... Témoin encore cet admirable extravagant nommé Cyrano de Bergerac. Celui-là, du moins, n'était pas un faux brave; mais, si sa valeur produisit de hauts faits, quelle forte dose de gasconnade nous y voyons mêlée!... Corneille n'a eu, pour faire parler son personnage, qu'à traduire en vers la prose de ce grand duelliste. . . . .

« Il faudroit, je pense, Monsieur, que Dieu accomplît
» quelque chose d'aussi miraculeux que le souhait de Cali-
» gula, s'il vouloit finir mes querelles. Quand tout le genre
» humain seroit érigé en une tête, quand, de tous les
» vivants, il n'en resteroit qu'une, ce seroit encore un duel
» qui me resteroit à faire.... Vraiment, il faut bien que
» votre départ ayant déserté Paris, l'herbe ait cru par toutes
» les rues, puisqu'en quelque lieu que j'aille, je me trouve
» toujours sur le pré. Je m'imagine quelquefois être devenu
» porc-épic, voyant que personne ne m'approche sans se
» piquer.... Ne voyez-vous pas aussi qu'il y a maintenant
» plus d'ombre sur l'horizon qu'à votre départ? C'est à
» cause que, depuis ce temps-là, ma main en a tellement
» peuplé l'enfer qu'elles regorgent sur la terre. »

Dans la Rencontre de Gaultier Garguille avec Tabarin aux enfers, opuscule tabarinique, Gaultier Garguille dit :

« Si tu estois encore en l'autre monde, tu rirois à gueule bée, voyant les orgueilleux d'aujourd'hui qui, d'un pas mustaphique, *ita sati homines*, c'est-à-dire cheminant superbement les mains sur les costés, comme pots à anses, dédaignent moustachiquement tout ce qu'ils rencontrent; leurs foudroyantes épées peuplant tous les cimetières de corps, lesquels, après avoir esté tuez de telles gens, ne laissent de se bien porter par en après. Et qui pis est, de leur regard, louchant soubs un bramballant panache, ils font frémir Jupin, qui est sur le point de leur céder son foudre et son aigle pour avoir paix envers eux, nonobstant qu'ils ne facent peur qu'aux limaçons, mouches et grenouilles. »

Aucun type n'eut autant de succès en Europe au seizième et surtout au commencement du dix-septième siècle que celui du Capitan, tant dans la comédie improvisée que dans l'autre genre. En Italie, en Espagne, en France, en Angleterre, le nombre des pièces où le Capitan, sous des noms très-différents, joue le premier rôle est considérable. Scarron fit sur ce personnage une sorte de tour de force en un acte et en vers, sur la seule rime en *ment* (*les Boutades du Capitan Matamore*, 1646) :

MATAMORE.

« J'ai de l'amour infiniment
Pour un bel œil qui, puissamment,
Me trouble impérieusement ;
Il demeure en ce logement,
Marchons-y délicatement.
Holà ! sortez hâtivement,

Sinon, parbleu! robustement,
J'écraserai le bâtiment.

ANGÉLIQUE.

Hé! qui frappe si rudement!

MATAMORE.

C'est un faiseur d'égorgement. »

Les premiers Capitans italiens datent du quinzième siècle, et leurs costumes ont varié selon les époques. Ils portaient primitivement des buffles, la longue épée, le casque ou morion, et paraissaient toujours masqués. Leurs masques étaient couleur de chair, avec un nez proéminent et d'effroyables moustaches.

« Au Capitan ancien italien, dit L. Riccobini, a succédé
» le Capitan espagnol, qui s'habillait selon la nation. Le
» Capitan espagnol, petit à petit, détruisit le Capitan ancien
» italien. Dans le temps du passage de Charles-Quint en
» Italie, ce personnage fut introduit sur notre théâtre. La
» nouveauté emporta les suffrages du public; notre Capitan
» italien fut obligé de se taire, et le Capitan espagnol resta
» le maître du champ de bataille. Son caractère était d'être
» fanfaron; mais qui, à la fin, recevait des coups de bâton
» de l'Arlequin. »

En Italie et en France, des noms espagnolisés sont portés par les Capitans, tels que : *el Capitano* Sangre y fuego, *el Capitano* Cuerno de Cornazan, *el Capitano* Escobombardon della Papirotonda, *el Capitano* Rodomonte, *el Capitano* Parafante; *le Capitaine* Boudoufle, Taille-Bras (1567), Engoulevent, que l'on promenait au carnaval sous le nom de

Prince des sots, et qui, en 1652, fut le pseudonyme de l'acteur Nicolas Joubert.

Les Allemands eurent aussi au dix-septième siècle leur Capitan, *Horribilicribrifax*, qui ne fut qu'une copie du Spavento milanais, du Matamore castillan et du Capitaine Fracasse.

Le Capitan Matamoros fut le nom prédominant. Sous ce nom de guerre, Silvio Fiorello, chef d'une troupe de comédiens italiens, parcourait l'Italie au seizième siècle. En 1584 il jouait encore à Naples.

Au seizième siècle, le Capitan Spezza-Monti, connu en France sous le nom de Tranche-Montagne, « fermait les yeux lorsqu'il combattait ses ennemis, afin de ne point voir les morceaux et les membres qu'il allait tailler et couper ».

Le *Capitan* Fracasso prit son nom du géant Fracassus (qui brise tout), père de Ferragus, dont parle Merlin Coccaie dans sa seconde Macaronée.

Callot, dans sa série des *Petits Danseurs*, a représenté quelques-uns de ces Capitans italiens du seizième siècle, entre autres le *Capitan* Taglia-Cantoni, vêtu d'habits étroits, coiffé d'une toque empanachée, les jarrets entourés de chiffons d'étoffe noués avec prétention, et ne dédaignant pas de croiser le fer avec Fracasso, qui est ici vêtu comme le Pullicinello du même recueil :

Le *Capitan* Bombardon, aux habits-collants, à la toque et à la trousse tailladées, l'épée au flanc et chaussé de bottes à revers dentelés. Le *Capitan* Zerbino, au triomphant panache et au masque orné de lunettes. Le *Capitan* Cerimonia, le jarret tendu, la main sur sa rapière, dont la pointe menace le ciel en soulevant son manteau tout entier. Il est fort cérémonieux, comme son nom l'indique, car, rencontrant la signora Lavinia (Diana Ponti), il paraît lui adresser un doux regard à travers son masque, en mettant sa toque tailladée à la main :

Les *Capitans* Mala-Gamba et Bella-Vita, cagneux tous les deux, se saluant avec précaution et défiance. Ceux-ci portent d'immenses collerettes empesées, des jarretières exagérées par-dessus des bottes. Leurs manches, leurs trousses, leurs chausses, sont tailladées à la mode du temps de François Ier.

Le *Capitan* Cardoni, le *Capitan* Babeo (l'imbécile), les *Capitans* Esgangarato, Cocodrillo et Grillo portent le costume des danseurs.

SPAVENTO.

Dans la troupe italienne (*i Gelosi*) venue en France en 1577, les rôles de Capitan étaient joués sous le nom du *Capitano* Spavento *della Valle inferna* (*planche* 12) par Francesco Andreini, né à Pistoie, et déjà célèbre en Italie depuis 1558. Il jouait de tous les instruments de musique, parlait six langues différentes (l'italien, le français, l'espagnol, l'esclavon, le grec et le turc). Il représentait aussi bien les Docteurs que les Capitans, et créa le personnage du Dottore Siciliano et celui d'un Magicien nommé *Falcirone*. De retour à Florence en 1578, il rencontra, dans cette même troupe, Isabella, âgée de seize ans, admirée à bon droit pour sa beauté, ses talents et sa vertu. Francesco Andreini en devint éperdument amoureux, et eut le bonheur de se faire accepter pour époux. L'année suivante (1579) Isabella, étant encore à Florence, donna le jour à un fils, G. B. Andreini, connu plus tard sous le nom de LELIO, et auteur du *Teatro Celeste* et de l'*Adamo* (*voyez* LELIO). Andreini revint en France en 1600, avec les seconds Gelosi, et toujours sous la conduite de Flaminio Scala; mais, au moment où la troupe s'en retournait en Italie, Isabella mourut subitement à Lyon (1604). Désolé, inconsolable de cette perte cruelle, Francesco Andreini quitta le théâtre avec son fils; mais celui-ci y rentra l'année suivante en qualité de directeur. Andreini le père n'y rentra plus, et ne s'occupa plus de son art qu'en qualité d'écrivain. Il fit paraître, en 1607, *le Bravure del Capitano Spavento*, qui furent traduites en français sous le titre des *Bravacheries du Capitaine l'Épouvante*. Francesco Andreini était membre de la *Société des Spensierati* de Florence.

Comédien dans la troupe de Flaminio Scala, il fut l'auteur de la préface du livre de celui-ci, qui contient une cinquantaine de canevas. Son fils, Gian Battista Andreini, prit l'emploi des jeunes amoureux sous le nom de Lelio (*voyez* LELIO).

Francesco Andreini (Spavento) mourut vers 1624.

Fabrizio de Fornaris, gentilhomme napolitain, né en 1560, fut connu, par sa verve comique et son esprit, sous le nom du *Capitan* COCODRILLO. Il vint en France avec la troupe des *Confidenti*, en 1584 et 1585. Il fit jouer par ses camarades et publia, chez Abel l'Angelier, en 1584, une pastorale de Bartolomeo Rossi, *la Fiammella*. L'année suivante, il fit paraître une comédie de sa façon, intitulée *Angelica*, qu'il avait fait jouer à l'*impromptu*, et qui avait eu un grand succès, surtout chez le duc de Joyeuse, à qui elle fut dédiée. Fabrizio de Fornaris ne revint plus en France, et mourut en Italie en 1637.

En 1618, le charlatan Mondor (né à Milan), qui jouait ses parades sur les tréteaux de la place Dauphine avec son associé Tabarin, jouait dans certaines farces tabariniques sous le nom de Rodomont, anagramme de son nom, les rôles de Capitan. Tout le monde sait que ce fut l'Arioste qui, le premier, mit au jour ce terrible Capitaine sarrasin Rodomonte.

« Rodomont. Cavallierès, mousquetaderes, bombardas, canonés, morions, corseletes! Aqui, veillaco!

Tabarin. Il appelle le lieutenant, le corporal, le porte-enseigne, les sergens, et si, il est tout seul en sa compagnie (il est bien vray qu'il en a tousjours plus de cent dans ses chausses, qui luy font escorte).

Rodomont. Son il Capitanio Rodomonté, la bravura, la valore de toto del mondo; la mia spada s'est rendue triomphanté del toto universo.

Tabarin. Il est vray, par ma foy; il n'y a personne qui joue mieux de l'espée à deux jambes que luy.

Rodomont. Que fasto en sta casa, Tabarin? Que fasto, veillaco? Io te quero ablar. . . . . Aqui, veillacon? Aqui, poerco? Io te quero matar, eres moerto!

Tabarin. Ah! Monsieur, ne poussez pas davantage, vous effondrerez le baril à la moustarde. »

Mondor était un homme de belle mine, s'exprimant fort

bien, et ayant reçu une bonne éducation, comme on en peut juger par les espèces de leçons scientifiques et de cours de morale et de philosophie qu'il faisait au public sous forme de discours et de réponses à son valet Tabarin. « Quant à Mondor, est-il dit dans les *Opuscules tabariniques*, il a de l'esprit et un peu de lettres, et seroit capable, s'il vouloit, d'une vacation plus honneste. Il est honneste et courtois, ostant son chapeau bien honnestement et avec un doux soubris, quand il renvoye le mouchoir ou le gant. »

Dans la troupe des *Fedeli*, qui vint à Paris en 1621 et en 1624 sous la conduite de G. B. Andreini, les rôles de *Capitan* étaient remplis par Girolamo Gavarini, né à Ferrare, connu au théâtre sous le nom de *Capitano* Rinocéronte (le Capitaine Rhinocéros). Niccolo Barbieri (Beltrame) raconte, dans sa *Supplica*, la mort de ce comédien (2 octobre 1624), et dit qu'on trouva dans son lit « un très-rude cilice, ce qui causa quelque surprise, car nous n'ignorions pas qu'il était pieux et *buon devoto*, mais nous ne savions rien de ce cilice. » Il ajoute « qu'il ne faut pas se risquer inconsidérément à mal parler des comédiens, attendu qu'il y a souvent parmi eux de très-galants hommes, et, qui mieux est, quelquefois des saints : tels que saint Genest, saint Ardélion, saint Sylvain, *san* Giovanni Buono. »

Abraham Bosse a représenté le Matamore du commencement du dix-septième siècle, armé jusqu'aux dents, en habits rayés, collants, et coiffé de ce feutre gris à plumes que porte Spavento.

SPEZZAFER.

Le *Capitan* Spezzafer portait d'abord le costume des seigneurs de la cour de Henri IV : chapeau rond empanaché, la moustache et la barbe, la grosse collerette, le pourpoint et la trousse très-large de l'époque. Mais, en 1668, il modifia la forme du costume, et sa manière de porter l'épée passée dans un large ceinturon de buffle très-haut monté lui donne un certain rapport avec le *Crispin* de la comédie française. Mais les couleurs sont très-différentes : tandis que Crispin est habillé de velours noir de la tête aux pieds, Spezzafer (*planche* 13) est vêtu tout entier de grosse soie de couleur jaune-vif; ses vêtements sont coupés à la mode des *soudars* de quelques années précédentes, sous Louis XIII. Il porte des moustaches, et a sur la tête un chapeau gris retroussé surmonté d'une plume.

Spezzafer, dont le nom était Giuseppe Bianchi, vint pour la première fois à Paris en 1639, puis en 1645 avec la troupe dont il était directeur, et dont les principaux acteurs étaient : Barbançois (*Polichinelle*), Bastona, Bonnetti, Caluci, Cialace (*Pantalon*), Bonami (*danseur*), Franchi, Grandini, Micael Lardi, Merli, Magni, Nardo, Nicoli, Pozzi, Rinaldi, Usili ; mesdames Brigida Bianchi, Orsola Bianchi, Luigia Bianchi, Gambelli, Marizini, etc.

Giuseppe Bianchi (Spezzafer) mourut à Paris en 1680 : « Comme on parlait de sa mort à Versailles, M. ***, médecin, prétendit qu'il lui ressemblait ; mais le prince de *** l'assura du contraire, parce que le Capitan n'avait jamais tué personne. Ce Spezzafer était marié à une femme d'une conduite assez équivoque, et lorsqu'il venait, dans la comédie d'*Arlequin roi par hasard*, lui demander le gouvernement d'une place frontière, Arlequin lui répondait : Comment feras-tu pour la garder, toi qui depuis vingt ans ne saurais venir à bout de garder ta femme? Cette plaisanterie ne manquait pas sans doute de faire rire le public, mais elle devait être bien amère pour celui qui en était l'objet. »

Dans le théâtre de Gherardi, le Capitan Spezzafer éprouve le besoin d'acheter du linge. C'est comme qui dirait une scène intime, car on ne voit guère agir les Capitans comme de simples mortels; ils sont toujours montés à un diapason trop élevé pour descendre aux nécessités de l'existence.

« On prétend, lui dit Arlequin, que vous ne portez point de chemise? — C'était autrefois ma coutume, lui répond le Capitan, parce qu'alors, comme j'étais extrêmement furieux, aussitôt que je me mettais en colère, le poil, que j'avais abondamment sur tout le corps, se dressait, perçait ma chemise de toutes parts et y faisait tant de trous, qu'on l'aurait prise pour une passoire; mais depuis quelque temps, m'étant fort modéré, je porte du linge comme les autres. » Après le départ d'Arlequin, il s'approche d'une boutique.

« Spezzafer. Voici justement une boutique de lingère. J'ai affaire de quelque peu de linge, je veux voir si elle n'aurait pas ce qu'il me faut.

Une Lingère. Venez voir chez nous, Monsieur, de très-belle toile de Hollande, des beaux chaussons à l'épreuve de la sueur.

Spezzafer *prenant une chemise qu'il trouve sur le comptoir.* Je serais ravi d'acheter quelque chose chez vous. (*A part.*) Cette fille est jolie, bien faite, les beaux yeux bleus ! — Cette chemise m'accommoderait assez, mais je la crois trop petite.

La Lingère. Trop petite ! vous n'y pensez pas. Elle a trois quartiers et demi de haut.

Spezzafer. Combien en voulez-vous ?

La Lingère. Elle vous coûtera dix écus, sans vous surfaire.

Spezzafer. Dix écus !

La Lingère. Oui, Monsieur, c'est en conscience ; je ne gagne qu'une livre par sou.

Spezzafer. Je vous en donne trente sous.

La Lingère. Trente sous ! On voit bien que vous n'êtes pas habitué à porter des chemises.

Spezzafer. Tenez ! voilà un écu sans marchander. Si vous pouvez, ne me laissez pas aller ailleurs.

La Lingère. Çà, çà, prenez-la ; mais à la condition que vous me ferez l'honneur de revenir me voir. C'est à l'enseigne de *la Pucelle.* C'est moi, Monsieur, qui fournis les layettes pour tous les enfants des eunuques du grand sérail. »

Le costume du Capitan italien ressemble, au milieu du siècle dernier, à celui d'un soldat de l'époque. Il porte le tricorne, les cheveux longs retenus par un ruban, l'habit, la veste et la culotte militaires. Sa longue épée, qu'il porte

la pointe en l'air, lui donne encore un peu de la tournure de ses ancêtres.

GIANGURGOLO.

Giangurgolo (*planche* 14), ou comme qui dirait Jean le Goulu, la Grand'Gueule, est le type calabrais des Capitans. Comme le Matamore, il est passionné pour les femmes; mais il en a peur, il craint toujours de rencontrer un homme sous leurs jupons. Il a cependant la grande épée du Capitan et ses allures soldatesques. Comme son type primitif, il est vantard, menteur d'une façon monstrueuse, peureux outre-mesure, et de plus, affamé comme un sauvage. Il passera pourtant quatre jours sans manger, par crainte d'avoir à essuyer un refus et une rebuffade; il faudrait se fâcher et peut-être se battre, c'est-à-dire être battu : aussi a-t-il recours au vol pour se nourrir, car il n'a jamais eu un *grano* (4 centimes) dans sa poche. C'est autour des marchands de macaroni qu'il rôde; à la tombée de la nuit, c'est là que, levant son grand nez de carton, il flaire et se nourrit de la vapeur des lazagnes. Si, par bonne fortune, il peut mettre la patte sur des aliments, c'est fabuleux de le voir faire disparaître tant de choses et en si grosse quantité. Ce sont des repas de Gamache qu'il lui faudrait, et encore ne serait-il pas rassasié; son estomac est un gouffre. Mais pour quelques livres de macaroni, quelques platées de polenta, un ou deux *salami*, combien faut-il endurer de disgrâces! C'est un composé de Gargantua, du Matamore et de Pierrot. Il est, par-dessus le marché, bête et vaniteux, se dit gentilhomme sicilien. La terre, dit-il, tremble sous moi quand je marche, et je marche toujours.

Les sbires lui sont un terrible épouvantail. Il se sent coupable, et, les flairant de très-loin, malgré tous ses titres, sa noblesse, ses armes redoutables, il se fourrerait volontiers dans un trou de souris à leur approche. Quand il est bien certain de n'avoir affaire qu'à de pauvres gens inoffensifs, il se fait servir largement, et les paye en se mettant dans de furieuses colères qui se terminent par un combat contre les pavés. Si, dans ce moment, un enfant s'amuse à crier après lui, il disparaît si vite et pour si longtemps, qu'il se passe des années sans qu'on le revoie dans le pays. Il porte un feutre long et pointu, la rapière, le pourpoint écarlate aux manches jaune-pâle rayées de rouge, ainsi que la trousse et les jambes. Francesco Ficoroni (*Dissertatio de larvis scenicis et figuris comicis*) donne la reproduction d'un mime antique, gravé sur onyx, qui rappelle assez le Giangurgolo par sa coiffure, son long nez et sa pose déhanchée.

IL VAPPO.

Le Vappo ou Smargiasso, c'est-à-dire le fanfaron, l'avaleur de charrettes ferrées, est un type napolitain, représentant le spadassin d'il y a soixante ans. Grand querelleur, vantard à l'excès, et, avant tout, poltron outre-mesure, comme les autres variétés de ce type. Il porte le costume que portait le Capitan au siècle dernier : l'habit carré et ample de la régence, un tricorne d'une hauteur exagérée, un hautde-chausses jaunâtre mal boutonné, et une longue rapière dont la garde vieillie et rouillée fait un grand bruit de ferraille. C'est un personnage cambré, dégingandé, prenant des poses « terrificques », un Franca-Trippa de Callot qui s'est vêtu un peu plus à la moderne. Il eût mieux fait de conserver son sayon de toile jaune et son feutre démesuré.

ROGANTINO.

Les Romains ont aussi une sorte de Capitan, Rogantino, qui a les mêmes allures et le même caractère que leur Marco-Pepe. A Bologne, le caporal Rogantino est le même chef de sbires; il est brutal, a un accent bizarre, fait vibrer les *r*; et, quand il vient arrêter quelqu'un, si le coupable a échappé, il empoigne souvent un innocent; essaye-t-on de l'en empêcher, il veut alors frapper et incarcérer tout le monde.

La scène se termine par une mêlée générale, de laquelle Rogantino sort toujours dans un état pitoyable. « Ils m'ont bien battu, dit-il, mais je leur en ai dit! » Ce personnage est, encore aujourd'hui à Rome, avec Pulcinella et Cassandrino, un des héros de la baraque de marionnettes de Gaetanaccio, impressario plein de verve et d'esprit, qui fait jouer à Rogantino des rôles semblables à ceux que le Sergent *du guet* remplit, chez nous, dans les farces de Polichinelle.

COLOMBINE
(1683).

COLOMBINE.

BETTA, FRANCISQUINE, DIAMANTINE, MARINETTE, VIOLETTE, CORALINE, LA GUAIASSA.

Dans la *Mostellaire* de Plaute, Philematie, musicienne, a pour servante une certaine Scaphe, qui lui tient des discours tout semblables à ceux que Diamantine tiendrait à Aurélia, ou Colombine à Isabelle. Dans la scène qu'on va lire, nous assistons à la toilette d'une femme de l'antiquité.

« Philematie. Vois, je t'en prie, ma Scaphe, si cet habit-là me sied bien; car je veux plaire à Philolache, lui qui est tout à la fois et mon bien-aimé et mon maître.

Scaphe. Pourquoi ne cherchez-vous pas à acquérir des manières provocantes, galantes, puisque vous êtes toute jolie? Les amoureux n'aiment pas une femme pour ses habits, mais pour elle-même.

Philematie. A présent, qu'en dis-tu?

Scaphe. Touchant quoi?

Philematie. Regarde-moi bien, et conviens avec moi que ce vêtement me rend plus belle.

Scaphe. La force de votre beauté a plus d'éclat et d'influence que votre parure. Tout ce que vous mettez en reçoit de la grâce et du prix.

Philematie. Je ne veux pas que tu me flattes.

Scaphe. Si j'osais, ma bonne maîtresse, je dirais que vous êtes bien folle! Comment, vous aimez mieux qu'on vous critique à faux que de vous louer avec raison! Voilà un étrange goût! Quant à moi, par Pollux! j'aime bien mieux recevoir des louanges que je ne mérite pas, que des reproches sur mes défauts que je connais, ou des moqueries sur ma figure.

Philematie. Je déteste les gens qui me veulent plaire par des mensonges.... Si je manque en quelque chose, fais-moi le plaisir de m'en corriger.

Scaphe. Assurément, vous agissez grossièrement contre vos intérêts quand vous vous donnez tout entière à Philolache. Vous ne comptez que sur lui; vous êtes tellement soumise, complaisante, obéissante à ce jeune homme-là, que, pour l'amour de son beau nez, tous les autres amants ne vous sont rien : ce n'est pas à une courtisane de n'avoir qu'une intrigue; elle doit laisser cela aux dames de haut parage.

Philematie. Depuis que mon cher amant m'a délivrée du pesant et honteux esclavage, je ne fais que mon devoir en lui témoignant cent fois plus de tendresse que quand je le flattais pour obtenir ce qu'il a fait pour moi.

Scaphe. En ce cas, regardez-le comme un époux de conscience et d'honneur, aussi bien que de tendresse, et, sur ce pied-là, laissez croître vos cheveux comme les femmes mariées [1].

Philematie. Regarde si ma coiffure est bien arrangée, et si chaque cheveu est bien à sa place. Donne-moi mon blanc.

Scaphe. Qu'en voulez-vous faire?

Philematie. M'en mettre sur le visage, m'en frotter les joues pour m'embellir.

Scaphe. C'est comme si vous vouliez blanchir l'ivoire avec de la suie.

Philematie. Donne-moi aussi du rouge (*purpurismum*).

Scaphe. Vous allez gâter par ces couleurs le plus bel ouvrage de la nature. Tenez-vous-en au brillant de votre jeunesse. Ni la céruse, ni le fard de l'île de Mélos, ni quelque plâtrage que ce soit ne vous est nécessaire.

Philematie. Ne crois-tu pas que je ferais bien de me frotter d'odeurs et de me parfumer?

Scaphe. Gardez-vous-en bien! Une femme sent toujours bon dès qu'elle ne sent rien. Car que pense-t-on de ces femmes qui se parfument, qui s'annoncent elles-mêmes par leurs bonnes odeurs? On les traite de vieilles édentées qui cherchent à cacher sous le fard les défauts et les exhalaisons de leur carcasse. Quand, chez ces squelettes

---

[1] Les courtisanes ne se laissaient point croître les cheveux, pour pouvoir s'habiller en homme quand l'envie leur en prenait. Mais celles qui étaient fidèles à leurs amants gardaient les cheveux longs, montrant par là leur conduite régulière.

ambulants parés et embaumés, les parfums se mêlent à leur mauvaise odeur, elles sentent comme un mélange de plusieurs sortes de sauces; vous ne sauriez dire précisément ce qu'elles sentent, mais assurément ces femmes sentent mauvais.

Philematie. Examine attentivement ma longue robe et mes bijoux; me trouves-tu bien parée? Tout ce que j'ai me va-t-il bien?

Scaphe. Ce n'est pas à moi d'en juger; c'est le seul Philolache qu'il faut consulter là-dessus. La pourpre est bonne à cacher la vieillesse, et, quant à l'or, il sied mal à une femme. »

BETTA.

De l'esclave flatteuse, cynique et corrompue, est née sur le théâtre italien la *Servetta* ou *Fantesca*, servante confidente, plus tard, en France, la *Soubrette*, emploi qui se confond avec celui des villageoises éveillées et malicieuses. Dès 1528, nous voyons des femmes dans cet emploi sur le théâtre de Padoue, dans les vives et remarquables comédies d'Angelo Beolco (Ruzzante). C'est Betta et Bettia pour Elisabetta, Gnva pour Genoveffa, Gitta pour Gianetta, Nina, Besa, etc. Ce sont, la plupart du temps, des paysannes qui trompent leurs époux ou leurs amants pour fort peu de chose, « un morceau de pain ou un ruban », ou même très-souvent par esprit de contradiction : ainsi, Bettia s'est enfermée avec son amant, Tonin, l'homme d'armes, et parle de la fenêtre avec Ruzzante, son mari, qui lui dit d'ouvrir la porte et de s'en venir avec lui à la maison, où il lui pardonnera sa faute.

« Je n'ai que faire de ton pardon... tu en prends à ton aise; au logis, c'est moi qui suis chargée de toute la peine, et je ne m'en soucie plus. Pendant que tu restes à ne rien faire, le derrière cloué à ta chaise, il faut, moi, que je mette les mains à tout, fermer, ranger, en haut, en bas, à gauche, à droite, dessus, dessous. Va-t'en chercher une autre servante pour nettoyer tes pots et tes écuelles, pour faire ton service et celui de la maison! Quand nous sommes au lit, tu dors comme un sabot. Est-ce là la conduite que doit tenir un mari vis-à-vis de sa femme? Et tu crois que moi, qui suis fraîche et frétillante comme le poisson dans l'eau claire, je n'aurai pas une autre société que la tienne, si je le veux bien? Je suis ici, et j'y reste; j'y prends du bon temps. J'en suis fâchée pour ton honneur, mais c'est toi qui l'as voulu! »

FRANCISQUINE.

Dès 1550, les servantes portent, dans la troupe des *Intronati*, les noms de COLOMBINA, OLIVA, FIAMETTA, PASQUELLA, NESPOLA, SPINETTA. Mais la plus célèbre actrice dans cet emploi fut Silvia Roncagli, née à Bergame, qui, sous le nom de FRANCESCHINA, vint en France avec la troupe des *Gelosi* en 1578. Elle retourna en Italie avec la troupe, et joua à Florence les rôles de servante d'Isabelle (Isabella Andreini) ou *les Travestis* sous le nom de LESBINO. Cette actrice possédait parfaitement notre langue, et se permettait parfois l'improvisation tout en français. Vittoria, dont le nom était Antonella Bajardi, Olivetta, Ortensia et Nespola, avaient le même emploi dans cette troupe.

La soubrette qui faisait partie de la troupe des *Fedeli*, et qui vint à Paris avec G. B. Andreini, portait encore le même nom, mais orthographié Fracischina.

La femme légitime ou supposée de Tabarin, qui improvisait sur les tréteaux de la place Dauphine, portait aussi le nom de guerre de Francisquine. L'Étoile prétend qu'elle était Italienne; il la confond certainement avec Silvia Roncagli. Son véritable nom était Anne Begot, dont la réputation valut mieux que celle qu'on lui fit, le badaud peuple de Paris prenant à la lettre les farces qu'elle jouait et les sottises qu'elle débitait.

Dans une farce tabarinique, Francisquine se plaint amèrement de son mari Tabarin : « N'est-ce pas une chose misérable, dit-elle, d'être mariée aujourd'hui à un ivrogne qui ne prend d'autre soin que de sa cuisine! Il est toujours au cabaret! » Tabarin, qui l'a écoutée, lui demande si c'est de lui qu'elle parle : « Fais attention à ce que tu dis, ou je me jetterai sur ta friperie et n'en bougerai de trois heures. » Elle s'arrange de manière à donner rendez-vous au sieur Piphagne, qui jargonne l'italien, et à Lucas, l'un à minuit, l'autre à deux heures, moyennant chacun cent écus. Tabarin, ayant entendu le marché, dit qu'il sent déjà les cornes lui percer la tête.

« Tabarin. Eh bien, madame la carogne! quel marché avez-vous fait?

Francisquine. Voilà comme Tabarin me traite ordinairement. Merci de ma vie, je ne suis pas de ces gens-là!

Tabarin. Comment, mort-diable! ne t'ai-je pas entendue faire le marché?

Francisquine. Je n'eusse pas voulu faire cela sans vous avertir, mon mari; mais c'est pour attraper leur argent.

Tabarin. Encore as-tu de l'esprit! Laisse-moi manier cette affaire-là; va-t'en au logis, apprête-moi tes vieux habits et me laisse faire. »

Tabarin, habillé en femme, vient à l'heure et au rendez-vous; il reçoit les cent écus de Piphagne et l'attache à un poteau. Lucas vient à son tour, donne l'argent, et, sur l'ordre de la fausse Francisquine, il bâtonne Piphagne. Cela fait, Tabarin se démasque à Lucas et l'attache au même endroit, puis le fait battre par Piphagne. Francisquine arrive et fait cesser les corrections réciproques en corrigeant son mari. La farce finit par une mêlée générale.

Maria Antonazzoni joua d'abord dans la troupe des *Gelosi* sous le nom de Ricciolina. Après la disparition de cette troupe, elle entra dans celle d'Andreini (les *Fedeli*) en 1615, à Florence.

Callot l'a représentée dans sa série des *Petits Acteurs*.

En 1644, sous le nom de Bettina, Elisabetta Dafflizio jouait les rôles de servante ou de paysanne, à Venise.

DIAMANTINE.

Patricia Adami, née à Rome en 1635, connue sous le nom de Diamantine, joua d'abord en Italie avant de venir en France. Après la mort de son mari, Adami, comédien qui mourut jeune, elle vint débuter à Paris en 1660, et son talent varié fit bientôt oublier l'actrice qui l'avait précédée, en 1653, dans la troupe appelée en France par Mazarin. De celle-ci on ne connaît que le nom de théâtre, BÉATRIX, par ces quatre vers de Loret :

> « Mais pour enchanter les oreilles,
> Pâmer, pleurer, faire merveilles,
> Mademoiselle *Béatrix*
> Emporta, ce jour-là, le prix. »

Patricia Adami était petite, un peu brune de peau, mais extrêmement jolie, et d'une grande vivacité sur la scène. Augustin Lolli, qui jouait les *Docteurs*, devint amoureux d'elle et l'épousa. Elle continua ses succès et remplit son emploi jusqu'à ce qu'une nouvelle gloire vint l'éclipser, c'est-à-dire jusqu'au début de Catherine Biancolelli (*Colombine*). En 1685, Diamantine, se sentant déjà vieille, se retira tout à fait du théâtre.

COLOMBINE.

Ce type de la soubrette est toujours le même; depuis Plaute jusqu'à Gherardi, et depuis Gherardi jusqu'à nos jours, il a peu varié; mais la soubrette s'est personnifiée dans le personnage de Colombine par Thérèse, Catherine et la seconde Thérèse Biancolelli, la grand'mère, la petite-fille et l'arrière-petite-fille, toute une génération de Colombines. La plus remarquable, par son talent varié et ses créations nombreuses, est Catherine Biancolelli (*planche* 15), fille du célèbre Dominique, et femme de Pierre Lenoir de la Thorillière, élève de Molière et acteur distingué dans la troupe de celui-ci. Elle est tantôt soubrette, tantôt maîtresse, avocat, danseuse, chanteuse, homme à bonnes fortunes, etc. Elle remplissait également bien, dit-on, tous les emplois, et parlait facilement plusieurs langues, dialectes et jargons. Elle semble avoir été une personne très-instruite et d'un véritable talent. « Elle était petite, un peu brune de peau, mais d'une figure très-agréable. Elle avait plus que la beauté, elle avait de la physionomie, l'air très-fin, le geste aisé et la voix douce et gracieuse. » Née en 1665, de Joseph-Dominique Biancolelli et d'Ursula Cortèze, connue au théâtre sous le nom d'EULARIA, elle prit le surnom de *Colombine*, surnom déjà en vogue au théâtre depuis 1560, parce que sa grand'mère du côté paternel l'avait déjà porté, et s'était fait peindre en habit de ville, tenant un panier qui renfermait deux colombes, par allusion à son nom de théâtre. Ce portrait était dans la maison que Dominique habitait au village de Bièvre, près de Paris.

Catherine débuta, le 11 octobre 1683, dans *Arlequin Protée*. Elle entrait en scène où son père était en Arlequin, et lui disait en italien : « On m'a dit que Votre Seigneurie voulait me parler. Mais quelle drôle de figure a Votre Seigneurie ! elle me fait l'effet d'un *dindon à la daube*....

— Comment cela, un dindon? répliquait Arlequin ; je suis comédien et chef d'une troupe de dindons... je veux dire d'une troupe de comédiens. Mais je vous ai fait demander parce que je sais que vous avez de grandes dispositions pour la comédie, et je vais vous donner un rôle dans *l'Incendie de Troie :* je ferai le cheval, vous ferez l'incendie, » etc. Colombine refuse cette pièce, qui finirait en fumée et ferait mal aux yeux des spectateurs. On s'arrête au choix des *Amours de Titus et de Bérénice.* Colombine dit qu'elle va s'*embérénicer* (*imberenicciarmi*), et Arlequin va se *titusiner* (*intitusinarmi*).

Elle eut un grand succès, et dès ses débuts elle lâcha la bride à toute sa verve et à toute son audace d'improvisation. Soubrette d'Isabelle, elle fait des remontrances à sa maîtresse, désolée d'épouser un homme qu'elle n'aime pas.

« Vous vivrez, lui dit-elle, comme vivent les femmes de Paris. Les quatre ou cinq premières années, vous ferez bonne chère et grand feu; et puis, quand vous aurez mangé la meilleure partie du bien de votre mari en meubles, en habits, en équipages, en pierreries, vous vous séparerez de corps et de biens; on vous rendra votre mariage, et vous vivrez après cela en grosse madame. Ce que je vous dis là, c'est le grand chemin des vaches. Que vous êtes bonne! est-ce qu'on épouse un homme riche pour l'aimer? »

Ailleurs elle dit de franches vérités à son maître :

« Tout franc, monsieur, si vous n'y prenez garde, avec vos millions, vous allez devenir la risée de tout Paris. On sait bien que, dans la vie, il n'est si petit ni si grand qui n'ait parfois quelque chose en la tête : mais c'est une honte de vous voir, sans sujet, lamenter votre vie, et lésiner depuis le matin jusqu'au soir sur le plus nécessaire de la maison. Hélas! où est le temps que vous jetiez tout par les fenêtres et qu'il n'était mention que de vos bombances et de votre belle humeur? Reveniez-vous de la ville, vous causiez un moment avec moi; vous me passiez la main sous le menton : Colombine par-ci, Colombine par-là; tantôt des rubans, tantôt une bague, tantôt un éventail. Enfin on avait, de temps à autre, quelque petite marque de votre souvenir. Présentement, vous rentreriez cent fois sans dire : Dieu te gard. Vous ne dégrondez point; vous êtes vilain comme lard jaune, bourru comme un diable. De cinquante valets, vous en avez congédié quinze. Il n'y a plus que trois carrosses chez vous, et je crois, Dieu me pardonne! que vous retrancheriez jusqu'à votre femme, pour en épargner les habits. »

A propos de coquetterie, Colombine parle ainsi à Isabelle :

« Il ne faut pas que les choses aillent dans l'excès. Mais je vous assure qu'une petite pincée de coquetterie répandue dans les manières d'une femme la rend cent fois plus aimable et plus appétissante.... Et si, je ne parle que d'après ma mère, qui était une merveilleuse femme sur ces matières-là.... Je lui ai entendu dire cent fois qu'il en est de la coquetterie comme du vinaigre : quand on en met trop dans une sauce, elle est piquante et insupportable; quand il y en a trop peu, elle est si fade qu'on n'en saurait tâter; mais quand on attrape cette médiocrité qui réveille l'appétit, on mangerait ses doigts. Il en est de même d'une femme. Quand elle est coquette aux dépens de son honneur, fi! cela ne vaut pas le diable; quand elle ne l'est point du tout, c'est encore pis, sa vertu semble confondue avec son tempérament, et, vous diriez d'une beauté en léthargie. Mais quand une belle se sent, et qu'elle n'a d'enjouement que ce qu'il en faut pour plaire, ma foi, franchement, si j'étais homme, j'en voudrais par là. »

Dans *le Banqueroutier*, pour prouver à Isabelle qu'elle a le cœur plus tendre qu'elle ne l'avoue, voici ce qu'elle imagine :

« Colombine. More! apporte-moi ici un manteau, une écharpe, une perruque et un chapeau du frère de mademoiselle. Pendant que nous avons le temps, il faut que je fasse la folle. Je veux contrefaire un de ces soupirants du bel air.

Isabelle. Mais encore comment t'appellerai-je?

Colombine. Vous m'appellerez chevalier.... Or çà, tenez-vous bien sur vos gardes. Je vais vous pousser, ma foi, des fleurettes aussi franches.... Vous riez? Si Dieu m'avait faite homme, j'aurais été un dangereux pendard. (*Elle sort et revient en habit de chevalier.*) Ce n'est, ma foi! pas sans peine, mademoiselle, qu'on parvient à votre appartement.... Si votre brutal de portier avait des chausses froncées, on le prendrait pour un suisse. Savez-vous qu'il y a deux heures, au pied de la lettre, que je suis à votre porte, et que ce maroufle-là n'aurait point ouvert si je ne m'étais avisé de dire que j'étais de vos parents?... Tenez-moi pour un coquin si je vous mens.... A propos, vous ai-je dit que je vous aime?

Isabelle. Cela n'est point encore parvenu jusqu'à moi!

Colombine. Nous autres gens de cour, nous sommes tellement dissipés que, très-souvent, il faut qu'on nous devine.... Je vous trouve d'un fleuri... qui touche.

Isabelle. Ah fi! chevalier, ne me regardez point; je ne suis point aujourd'hui une personne; voilà deux nuits que je suis malade comme une bête, ce qu'on appelle à ne pas fermer l'œil. Vous croyez bien qu'on n'est pas jolie après une si grande déroute de santé?

Colombine. Vous avez, Dieu me damne! plus de santé qu'il ne m'en faut. Tout ce que je crains, c'est que votre maladie soit au cœur. Aimable comme vous l'êtes, il n'est pas possible que vous n'ayez quelque passion dans l'âme? Écoutez, si cela est, cachez-le-moi bien. Car je veux que cinq cents diables m'emportent si....

Isabelle. Quoi! chevalier, vous êtes jaloux?

Colombine. Comme un diable!... Ma belle, me ferez-vous soupirer encore longtemps? Quand vous donnerai-je à souper chez Lamy?

Isabelle. Vous perdez le respect, chevalier.... une fille de qualité au cabaret!

Colombine *lui baisant la main*. Ah! ma belle, qu'il me serait doux d'émouvoir votre tendresse, et d'être l'objet de vos premiers feux! »

Peu à peu Colombine se passionne et joue assez bien son rôle d'amoureux pour qu'Isabelle lui réponde en soupirant : « Ah! Colombine! quel dommage que tu ne sois pas garçon!

Colombine. Ne vous avais-je pas bien dit que vous n'étiez pas de bronze? Vraiment, ce serait bien autre chose si j'étais homme! »

Colombine dit toutes choses comme elles sont. Mais si parfois sa maîtresse ne l'écoute pas, elle feint de vouloir la quitter, sachant bien qu'elle en sera empêchée.

« COLOMBINE. Quand vous me donneriez trois fois plus de gages, je ne voudrais pas rester un quart d'heure avec vous. C'est bien l'argent, vraiment, qui me gouverne ! J'aime ma réputation, mademoiselle, et puis c'est tout.

ISABELLE. Il me semble, Colombine, que ta réputation n'a pas couru de risques avec moi?

COLOMBINE. Tout cela est bel et bon, mais je veux sortir.

ISABELLE. Quoi! ne me diras-tu point pourquoi tu me quittes ?

COLOMBINE. Je vous quitte parce que j'ai le cœur bien placé, et que je meurs de honte de voir qu'en six mois de temps, vous n'êtes pas plus façonnée que le premier jour. Depuis le matin jusqu'au soir, je me tue le corps et l'âme à vous remontrer que la beauté toute seule ne prend point de dupes, et qu'une fille à marier doit jouer toutes sortes de rôles pour se bien établir. Au lieu d'en faire votre profit, vous vous reposez tranquillement sur vos charmes, et vous laissez le soin de votre fortune à votre étoile. C'est bien comme cela, ma foi, qu'on les attrape !

ISABELLE. Tu as grand tort de me gronder, Colombine. Depuis que tu es avec moi, je ne suis que l'écho de tes remontrances et je ne parle jamais, en compagnie, que sur la tablature que tu me donnes.

COLOMBINE. Vous vous y prenez d'un bon biais ! Vertu de ma vie ! quand on a le mariage en tête, il faut bien ruser d'une autre sorte !... Je vous ai recommandé cent fois d'affecter un air sévère et hautain avec ceux qui vous recherchent en mariage. L'homme est une espèce d'animal qui veut être maîtrisé et qui ne s'attache qu'à ce qui le rebute. Dès que vous paraissez douce et complaisante, un fat d'épouseur s'imagine que vous en tenez et que ses perfections vous garrottent le cœur. Mais quand vous le traitez avec indifférence et que vous paraissez haute à la main, vous voyez mon drôle souple, rampant, qui s'empresse, et qui n'épargne ni dépenses ni soins pour parvenir à vous plaire.

Isabelle. Je suis donc encore bien novice ! car je pensais, moi, qu'une humeur sincère, soutenue de beaucoup de probité, engageait plus fortement.

Colombine. Et d'où venez-vous, avec votre probité ? Il n'y a qu'à chanter sur ce ton-là pour mourir gueuse et vieille fille. Mademoiselle, mettez-vous en tête qu'avec les hommes d'aujourd'hui il faut être rusée, fourbe, alerte, scélérate même quand le cas y échoit. Le grand talent est de devenir femme, tout le reste va comme il plaît à Dieu. »

Dans *l'Homme à bonnes fortunes*, Colombine est sœur cadette d'Isabelle. Elle n'a pas quinze ans, et veut déjà se marier.

« Colombine, *habillée en petite fille*, et Isabelle.

Isabelle. En vérité, vous êtes bien folle de farcir votre tête de vos sottes imaginations d'amour et de mariage ! Est-ce là le parti que doit prendre une cadette ? et ne devriez-vous pas renoncer au monde ?

Colombine. Mon Dieu ! ma sœur, cela est bien aisé à dire, mais vous ne parleriez pas comme vous faites si vous sentiez ce que je sens.

Isabelle. Et que sentez-vous donc, s'il vous plaît ? Vraiment, je vous trouve une jolie mignonne, pour sentir quelque chose! Et que sentirai-je donc, moi, qui suis votre aînée? Est-ce qu'on m'entend plaindre des ennuis que cause l'état de fille? Vous êtes encore une plaisante morveuse!

Colombine. Plaisante morveuse? Mon Dieu, je ne suis pas si morveuse que je le parais; et il y aurait déjà longtemps que je serais femme, si mon père avait voulu; car l'on m'a dit qu'on pouvait l'être à douze ans.

Isabelle. Mais savez-vous bien ce que c'est qu'un mari, pour parler comme vous faites?

Colombine. Bon! si je ne le savais pas, est-ce que j'en voudrais avoir un?

Isabelle. Hé! qui donc vous a appris de si belles choses?

Colombine. Cela ne s'apprend-il pas tout seul? Quand je songe que je serai mariée, je serai si aise! si aise! Oh! il faut que ce soit quelque chose de fort joli que le mariage, puisque la pensée seule fait tant de plaisir.

Isabelle. Vous vous trompez fort à ce calcul, si vous vous figurez tant de plaisir dans le mariage. Le beau régal qu'un mari qui gronde toujours! Les soins des domestiques! L'incommodité d'une grossesse! Non, quand il n'y aurait que la peur d'avoir des enfants, je renoncerais au mariage pour toute ma vie!

Colombine. La peur d'avoir des enfants? Bon! on dit que c'est pour cela qu'il faut se marier?

Isabelle. Vous n'êtes point propre au mariage. Ce n'est pas un jeu d'enfant.

Colombine. Et moi, je vous dis que j'y suis aussi propre que vous; et quoique je sois jeune, si j'étais mariée présentement, je suis sûre que je n'en mourrais pas.

Isabelle. En vérité! il faut que j'aie bien de la bonté de souffrir tous les travers de votre esprit!... Il n'y a personne d'assez dépourvu de bon sens pour vouloir se charger de votre peau.

Colombine. Eh! la la, cette charge n'est pas si pesante et ne fait pas peur à tout le monde. Il n'y a pas encore huit jours que je trouvai, dans une boutique du Palais, un monsieur de condition qui me dit que j'étais bien à son gré et qu'il serait bien aise de m'épouser.

Isabelle. Et que lui répondîtes-vous?

Colombine. Je lui dis que j'étais encore bien petite pour cela; mais que l'année qui vient....

Isabelle. Vous serez plus grande et plus folle. Vous ne voyez donc pas qu'il se moquait de vous, et que vous vous donnez un ridicule dans le monde? Allez! vous devriez mourir de honte.

Pierrot *arrive.* Qu'est-ce donc, mesdemoiselles? Voilà bien du bruit! Il me semble que vous vous flattez comme chien et chat. Est-ce que vous ne sauriez vous égratigner plus doucement?

Colombine. Pierrot, c'est ma sœur qui se fâche; elle veut qu'il n'y ait de mari que pour elle.

Pierrot. Oh! la goulue!

Colombine. Mon pauvre Pierrot, toi qui es si joli, est-ce qu'il faut que je demeure toute ma vie fille?

Pierrot. Est-ce que cela se peut? Voyez-vous, il faut marier les filles quand elles sont jeunes; ce gibier-là ne se garde pas, la mouche s'y met.

Isabelle. Mais, aussi, est-il juste que je cède mes droits à une cadette!

Pierrot *à Colombine*. Il est vrai que vous n'êtes encore qu'un embryon, et j'en ai vu dans des bouteilles de bien plus grandes que vous.

Colombine. Je conviens, Pierrot, que je suis encore petite; mais....

Isabelle. Taisez-vous! il n'y a plus moyen de tenir à vos impertinences, je vous laisse. »

Après la sortie d'Isabelle, Colombine charge Pierrot de porter une lettre au monsieur qu'elle a rencontré au Palais : « Puisque je sais écrire, dit-elle, pourquoi n'écrirais-je pas? — Vous avez raison », répond Pierrot; et il va porter le billet doux en disant : « C'est une belle chose que la nature, cela songe au mariage dès la coquille! »

A quelques scènes plus loin, Pierrot rapporte la réponse de ce *monsieur de condition* que Colombine aime déjà, et qui n'est autre qu'Arlequin.

« Colombine. Eh bien, mon pauvre Pierrot, as-tu porté ma lettre à monsieur le vicomte?

Pierrot. Assurément, et si, il m'a donné un petit mot de réplique.

Colombine *lui prenant le billet*. Eh! donne donc vite!

Pierrot. Malepeste! comme vous êtes âpre à la curée!

COLOMBINE *lisant*. « L'amour est comme la gale, on ne le saurait cacher. C'est ce qui fait que je vous irai voir aujourd'hui ou je veux que la peste m'étouffe.

» Le vicomte DE BERGAMOTTE. »

PIERROT. Voilà un homme qui *écrit* bien tendrement.

COLOMBINE. Il m'aime bien, car il me l'a dit; et j'espère que nous serons bientôt mariés ensemble. Il n'y a qu'une chose qui m'embarrasse, c'est que je ne sais pas encore tout à fait ce que c'est que le mariage. Ne pourrais-tu pas me le dire?

PIERROT. Assurément, il n'y a rien de si aisé. C'est comme qui dirait une chose.... Oh! vous ne pouviez jamais mieux vous adresser qu'à moi.

COLOMBINE. Eh bien donc?

PIERROT. C'est comme, par exemple,... une chose où l'on est ensemble.... Votre père... avait épousé... votre mère; ça faisait qu'ils étaient deux. Et comme ça, votre grand-père... d'un côté,... la nature.... On ne saurait bien expliquer ce brouillamini-là, mais vous n'aurez pas été deux jours ensemble que vous saurez toutes ces drogues-là sur le bout du doigt. »

C'est toujours Arlequin qui est, sera ou a été l'amant ou le mari de Colombine. Mais Arlequin ne se pique pas d'être fidèle; il courtise d'autres femmes, et va même jusqu'à en introduire une dans le domicile conjugal, lui faisant croire qu'il est garçon : mais la supercherie se découvre, et Colombine s'étant entendue avec Angélique, sa rivale, elles se vengent en bâtonnant cet Arlequin trop perfide.

Ailleurs, Arlequin, après l'avoir séduite à Venise, l'a abandonnée pour venir chercher fortune à Paris sous les habits du marquis *Sbruffadelli*. Colombine le poursuit de sa vengeance, prend toutes sortes de déguisements pour l'effrayer, car elle s'est fait passer pour morte, ce qui a causé une grande joie à Arlequin, pressé d'épouser Isabelle. Colombine se ligue avec Pasquariel, et c'est à qui jouera le plus de tours à l'ingrat. Elle vient d'abord en Espagnole, parle castillan à Arlequin, qui ne comprend pas un mot et interprète ses paroles à sa manière. Après l'avoir fait enrager, elle se fait reconnaître en lui disant : « *Perfido, traditore, m'avrai negli occhi, se non m'hai nel cuore!* (Perfide, traître, tu m'auras dans les yeux, si tu ne m'as pas dans le cœur.) » Arlequin, épouvanté, crie au secours. Elle fuit, et revient en soubrette pour entrer au service de sa rivale, Isabelle. Arlequin lui fait des agaceries et lui demande de venir lui blanchir et raccommoder les trois seules chemises qu'il ait. Colombine, feignant de ne pas le connaître, lui parle de lui-même en le traitant de maroufle, de cancre, de misérable; il a fait mourir de chagrin une certaine Colombine. « Franchement, dit Arlequin, il y a de grands scélérats dans le monde! Mais est-elle bien morte, aussi? — Hélas! il n'est que trop vrai », dit-elle. Alors Arlequin de philosopher sur l'amour et la mort. Colombine lui coupe la parole en se faisant connaître : « *Perfido, traditore, m'avrai negli occhi, se non m'hai nel cuore!* » Cette menace revient sans cesse; c'est la goutte d'eau qui, tombant incessamment sur le roc, finit par le percer. Elle reparaît en Gasconne, et parle patois; puis en Mauresque, et se livre à la

danse en arrachant la barbe d'Arlequin. Elle fait des armes, paraît en *peinture*, en docteur; elle plaide en femme contre Arlequin, et revient en avocat plaider pour lui. Enfin Arlequin, repentant et fatigué de cette incessante persécution, l'épouse.

Catherine Biancolelli joua jusqu'à la fermeture de la Comédie-Italienne (1697), après quoi elle se retira tout à fait du théâtre.

C'est sur le théâtre de la Comédie-Italienne que Colombine prit, pour la première fois, le costume d'ARLEQUINE, dans *le Retour de la foire de Besons*, en 1695. Depuis, ce costume fut très-goûté sur les théâtres forains et dans les travestissements. Le personnage popularisé de Colombine fut traditionnellement vêtu en Arlequine sur les tréteaux, dans les parades, et très-souvent dans les pantomimes (*planche* 16). Il en fut de même pour PIERRETTE, qui devint la femelle de Pierrot, se vêtit de blanc et s'enfarina le visage. Le costume de Colombine est très-varié : tantôt soubrette, tantôt cavalier, tantôt petite fille, tantôt avocat, tantôt médecin, tantôt femme d'Arlequin, dont elle prend le costume et le masque. Dans le théâtre de Gherardi, elle porte le rayon, sorte de coiffure qui ne la distinguerait pas des *jeunes premières*, sans ce petit tablier resté traditionnel au théâtre et caractéristique dans les rôles de soubrette.

Dans la pantomime moderne, Colombine est ordinairement fille, nièce ou pupille de CASSANDRE. Ses amours avec Arlequin sont toujours traversées par la volonté paternelle, qui protége LÉANDRE, le riche et puissant Léandre, le beau Léandre, ainsi nommé par dérision. Mais elle a toujours aussi une fée ou marraine magicienne qui la sauve, et, malgré Cassandre, Pierrot et Léandre, elle épouse l'Arlequin de ses rêves.

MARINETTE.

En 1685, Angélique Toscano débuta sous le nom de MARINETTE, qui avait déjà été porté par la femme de Fiurelli, et qui resta au théâtre comme celui de COLOMBINE et de DIAMANTINE. Elle avait épousé Joseph Tortoretti (*Pasquariello*) : « C'était une grande femme fort maigre, assez jolie, mais d'un talent médiocre. » A la fermeture du théâtre elle suivit les vicissitudes de son mari.

En 1697, après la retraite de Françoise Biancolelli (Isabelle), une actrice débuta à Paris, sur le théâtre de la Comédie-Italienne, sous le nom de théâtre de SPINETTA. Elle était belle-sœur de Constantini (*Mezzetin*) qui l'avait fait venir d'Italie, où elle remplissait l'emploi des soubrettes. Elle aurait probablement remplacé Isabelle si, à quelques jours de ses débuts, le théâtre n'eût été fermé.

Elle était d'une figure ravissante et d'un talent très-varié; elle représentait cinq et six personnages dans la même pièce, « ce qui lui a attiré de grands applaudissements et le nom d'actrice universelle ». Elle avait joué à Bruxelles ainsi que dans la troupe de l'électeur de Bavière. Elle retourna en Italie, où elle eut encore de grands succès.

VIOLETTE.

En 1716, Marguerite Rusca vint à Paris avec la troupe italienne du régent. Femme du fameux Arlequin Antonio Vicentini, dit *Thomassin*, elle jouait les *suivantes* sous le nom de Violette. Elle était née à Bologne en 1691, et mourut le 28 février 1731 à Paris.

Violette remplit les mêmes rôles que Colombine : comme elle, elle est l'amante obligée d'Arlequin, mais, en fait de malice, elle lui rend la pareille.

« Violette. Eh! bonjour, mon cher Arlequin. Comment as-tu passé la nuit?

Arlequin. Je ne sais, car je dormais, je ne t'en saurais rien dire, et toi?

Violette. Pour moi, je ne sais si j'ai dormi; car je n'ai fait que rêver toute la nuit, et quand on rêve, on ne sait ce qu'on fait.

Arlequin. Et tu rêvais à moi, sans doute?

Violette. Non, je rêvais à ce gros garçon pâtissier qui était ton rival à Rome.

Arlequin. Ah! ingrate! *traditrice!*... Et qu'est-ce qu'il te faisait, ce garçon pâtissier?

Violette. Il me faisait tenir une lettre à Lyon, dans laquelle il me promettait de venir incessamment à Paris.

Arlequin. Fi! cela ne me plaît point; tu fais-là des songes cornus!... »

Au dix-huitième siècle, l'emploi des soubrettes prend les noms de Zerbinette, Olivette, Tontine, Mariotte, Genevotte, Babet, Farinette, Perette, Finebrette, Fiametta, Giannina, Catte, Ghitta, Checchina, Smeraldina, etc. Les principaux débuts sur la scène italienne de Paris sont :

15 octobre 1736, Sidonie Vicentini, seconde fille de Thomassin.

10 février 1739, Thérèse Biancolelli, petite-fille de Catherine Biancolelli :

« Par la *Surprise de la haine*,
En vain vous avez cru débuter en ce jour :
Non, non ; pour qui vous voit paraître sur la scène,
C'est la surprise de l'amour. »

Elle eut de grands succès, et on lui appliqua aussi ce quatrain composé pour sa grand'mère :

« Dans tes traits que de dignité !
Et dans ton jeu que de noblesse !
Thérèse, en toi, tout intéresse,
Et tes talents et ta beauté ! »

17 avril 1730, Catina Thomassina-Vicentini, fille de Vicentini-Thomassin, débuta dans les Colombines. Elle épousa plus tard de Hesse.

30 juin 1732, la demoiselle Roland, née à Venise, fille de Roland, fameux danseur, « joua avec intelligence, dansa avec grâce, et fut reçue dans les *Colombines*. »

« Le 8 janvier 1736, la célèbre Hippolyte de la Tude,
» connue sous le nom de Clairon, débuta au Théâtre-
» Italien par le rôle de soubrette, dans *l'Isle des Esclaves*.
» Elle n'y fut point reçue, quoique assez applaudie. »

Laissons-la parler elle-même de ses débuts :

« ... On me mena chez ma bienfaitrice; on me fit entendre à Deshais, acteur de la Comédie-Italienne : il fut assez content pour me présenter à tous ses camarades. On me donna mon entrée à ce spectacle; on me prescrivit ce que je devais apprendre; on m'obtint un ordre de début, et je parus enfin sur le théâtre, n'ayant pas encore douze ans accomplis.

» Les applaudissements que je recevais consolèrent ma mère du parti que j'avais pris; on me donna des maîtres d'écriture, de danse, de musique et de langue italienne; mon application, mon ardeur, ma mémoire confondaient mes instituteurs. Je retenais tout, je dévorais tout; mais ma trop grande jeunesse, ma petite stature, la crainte qu'eut le fameux Thomassin que mon talent ne nuisît à ses filles dont le sort n'était pas fait, et le manque de protection, me forcèrent au bout d'un an à chercher fortune ailleurs. On m'engagea dans la troupe de Rouen pour jouer tous les rôles de mon âge, chanter et danser. Je devais jouer la comédie, tout le reste m'était égal. »

CORALINE.

Le 6 mai 1744, Anna Véronèse, ayant pris le nom de théâtre de CORALINE (*planche* 17), débuta dans les soubrettes. Née à Venise, fille de Carlo Véronèse (*Pantalon*). « Tous deux débutèrent dans la même pièce, *le Double Mariage d'Arlequin*... Le père était âgé d'environ quarante-deux ans, et la fille en avait à peine quatorze; ils firent le plus grand plaisir, et furent également applaudis. » Les talents, ainsi que la beauté de Coraline, ne firent qu'augmenter de jour en jour, et elle fut longtemps sans rivale sur le théâtre.

> « Coraline, toujours nouvelle,
> Dans chaque rôle où je la vois,
> Fait que je suis tout à la fois
> Amant inconstant et fidèle. »

Ses talents et sa beauté inspirèrent ces vers à Marmontel :

> « Oui, Lucinde, je t'aime; et mon âme ravie
> » A puisé dans tes yeux une nouvelle vie;
> » Volage dans mes goûts et froid dans mes désirs,
> » Je ne trouvais partout que l'ombre des plaisirs;
> » Je t'ai vue, et mon cœur a reconnu son maître.
> . . . .
> » Ce pays des héros, des grâces, des talents,
> » Avait produit Cinthie aux yeux étincelants,
> » Délie au doux sourire, au séduisant langage,
> » Corine au teint de rose, au cœur tendre et volage;
> » Mais crois-moi, ma Lucinde, en ces temps si vantés,
> » Si l'on t'eût vu paraître auprès de ces beautés,
> » Avec cette fraîcheur, cet éclat, ce sourire,
> » Cette bouche appelant le plaisir qu'elle inspire,
> » Ce corsage arrondi, tel que l'avait Psyché
> » Quand l'Amour comme un lierre y semblait attaché;
> » Ce sein ferme et poli qui, repoussant la toile,
> » De son bouton de rose enfle et rougit le voile;
> » Cette main que l'Amour baisait en la formant
> » Et qui ranimerait la cendre d'un amant;
> » Crois-moi, dis-je, Properce, Ovide, ni Tibulle,
> » N'auraient brûlé jamais que des feux dont je brûle,
> » Et le nom des beautés célèbres dans leurs vers
> » N'aurait jamais reçu l'encens de l'univers. »

Jean-Jacques Rousseau dit dans ses *Confessions* (1743-1744) :
« On ne se douterait guère que c'est à moi que les amateurs du spectacle, à Paris, ont dû Coralline et sa sœur Camille. Rien cependant n'est plus vrai. Véronèse, leur père, s'était engagé avec ses enfants pour la troupe italienne; et, après avoir reçu deux mille francs pour son voyage, au lieu de partir, il s'était tranquillement mis à Venise, au théâtre de Saint-Luc (je mets en doute si ce n'était point Saint-Samuel, les noms propres m'échappent absolument) où Coralline, tout enfant qu'elle était encore, attirait beaucoup de monde. M. le duc de Gesvres, comme premier gentilhomme de la chambre, écrivit à l'ambassadeur pour réclamer le père et la fille. M. de Montaigu, me donnant la lettre, me dit, pour toute instruction : *Voyez cela.* J'allai chez M. Le Blond le prier de parler au patricien à qui appartenait le théâtre de Saint-Luc, et qui était, je crois, un Zustiniani, afin qu'il renvoyât Véronèse qui était engagé au service du roi. Le Blond, qui ne se souciait pas trop de la commission, la fit mal. Zustiniani battit la campagne, et Véronèse ne fut point renvoyé. J'étais piqué. L'on était au carnaval : ayant pris la bahute et le masque, je me fis mener au palais Zustiniani. Tous ceux qui virent entrer ma gondole avec la livrée de l'ambassadeur furent frappés. Venise n'avait jamais vu pareille chose. J'entre, je me fais annoncer sous le nom d'*una siora maschera*. Sitôt que je fus introduit, j'ôte mon masque et je me nomme. Le sénateur pâlit et reste stupéfait. « Monsieur, lui dis-je en vénitien, c'est à regret que j'importune Votre Excellence de ma visite; mais vous avez à votre

théâtre de Saint-Luc un homme nommé Véronèse, qui est engagé au service du roi, et qu'on vous a fait demander inutilement; je viens le réclamer au nom de Sa Majesté. » Ma courte harangue fit effet. A peine étais-je parti, que mon homme courut rendre compte de son aventure aux inquisiteurs d'État, qui lui lavèrent la tête. Véronèse fut congédié le même jour. Je lui fis dire que, s'il ne partait pas dans la huitaine, je le ferais arrêter; et il partit. »

En 1749, Collé, dans ce journal satirique et injuste qui, publié après sa mort, a fait du tort à sa mémoire de *bonhomme*, écrivait, à propos de la première représentation du *Retour de la paix*, de Boissy, aux Italiens : « . . . . . Mais on m'accordera aussi que les figurants et les figurantes jusqu'à Coraline et Camille, inclusivement, sont très, mais très-médiocres, et vont, depuis elles par gradation, jusqu'au détestable;.... et cependant ce théâtre est fréquenté, quoique tous les comédiens en soient fades, ridicules, mauvais, et qu'ils ne sachent jamais un mot de leurs rôles; l'Arlequin est froid, le Scapin n'a qu'une scène et des grimaces; les femmes sont à faire horreur, excepté Coraline, qui a les grâces de la jeunesse et de la beauté, et quelque feu, mais qui, malgré tout cela, n'a nulle intelligence, et a la mauvaise habitude de ricaner quand elle est en scène. La Sylvia est vieille et Deshayes fort médiocre. C'est pourtant aujourd'hui le spectacle le plus fréquenté; que dire à cela? Quoique les comédiens français soient bien tombés et même soient insoutenables dans le tragique, ils paraissent encore passables dans le comique en comparaison des Italiens; et c'est beaucoup dire, car ils ne valent pas grand'chose. »

Malgré le jugement de Collé, la vogue de Coraline fut immense, et il faut croire qu'elle avait plus que de la jeunesse et de la beauté, car on fit pour elle tout un théâtre. On vit surgir tout à coup un grand nombre de pièces ayant pour titre : *Coraline magicienne, Coraline jardinière, Coraline protectrice de l'innocence, Coraline fée, Coraline intrigante, Coraline esprit follet, les Folies de Coraline, Arlequin-Coraline, l'Heureux Désespoir d'Arlequin et de Coraline*, etc.

Anna Véronèse quitta la France probablement vers 1750; car, sous le nom de CORALLINA, elle joua à Venise les pièces de Carlo Goldoni pendant les années 1751 et 1752. SMERALDINA, qui jouait depuis plusieurs années le même emploi, quitta la troupe et passa dans celle de Sacchi, où elle brilla jusqu'en 1769 dans les féeries improvisées de Carlo Gozzi.

On voit qu'au dix-septième et au dix-huitième siècle, le type de la soubrette, hardie en son langage et téméraire en ses actions, se confond et s'identifie avec celui de la suivante de Molière et de ses successeurs. Ce type n'a plus rien de particulier aujourd'hui à l'Italie.

LA GUAIASSA.

Le franc parler et la libre allure de la femme du peuple se sont personnifiés à Naples dans l'emploi de la GUAIASSA, type parlant et agissant comme les femmes déjà mûres de cette classe et de ce pays. C'est la trivialité avec un certain esprit naturel, qui rappelle les bavardages et les caquets de l'ancienne Citeria des farces latines; mais ce qui caractérise la *Guaiassa*, c'est une vraie et grande bonté de cœur sous des formes grossières; ignorant tout ce qui est au delà de l'étroit horizon de son *vicolo* (rue), et n'ayant jamais dépassé le carrefour voisin, elle a le bon sens de la droiture. Ce rôle a été joué, pendant ces trente dernières années, par une femme célèbre. Elle a passionné le public napolitain autant que Pulcinella. Elle parlait à merveille le dialecte des rues de Naples. Quoique belle femme, sa figure se prêtait à merveille à son rôle. Elle était Romaine, et, hors du théâtre, elle parlait le plus pur italien. La nouvelle de sa mort, il y a quatre ans, se répandit comme une perte irréparable dans tout le royaume de Naples.

Cette liberté illimitée de la soubrette et de la Guaiassa italienne n'a jamais été admise entièrement sur la scène française, même au temps où le goût était moins recherché et les oreilles moins prudes que de nos jours. Molière et le théâtre de Gherardi sont contemporains, et l'on peut voir combien la Colombine de l'un l'emporte pour la crudité sur la Dorine de l'autre. Ce n'est pas seulement à la supériorité du talent de Molière qu'il faut attribuer cette infériorité d'audace : le même public qui, de deux jours l'un, suivait tour à tour les Italiens et les Français sur le même théâtre, n'eût pas toléré chez la troupe française ce droit de tout dire qu'elle accordait à la troupe italienne.

Ceci est d'autant plus remarquable que, par une anomalie singulière, mais avérée, les mœurs des actrices, danseuses et chanteuses italiennes ont toujours été généralement plus régulières, et leur existence domestique plus morale que celles des artistes françaises. Le marquis d'Argens, dans ses Lettres, à coup sûr très-*philosophiques*, comme on entendait ce mot de son temps, donne carrément un certificat de bonne conduite aux actrices italiennes :

« Il y a plus de différence entre les caractères des comé-
» diennes italiennes et celui des françaises qu'il n'y en a
» entre notre opéra et le leur. L'éducation, le préjugé, la
» coutume, les récompenses, sont les quatre choses qui pro-
» duisent l'éloignement qu'il y a des mœurs et de la façon
» de vivre des unes aux autres..... Nous avons affecté de
» répandre l'ignominie et l'infamie sur ceux qui, par leur
» talent, illustrent notre patrie...... Les Italiens sont bien
» éloignés d'avoir des préjugés aussi ridicules. Véritables
» amateurs des beaux-arts, ils se gardent bien de flétrir
» ceux qui les font briller. Senesini, Scalsi, Farfalini sont
» aimés, chéris à Rome : non-seulement on ne les regarde
» pas comme indignes de la sépulture, mais lorsqu'on sera
» assez malheureux pour être obligé de leur rendre les
» derniers honneurs, on joindra, avec le regret de les
» perdre, tout ce qui pourra faire connaître comme on
» les estimait.

» Ce sont ces distinctions et ces récompenses qui inspirent
» aux comédiennes italiennes des sentiments qui sont in-
» connus aux autres : elles participent à tous les honneurs
» de la société civile; elles sont encouragées par les égards
» qu'on a pour leur talent, et leur profession n'ayant
» rien que de brillant, elles tâchent de ne point se rendre
» méprisables par des débauches outrées.

» Nos comédiennes françaises, au contraire, semblent
» vouloir profiter de l'idée que nous avons d'elles; elles
» usent de l'avantage d'être regardées comme libertines,
» et, comme leur art les expose à être méprisées, elles ne
» sont plus retenues par des sentiments qui leur devien-
» nent inutiles.

» ... Il y aurait du ridicule à exiger que les comédiennes
» italiennes fussent plus sages que les autres femmes; c'est
» bien assez qu'étant plus exposées qu'elles, elles aient
» autant de vertu. Si, après avoir lu ma lettre, vous n'êtes
» pas de mon sentiment, examinez à Paris la troupe fran-
» çaise et l'italienne, vous y verrez des arguments vivants
» et démonstratifs. »

PAGLIACCIO

PIERROT.

BERTOLDO, PAGLIACCIO, GROS-GUILLAUME, PEDROLINO, GILLES, PEPPE-NAPPA, CLOWN.

Il y avait au seizième siècle, à Bologne, une sorte d'improvisateur, de poëte populaire, nommé Giulio-Cesare Croce qui, sur les places publiques, chantait, en s'accompagnant d'un instrument à cordes (qui lui fit donner le surnom de *Della-Lira*), une longue complainte sur la vie et les aventures d'un personnage fictif, appelé Bertoldo. Voyant la foule l'écouter avec attention et prendre plaisir à son épopée burlesque, il eut l'idée de faire imprimer ses chants en prose et de les vendre. Le public enthousiaste s'arracha ses livres, ce qui lui donna l'idée d'augmenter la *Vie de Bertoldo* de celle de son fils *Bertoldino*, laquelle n'eut pas un moindre succès.

Croce était né en 1550 à Persiceto, village du Bolonais; à l'âge de sept ans il perdit son père, et fut recueilli par un oncle, maréchal ferrant à Castel-Franco. Après avoir été reçu maître en son métier de forgeron, il vint s'établir à Bologne, se maria deux fois et fut père de quatorze enfants. C'est là que la verve d'improvisation s'empara de lui et qu'il acquit sa grande réputation. Les *cavalieri* de Bologne lui firent une pension, sur ses vieux jours, et il mourut en 1609.

Quelques années après la mort de Croce *Della-Lira*, Camillo Scaligero *Della-Frata* composa un troisième volume, contenant la vie de *Cacasenno*, fils de Bertoldino. Cette série eut un tel succès en Italie, qu'il se fit un grand nombre d'éditions, et qu'à la fin du dix-septième siècle, le peintre bolonais J. M. Crespi, surnommé *l'Espagnol*, fit des tableaux sur divers passages de ces chants populaires; le graveur Ludovico Mattioli les grava et, au lieu de faire une nouvelle édition du roman en prose, plusieurs beaux esprits composèrent, en se partageant le travail, un poëme en vingt chants. Vingt-six auteurs, presque tous Bolonais, Ferrarais ou Lombards, y coopérèrent. L'Académie *della Crusca* y donna son approbation, et un superbe volume *in-quarto* orné de gravures, accompagné de notes, arguments et allégories, avec texte toscan et bolonais, augmenté d'un vocabulaire bolonais, parut à Bologne d'abord en 1736, puis en 1740, chez Lelio della Volpe, *à l'enseigne du Renard*. Une troisième édition parut en 1747 à Venise, en bolonais et en vénitien. La vogue de ce petit poëme a été telle, qu'une traduction en fut faite en grec vulgaire et eut le plus beau succès en Grèce et en Turquie. La renommée de cette création bouffonne n'a pas cessé; aujourd'hui encore, en Italie, tout ce qui sait lire a lu *la Vie de Bertoldo*. Les nourrices et les bonnes d'enfants la racontent aux marmots. Bertoldo est plus connu en Italie que la Barbe-Bleue ou le Petit-Poucet en France. En général, les principaux traits, saillies, réponses, bons mots ou épisodes de *la Vie de Bertoldo*, sont tellement connus qu'ils sont passés en proverbe, comme la paix de Marcolfa. « Quand, disait cette bonne femme, elle s'était querellée dans la journée avec son mari, le soir venu, on faisait la paix. Elle trouvait cette paix si agréable qu'elle élevait souvent de petites disputes pour avoir le plaisir de se raccommoder le soir. » Voilà ce qu'on appelle en Italie *la pace di Marcolfa*.

Le petit poëme de Croce *Della-Lira* commence ainsi :

« Dans le sixième siècle de notre ère, le roi Alboin régnait sur la Lombardie et résidait à Vérone. Ce prince, qui avait conquis toute l'Italie, était pourtant très-bon, très-doux et très-juste.

» Dans le même temps, vivait dans un petit village du Véronais un paysan nommé Bertoldo, dont la figure était très-ridicule, la tête grosse comme une citrouille, de petits cheveux roux et plats, d'énormes oreilles, deux petits yeux aux paupières éraillées; le nez gros, épaté et rouge comme une betterave; la bouche grande et fendue jusqu'aux oreilles; deux dents semblables aux défenses d'un sanglier; une barbe touffue et crasseuse. Sa taille n'était guère plus avantageuse que sa figure; des mains larges, des jambes massives et arquées, la peau dure et velue : mais son esprit était fin et subtil, son jugement sain, et il était le plus plaisant du village de *Bertagnana*, où il habitait. Ses concitoyens préféraient sa morale et ses discours à ceux de leur curé. Il accommodait leurs différends mieux que les seigneurs et juges ne l'auraient fait; et enfin il faisait rire plus que les charlatans et les bouffons qui passaient parfois par le village.

» Il était le cadet de dix frères, et avait à peine de quoi subsister pour lui, sa femme Marcolfa et un enfant appelé Bertoldino.

» Il prit un jour fantaisie à Bertoldo de voir la ville et la cour, par simple curiosité, sans aucune intention particulière.

» En arrivant sur la grande place de Vérone, il était occupé à regarder le palais du roi, qu'il prenait pour une grande église, quand il aperçut deux femmes qui se battaient pour un miroir.... Un officier du palais vint les avertir que le roi voulait connaître leur différend.... Cela fit connaître à Bertoldo qu'Alboin était un bon prince qui écoutait tout le monde.... Il vit que les portes du palais étaient ouvertes et que les gardes n'empêchaient pas d'entrer. Il entra et pénétra jusqu'à la salle d'audience, où le roi était assis sur un trône. Il y avait quelques siéges plus bas, destinés pour les plus grands seigneurs, qui se tenaient cependant respectueusement debout. Bertoldo s'y assit sans façon.... Quelques seigneurs, ayant remarqué l'impertinence du paysan et sa grotesque figure, vinrent l'avertir qu'il était indécent qu'il s'assît devant le roi : « Pourquoi cela? dit Bertoldo; je m'assois bien dans l'église où est le bon Dieu! — Mais ne vois-tu pas que le roi est un personnage élevé au-dessus de tous les autres? — Parbleu! il n'est pas encore si élevé que le coq du clocher de notre village, lequel nous apprend même le temps qu'il fera. »

» On rapporta ces paroles au roi, qui voulut interroger Bertoldo :

« Qui es-tu? lui demanda le roi. — Un homme. — Quand es-tu venu au monde? — Quand il a plu au bon Dieu de m'y envoyer et à mes parents de me faire, car je ne me suis point mêlé de cela. — Quel est ton pays? — Le monde. »

» Ces réponses piquèrent la curiosité du bon roi : « Quel est, lui demanda-t-il, la chose du monde qui va le plus vite? — La pensée. — Quel est le meilleur vin? — Celui qu'on boit chez les autres, parce qu'il ne coûte rien. »

» . . . Le bouffon du roi s'appelait Fagotto.... Il devint fort jaloux de l'amitié que le roi commençait à ressentir pour Bertoldo et du crédit que celui-ci avait à la cour : il eut l'audace de se mesurer avec lui, et crut qu'il le surpasserait en plaisanteries : « Comment, lui dit le bouffon, t'y prendrais-tu pour porter de l'eau dans un crible?—J'attendrais qu'elle fût gelée. — Comment pourrais-tu prendre un lièvre sans courir?—J'attendrais qu'il fût à la broche, » etc.

» . . . Fagotto ne lui faisait point de questions qu'il ne les résolût sur-le-champ.... Dans la chaleur de la dispute, Bertoldo eut envie de cracher. Il en demanda la permission au roi : « J'y consens volontiers, dit le roi, mais choisis l'endroit de mon palais où il y aura le moins à gâter. » Bertoldo, après avoir cherché quelque temps, cracha sur Fagotto.

» Alboin le Débonnaire prit Bertoldo en amitié, peut-être parce que celui-ci ne lui fardait point la vérité, et l'amenait par des faits à lui faire dire le contraire de ce qu'il avait dit la veille.

» Bertoldo, pour donner au roi une preuve de l'inconséquence, de l'indiscrétion et de la curiosité du beau sexe, alla souffler à l'oreille d'une femme de la ville que le roi venait de rendre un décret qui attribuait sept épouses à un seul mari. Le sexe révolté s'attroupa, et vint en foule, en criant, hurlant, injuriant le roi Alboin, et lui réclamant la révocation de son absurde édit. Le roi eut beaucoup de peine à se faire entendre, mais enfin il y parvint et leur apprit qu'on les avait trompées. Une autre fois les dames de la cour réclament l'exercice des droits politiques. Bertoldo leur remet une boîte renfermant un oiseau, avec défense de l'ouvrir dans les vingt-quatre heures. Deux heures après l'oiseau était envolé. Alboin leur prouva que leur curiosité et leur désobéissance les excluaient des affaires d'État. Mais le monarque lombard avait une épouse fière et hautaine, qui résolut de se venger de Bertoldo.

» Bertoldo fut appelé chez la reine, et, après des injures et des coups administrés par les dames de la cour, il fut enfermé dans un grand sac qu'on lia par le haut et dans lequel on le laissa, se proposant de le jeter le soir à la rivière. Un sbire fut chargé de le garder. Le malheureux Bertoldo rassembla toutes ses idées pour sortir du plus mauvais pas où il eût été de sa vie.

» Il persuada au sbire qu'il était ainsi enfermé pour des

raisons fort singulières, et qu'il les lui expliquerait s'il voulait délier le sac et lui permettre de lui dire à l'oreille de quoi il s'agissait. Le sbire le crut et lui permit de tirer sa tête hors du sac. Il lui dit alors qu'il était très-noble, qu'on voulait lui faire épouser une demoiselle riche et belle, mais d'une chasteté fort suspecte; qu'il aimait mieux être noyé que de faire un pareil mariage, et qu'on l'avait enfermé pour l'y contraindre; que, le soir, on viendrait encore pour l'y obliger, mais qu'il préférait être noyé. Le sbire lui dit qu'il était une bête, et lui offrit de se mettre à sa place et d'épouser la demoiselle. Bertoldo sortit du sac, y mit le sbire, et s'éloigna du palais. »

Cette farce du sac a été transportée depuis dans beaucoup de scénarios italiens, de farces françaises, et Molière, dans *les Fourberies de Scapin,* en a fait toute une scène dans le goût italien.

« Bertoldo fut repris et ramené au palais. La reine obtint du complaisant monarque que son ennemi serait pendu, et ce fut en s'excusant de ce qu'il était obligé de faire pour complaire à sa femme que le roi en donna avis à son cher Bertoldo.

« Sire, lui dit Bertoldo, je comprends vos raisons. Il faut bien que les petits souffrent des caprices des grands. Mais, puisque je dois être branché, je vous demande une grâce : c'est de choisir moi-même l'arbre auquel je serai attaché; car enfin ce n'est pas le tout d'être pendu, quand on l'est à sa guise on est à demi consolé. » Le roi consentit.

» Bertoldo chercha chicane à tous les arbres qu'on lui proposa, et n'en trouva aucun qui lui convînt. L'un était trop haut, l'autre trop bas; les branches de celui-ci étaient trop faibles, les branches de celui-là trop fortes, le feuillage du cyprès était d'un vert trop sombre et celui de l'orme trop gai. Bertoldo promena ainsi son escorte, qui se composait d'un officier, de deux soldats et du bourreau, pendant quelques jours, et visita tous les bois du pays. Ils marchaient toute la journée et ne s'arrêtaient que pour dîner ou souper dans les villages. Bertoldo tenait ses gardes en gaieté, leur disant de beaux contes du temps jadis, les histoires les plus plaisantes du monde, et leur faisant ainsi oublier l'objet de leur commission. Enfin, quand ils s'en souvinrent, ils se firent conscience de pendre un homme si amusant. Ils lui conseillèrent de s'en aller chez lui, et revinrent à la ville.

» La reine, persuadée que ses ordres avaient été exécutés, se repentit bientôt d'avoir exigé la mort du malheureux Bertoldo, et en témoigna son repentir au roi. Le roi, qui savait que le malin paysan n'était pas mort, arrangea les choses de façon que la reine fût la première à demander son rappel. Le monarque envoya chercher Bertoldo; mais celui-ci eut bien de la peine à se décider à revenir à la cour, prétendant que la soupe et l'amitié réchauffées ne valaient jamais rien, qu'une once de liberté vaut mieux qu'un cent pesant d'or. Pourtant il reçut tant de preuves d'amitié de la part du roi et de la reine, qu'il se rendit; mais il mit dans son marché : 1° Que sa femme Marcolfa et son fils Bertoldino resteraient au village et continueraient de cultiver le petit coin de terre qu'ils avaient à Bertagnana, qu'ils tenaient de leurs ancêtres, et qui avait passé de Bertolazzo à Bertazzo, de Bertazzo à Bertolino, de Bertolino à Bertoldo ; 2° Qu'il resterait toujours vêtu à la paysanne, consentant seulement à porter des habits sans pièces et des bas sans trous ; 3° Qu'on lui laisserait toujours manger son pain à l'ail et sa soupe au fromage.

» Mais Bertoldo ne jouit pas longtemps de sa faveur. Forcé de se coucher un peu plus tard qu'à l'ordinaire, parce que le roi le retenait parfois jusqu'après le soleil couché ; obligé, au lieu de labourer la terre, de s'occuper d'affaires sérieuses, d'en raisonner, et de se sécher la poitrine à parler (car il ne savait pas écrire), sa santé se dérangea. Les médecins lui firent prendre un remède, chose dont il n'avait jamais usé dans sa vie, et dont il mourut.

» Le roi Alboin, en souvenir des services que Bertoldo lui avait rendus, fit mander à sa cour Marcolfa et Bertoldino.... Il les fit habiller proprement, et leur fit don d'une jolie métairie aux portes de Vérone, en y joignant le présent d'un coffre tout rempli de pièces d'or.

» Il se trouvait près de la métairie un étang où les grenouilles faisaient un bruit que Bertoldino n'avait jamais entendu à Bertagnana. Il imagina un moyen de les faire taire : ce fut de leur jeter quelque chose pour les effrayer ou les tuer. Le coffret lui tomba sous la main, il prit les pièces d'or et les jeta dans l'étang après les maudites bêtes. Quelques-unes furent tuées, mais les autres coassèrent de plus belle. Il jeta ainsi tout l'or qu'on lui avait donné. Marcolfa s'en aperçut et lui fit de grands reproches, lui disant entre autres que si on apaisait les hommes avec de l'argent, il n'en était pas de même des grenouilles.

» Bertoldino, se disant que les animaux aimaient mieux manger que d'être payés, prit toutes les provisions de la maison et les jeta dans l'étang. Nouvelles remontrances de Marcolfa : « Puisque nous n'avons plus de farine, lui dit-elle, nous serons forcés de manger les poulets; encore s'ils étaient éclos! mais nous avons peu de poules, et elles ne peuvent couver beaucoup d'œufs à la fois. — Laissez-moi faire, dit Bertoldino, je suis plus gros qu'une poule, j'en couverai davantage. » Et chassant toutes les poules de dessus leurs œufs, qu'il rassemble en un tas, il s'assied dessus et en fait une terrible omelette.

» Bertoldino, admonesté et sermonné par le roi, qui s'aperçut que le fils était aussi balourd que le père avait été fin, fit bêtises sur bêtises.... Il se fustigea d'orties pour chasser les mouches; voulant empêcher l'épervier d'enlever de petits oiseaux dans un nid, il les attacha tous ensemble à leur nid : l'oiseau de proie, qui n'en enlevait qu'un seul de temps en temps, les enleva tous à la fois et le nid avec eux.

» Ayant vu à la cour de petits chiens doguins auxquels on avait coupé les oreilles pour les rendre plus jolis, il coupa les oreilles de son âne et le promena avec ostentation pour le faire admirer. Ce dernier trait fut la cause du renvoi de Bertoldino dans son village. Marcolfa l'y suivit, et ils y vécurent assez heureux. Bertoldino épousa une paysanne nommée Menghina, et en eut Cacasenno, troisième héros de cette histoire. Alboin le Débonnaire, curieux de savoir si l'esprit n'aurait pas sauté un degré dans cette famille, appela Cacasenno à la cour avec la bonne Marcolfa; mais le petit-fils ne réussit guère davantage. Il était gourmand et poltron, et tous les traits qu'on raconte de lui roulent sur ces deux défauts. Le dernier, et celui par lequel finit l'épopée, c'est qu'il mangea un plat de colle qu'il prit pour de la bouillie. Il en creva, ou faillit en crever. »

On ne doit pas s'étonner du succès qu'eut auprès du peuple ce paysan Bertoldo, qui, par son seul esprit, par son bon sens naïf, fait fortune à la cour d'un grand roi, se met au-dessus de tous les ridicules qu'on veut lui donner, et sort habilement et spirituellement de tous les pièges qu'on lui tend ; qui surmonte par sa sagesse les vices de son éducation, enfin, qui en sait plus à lui tout seul que tous les beaux diseurs de son temps. Michel Cervantes connaissait-il les faits et gestes de Bertoldo quand il créa cet autre type de bon sens naïf, Sancho Pança?

Bertoldo ne tarda donc pas à passer de la fiction à la réalité; les types de Bertoldo, de son fils Bertoldino, et même de son petit-fils Cacasenno, passèrent sur les tréteaux d'Italie dès la fin du seizième siècle. A Florence, à Bologne, dans la Lombardie, pas de troupe d'acteurs qui n'eût son *Bertoldo*, sorte de valet, grand diseur de vérités; mais *Bertoldino* paraît avoir eu une durée et une vogue plus longues sur le théâtre. Ce type, complétement balourd dans l'original, devint, selon les acteurs qui le rendirent, un mélange de naïveté et de finesse rustiques, grand diseur de sentences comme Bertoldo, et jetant en même temps son or aux grenouilles pour les faire taire. Les différentes aventures de nos deux héros ont fourni, du reste, bon nombre de scènes et même de scenarios, depuis près de trois cents ans qu'ils ont du succès sous différents noms, tels que Pirolino (*petite pilule*), Bigolo (*soupe aux pâtes*).

Au siècle dernier, la Comédie italienne donna à Paris un opéra-comique, *Bertolde à la ville*, tiré d'un intermède, *Bertoldo in corte*, chanté par la troupe italienne à l'Opéra en 1753.

Il signor Nicolò Zeccha remplissait ces rôles naïfs sous le nom de Bertolino à la fin du seizième siècle. Nicolo Barbieri (Beltrame) dit, en parlant de lui, que c'était un jeune homme de grand courage, très-adroit dans le maniement des armes, et fort bon danseur. Il était très-habile à tuer les oiseaux au vol, et si bon coureur qu'il avait tué plusieurs fois des cerfs en les poursuivant. Victor-Amédée Ier, duc de Savoie, le pria souvent d'être de ses chasses, et lui accorda, outre cet honneur, la permission de prendre, quand il le voudrait, les chevaux de ses écuries, et de chasser où et quand bon lui semblerait dans ses chasses réservées, avec droit d'en bannir tous ceux qui avaient ce privilége avant lui. Zeccha était encore dans la troupe des *Fedeli* en 1630.

PAGLIACCIO.

Pagliaccio paraît dans la troupe de Juan Ganassa, et parcourt l'Italie, la France et l'Espagne en 1570.

Le nom de Pagliaccio (littéralement paille hachée), devenu synonyme d'étourdi, étonné, n'est que la corruption de Bajaccio (mauvais railleur) : de *baja* (raillerie) se forme le peggiorativo, *bajaccia* (mauvaise raillerie), et par conséquent *bajaccio*, diseur de railleries bonnes ou mauvaises.

Dans une des troupes italiennes qui passèrent à Florence à la fin du seizième siècle, parut, en 1598, un personnage appelé GIAN-FARINA, le visage blanchi comme Pagliaccio, et vêtu d'habits de toile très-amples, mais portant en outre le *tabaro* et le sabre de bois. Nous ignorons le véritable nom de ce personnage, qui, sous le sobriquet de Jean-Farine, eut une sorte de célébrité comme farceur et directeur d'une troupe ambulante : comme Pagliaccio, il était également vêtu de blanc et s'enfarinait le visage. C'était aussi l'usage des badins français de se blanchir ainsi pour donner plus de physionomie à leurs grimaces, à en juger par ce que dit Montaigne : « Ces hommes de vile
» condition, qui cherchent à se reccommander par des sauts
» périlleux et autres mouvements étranges et basteleres-
» ques..., avoir besoin de s'enfariner le visage, se contre-
» faire en mouvements de grimaces sauvages pour nous
» apprester à rire. »

Cette coutume était antérieure à Montaigne, puisque nous voyons en 1502 Jean Serre et son fils Auguste Serre, ami de Clément Marot, parader sous des costumes analogues à ceux que nous a transmis Callot.

> « Or bref, quand il entrait en salle,
> Avec une chemise sale,
> Le front, la joue et la narine
> Toute couverte de farine,
> Et coiffé d'un béguin d'enfant
> Et d'un haut bonnet triomphant

> Garni de plumes de chapons,
> Avec tout cela je réponds
> Qu'en voyant sa grâce niaise,
> On n'était pas moins gai ni aise
> Qu'on est aux Champs-Élysiens. »

Pagliaccio (*planche* 18) n'est qu'une variété, comme costume, de Pulcinella; son chapeau pointu de laine blanche, son vêtement de toile blanche, me font l'effet de n'être rien de plus que la défroque du mangeur de macaroni napolitain, mais le caractère est différent.

Salvator Rosa, qui s'est beaucoup occupé de théâtre et de costumes, en fait la description suivante :

« Pagliaccio est vêtu d'un habit immensément large, tout plissé, attaché par d'énormes boutons, chapeau blanc et flexible, prenant toutes sortes de formes; il porte le masque, et cependant sa figure est couverte de farine. Il est stupide, étourdi et maladroit; toujours conseillant les mesures les plus hardies, il est le plus grand poltron de la terre, et, affectant l'agilité, il tombe sans cesse et entraîne avec lui son vieux maître, qu'il a l'air de soutenir. »

Sa figure enfarinée, son masque blanc, le distinguent particulièrement du Pulcinella napolitain quant au physique. Le moral, le caractère diffèrent encore plus. Pagliaccio, valet épais, balourd, bête, n'est qu'un gros farceur de tréteaux, un *pitre*, dont le rôle consistait *à faire la parade* et à imiter avec gaucherie, comme le Clown anglais, les gestes et les sauts des autres mimes, et à recevoir, au grand plaisir des assistants, les horions de rigueur.

Pagliaccio remplace en Italie notre Pierrot français dans les pantomimes; il ne porte plus de masque, et s'enfarine le visage. Il est alors le rival d'Arlecchino et le valet de Pantalone; il est amoureux de Colombina, mais ne réussit jamais, comme notre Pierrot, à l'enlever au signor Florindo, l'amoureux toujours vêtu à la dernière mode de son endroit.

Dans ces pantomimes, les pères sont représentés par le Docteur ou le vieux Tabarino.

En 1670, Zaniazi, moitié Gilles, moitié Pulcinella, jouait des rôles ayant beaucoup de rapport avec ceux des Arlequins balourds.

Vers 1770, Natocelli était renommé en Italie comme bon *Bajaccio*, et nous avons eu à Paris, en 1803, Martini, qui jouait ses parades dans les anciens jardins de Tivoli avec Podesta, Vanini et autres bouffons italiens.

Le Paillasse français date d'une époque beaucoup plus récente. C'est vers la fin du siècle dernier que ce personnage aurait paru sur le théâtre de Nicolet (la Gaîté). Dans une sorte de critique contre la jeune noblesse débauchée, pièce tirée du *Festin de Pierre*, arrangée grossièrement pour le public des boulevards, Paillasse remplaçait Sganarelle. Réduit, par suite des folies et des débordements de son maître, à la plus affreuse misère, n'ayant plus rien pour se vêtir, il prenait la toile trouée d'un méchant matelas, et s'en couvrait avec succès pour faire des tours d'équilibre et d'escamotage. De là ce costume à carreaux bleus et blancs ou rouges et blancs, qui fut depuis lors très en faveur auprès des jongleurs et joueurs de gobelets des places publiques.

Le Paillasse n'a ni masque ni farine sur le visage; sa camisole d'indienne à carreaux est courte, froncée à la taille, les manches à gigots plissées au poignet, la culotte est large et bouffante, serrée au-dessous du genou. Il porte la large collerette et le serre-tête noir.

Brazier dit, dans son *Histoire des petits théâtres de Paris*, en parlant du boulevard du Temple : « Nos pères l'avaient vu commencer, grandir, prospérer, ce fameux boulevard dont le nom est européen. C'était une kermesse parisienne, une foire perpétuelle, un landit de toute l'année. On y trouvait à rire, à jouer, à se délasser de jour et de nuit; c'était le rendez-vous de la meilleure société : une foule de voitures brillantes y stationnaient. On bravait le froid et le chaud pour y entendre un paillasse qui, n'en déplaise à Deburau, avait aussi son mérite. Ce paillasse, qui se nommait le père Rousseau, s'était fait une réputation en chantant en plein air :

> « C'est dans la ville de Bordeaux
> Qu'est z'arrivè trois gros vaisseaux,
> Les matelots qui sont dedans,
> Ce sont, ma foi! de bons enfants. »

» J'ai vu les débris, moi, de ce bon gros Paillasse, et je me suis courbé respectueusement devant lui.

» Je puis affirmer que jamais Paillasse ne fut plus drôle ni plus complet; ce n'était pas le visage pâle et blême de Deburau, ce n'était pas son jeu savant et grave, ni ses poses artistiques, ni ses clignements d'yeux si expressifs!... C'était une figure pleine, rouge, bourgeonnée; c'était la gaieté du peuple dans tout son débraillé!... Impossible de ne pas rire comme un fou du roi en voyant ses grimaces, en entendant sa voix rauque et brisée; il jouait ses chansons comme Deburau ses pantomimes, car mon Paillasse était aussi un grand acteur!... Ne croyez-pas qu'il répétait comme un élève du Conservatoire; non, il mettait dans son débit de l'esprit, du mordant; sa physionomie était d'une mobilité surprenante.... Nous restions des heures entières à contempler le père Rousseau, ce Paillasse classique! A peine osions-nous respirer, tant nous avions peur de perdre un de ses gestes, une de ses contorsions! »

Les parades que Rousseau débitait au public, il y a soixante ans, étaient ce qu'elles sont encore aujourd'hui, un tissu de niaiseries et de grosses bêtises.

« Cassandre. Paillasse, viens ici, mon ami; tu m'as dit que tu venais de voyager?...

Paillasse. Oui, monsieur Cassandre, je sors de voyager dans la marmite...

Cassandre. Tu as voyagé dans la marmite? Tu veux dire dans l'Amérique, Paillasse?

Paillasse. Oui, monsieur, dans l'Amérique... dans la suie...

Cassandre. Imbécile!... dis donc dans l'Asie...

Paillasse. Oui, dans l'Asie, vers l'hydropique du Cancer...

Cassandre. Vers le tropique du Cancer.

Paillasse. C'est juste. Dans ce pays-là, j'ai traversé dix-sept lieues de moutarde sans éternuer... vers les cannes à dards.

Cassandre. Vers le Canada. Qu'il est bête!

Paillasse. Chez mademoiselle Virginie, mademoiselle Cécile, mademoiselle Malaga.

Cassandre. Dans la Virginie, dans la Sicile, à Malaga... Dis-nous comment tu as voyagé?

Paillasse. Par mer, dans de vieux sceaux.

Cassandre. Dis donc dans des vaisseaux.

Paillasse. Oui; une fois en pleine mer, nous avons été assaillis par un ours à gant.

Cassandre *au public*. Il veut dire un ouragan, etc. »

Autre parade.

« Paillasse. Monsieur, puisque vous êtes si bon, je vous prierai de me rendre un service.

Cassandre. Quel service?

Paillasse. C'est de me faire un compliment pour une demoiselle que j'aime éperdument.

Cassandre. Mais il faudrait que je *connaisse* ses qualités : est-elle aimable, jolie?

Paillasse. Ah! pour jolie, il n'y a qu'une voix là-dessus. D'abord, il faut que vous sachiez qu'elle n'a qu'un œil; mais celui qui lui reste est si beau, si spirituel, si séduisant, qu'il n'a pas son pareil, et vraiment je crois qu'il est seul parce que la nature n'a pas pu faire son second.

Cassandre. Elle n'a qu'un œil! Eh bien, c'est déjà un agrément.

Paillasse. Et la bouche donc, monsieur! Oh! vous ne pouvez pas vous en faire une idée; elle y fourre une pomme de rambour sans la couper.

Cassandre. Autre avantage; de sorte que, quand elle a

quelque chose de secret à se dire, elle peut se le communiquer à l'oreille.

Paillasse. C'est vrai, monsieur. Et puis son nez, monsieur! C'est le modèle des nez, une curiosité; il y a des poireaux, des morilles, des betteraves.

Cassandre. Ah! je vois; c'est une rareté.

Paillasse. Et les pieds! Elle les a si mignons, que c'est tout au plus si je puis mettre ses souliers par-dessus mes bottes.

Cassandre. Les jambes, elle les a sans doute à l'avenant; et la taille?

Paillasse. Sa taille? Elle est faite au tour, elle est toute ronde. Je voudrais donc, monsieur, que vous voulussiez bien me dicter un compliment, que je brûle de lui adresser.

Cassandre. J'y consens...; mais, auparavant, invite bien poliment la compagnie à entrer voir le spectacle extraordinaire que l'on va donner ici dedans ce soir.

Paillasse *brusquement*. Haïe! les autres..., entrez!...

Cassandre *lui donnant un coup de pied*. Animal!... Est-ce ainsi que l'on engage une aimable société?...

Paillasse. Vous avez raison..., je me suis trompé.... Hohé! entrez, les autres! » (*Cassandre le poursuit, et ainsi finit la parade.*)

GROS-GUILLAUME.

A la fin du seizième siècle, l'*enfariné* français, le *barbouillé*, comme on disait alors, était Robert Guérin, dit *Lafleur*, mais plus connu sous le nom de Gros-Guillaume.

Il était comédien de l'hôtel de Bourgogne, dirigé par Valeran, dit le *Picard*, comme qui aurait dit farceur et beau diseur.

Rabelais dit dans Gargantua : « Allait voir les basteleurs, trejectaires (*trajettatore*, joueur de gobelets) et theriacleur, et considérait leurs gestes, leur mise, leurs sobressaultx et beau parler; singulièrement de ceulx de Chaunis en Picardie, car ils sont de nature grands jaseurs et beaux bailleurs de balivernes. »

Le véritable nom de Valeran était Lecomte : « C'était, dit Tallemant, un grand homme, de bonne mine; il était chef de la troupe, il ne savait que donner à chacun de ses acteurs, et il recevait l'argent lui-même à la porte. »

Gros-Guillaume était plus qu'un farceur, c'était un acteur remarquable, fort estimé d'Henri IV et de Richelieu, et mandé souvent au Louvre pour divertir le Béarnais, qui se donnait le plaisir de faire mettre en scène les ridicules et le langage des seigneurs de sa cour, entre autres le maréchal de Roquelaure, à propos duquel Tallemant des Réaux raconte le fait suivant :

« Une fois le roi le tenoit entre ses jambes tandis qu'il faisoit jouer à Gros-Guillaume la farce du *gentilhomme gascon*. A tout bout de champ, pour divertir son maître, le maréchal faisoit semblant de vouloir se lever pour aller battre Gros-Guillaume, et disoit : « *Cousis, ne bous fâchez....* » Il arriva qu'après la mort du roi, les comédiens n'osant jouer à Paris, tant tout le monde y étoit dans la consternation, s'en allèrent dans les provinces, et enfin à Bordeaux. Le maréchal y étoit lieutenant du roi; il falloit

PEDROLINO

demander permission : « Je vous la donne, leur dit-il, à condition que vous jouerez la farce du *gentilhomme gascon*. » Ils crurent qu'on les roueroit de coups de bâton au sortir de là; ils voulurent faire des excuses. « Jouez, jouez seulement », leur dit-il. Le maréchal y alla; mais le souvenir d'un si bon maître lui causa une telle douleur, qu'il fut contraint de sortir tout en larmes dès le commencement de la farce. »

Gros-Guillaume avait été boulanger. Gras outre mesure, il portait deux ceintures; l'une au-dessus, l'autre au-dessous du ventre. Vêtu de blanc, il n'avait pas adopté le masque de Pagliaccio, mais se couvrait la figure de farine, qu'il faisait voltiger tout autour de lui en s'enflant les joues et au moyen de certaines grimaces. Turlupin, Gaultier Garguille et lui furent les seuls véritables bouffons français. Avec Gaultier Garguille et Gros-Guillaume, qui moururent à quelques mois de distance, la farce française mourut aussi.

Gros-Guillaume portait une blouse en toile blanche, un pantalon à larges raies de couleurs voyantes, et un bonnet rouge. « ... C'est mon valet Guillaume le Gros..., dit Gaultier Garguille en parlant de lui, et le recognois à son habit bariolé à la façon des Suisses de François Ier, et à son ventre fait en calebasse. »

PEDROLINO.

PEDROLINO, PIERO, PIERROT est le même personnage, paraissant sur la scène italienne dès 1547 dans une comédie de Cristoforo Castelletti, sous la dénomination de Pierro *valet*, nous le retrouvons remplissant le même emploi dans *I Bernardi*, de Giovammaria Cecchi, en 1563, et dans les pièces de Luigi Grotto, entre autres dans *la Altiera*, 1587; il joue sous le nom de Pedrolin les valets naïfs avec Bertolin (Zeccha). Dans la troupe des *Gelosi*, de 1578 à 1604 inclusivement, les rôles de valet sont joués par Pedrolino, Burattino et Arlecchino. Le Pedrolino y est un type très-complexe, qui, comme caractère, a les plus grands rapports avec notre Pierrot français moderne; mais ce qui le caractérise surtout, c'est son honnêteté. Dans les cinquante scenarios de Flaminio Scala, il est presque toujours l'amoureux préféré de la soubrette Franceschina, qui pourtant reçoit les hommages de Pantalon sans préjudice de ceux d'Arlecchino et de Burattino. Il est aussi parfois le mari de Franceschina, et joue alors le rôle de Sganarelle; trompé par sa femme, il s'en aperçoit, lui reproche sa coquetterie, mais finit par reconnaître que c'est lui qui a tort et demande son pardon, qu'il n'obtient qu'à grand'peine. Valet de la coquette Flaminia, il ne veut pas se charger de faire parvenir ses billets doux à son amant Orazio. Flaminia, ainsi qu'Orazio, l'injurient et le traitent de coquin et d'entremetteur. Il se met dans une furieuse colère, après quoi il pleure dans le sein d'Arlequin sur la perte de sa bonne réputation.

Valet de Pantalon, et chargé de surveiller la femme de son maître pendant que celui-ci va dormir, Pedrolino s'endort de son côté, ou bien il boit avec le Capitan Spavento et le Docteur, et tous trois, ivres « comme des singes », font les plus grandes extravagances, et finissent par tomber à terre, « où ils restent. » Le lendemain, Pantalon, furieux d'apprendre que sa femme a été se promener pendant son sommeil, reproche à Pedrolino, encore tout endormi et fatigué de l'ivresse de la veille, son manque de surveillance. Pedrolino, ne se souvenant de rien, ne comprend rien aux criailleries de son maître. Pantalon, hors de lui, le bat, et, pour le tirer de son abrutissement, le mord au bras à belles dents, et le laisse tout en larmes; mais, le premier chagrin passé, Pedrolino jure de se venger : il fait si bien que tous les personnages de la pièce mystifient Pantalon, en lui persuadant qu'il a l'haleine très-mauvaise. Celui-ci finit par le croire, et se fait arracher quatre dents excellentes. Après quoi il s'aperçoit qu'on l'a bafoué, et que Pedrolino est l'auteur de cette méchanceté. Celui-ci fait le fou, pour échapper aux coups qui le menacent.

Il est poltron, fanfaron. Ayant à se venger d'Arlequin, il arrive armé jusqu'aux dents, aperçoit son ennemi, et se précipite sur lui les armes à la main. Arlequin, armé d'une barre de porte, l'attend de pied ferme. Là, en face l'un de l'autre, ils se disent mille injures, comptant que les assistants les empêcheront de se battre. Le Capitan veut les séparer, alors les voilà de se frapper avec acharnement, mais c'est sur le Capitan que tombe cette grêle de coups. Ailleurs, après s'être vanté de ne rien craindre, Pedrolino aperçoit Arlequin couvert d'un vêtement blanc, une lanterne à la main; il n'achève pas la conversation, et s'enfuit à toutes jambes.

Ses chagrins ne l'empêchent pas de manger; il vient de recevoir des coups, il se plaint et pleure. Il rencontre Arlecchino qui lui apportait de la part du Capitan un plat de macaroni. Pedrolino accepte, continue de pleurer, tout en mangeant comme un ogre; Arlequin, attendri, pleure aussi et se met à manger avec lui; arrive Burattino, lequel, les voyant manger et pleurer, s'approche en pleurant, et met la main au plat. Aucun d'eux ne dit mot, le macaroni, arrosé de larmes, est bientôt englouti, après quoi Pedrolino, tout larmoyant, dit à Arlequin : « Vous baiserez les mains au Capitan de ma part », et il sort. Burattino donne la même commission à Arlecchino, et sort de l'autre côté, toujours pleurant. Arlequin, fondant en larmes, s'en va aussi en léchant le plat.

La peur l'emporte sur tout chez Pedrolino. Tandis qu'il déjeune sous un arbre avec Arlequin et la belle Dorinda, le repas est interrompu par un ours gigantesque qui s'avance vers eux. A cette vue, Pedrolino se lève, l'ours en fait autant, et pendant qu'Arlecchino, pour le distraire, lui jette toutes les pommes du déjeuner, que celui-ci attrape adroitement dans sa gueule, Pedrolino, fort malade, décampe; Arlequin le suit, et l'ours enlève Dorinda, qui s'y prête de bonne grâce.

Vêtu d'une longue chemise blanche, coiffé d'un chapeau de paille, un grand bâton à la main, il est chargé par son maître de remettre une missive amoureuse à Isabelle; mais, par suite de ses distractions habituelles, il la perd, s'en aperçoit, et, ne sachant comment s'acquitter de sa commission, il a l'heureuse idée de voler un porteur de lettres. Il prend la première lettre venue *dans son panier* et la remet à Isabelle, ce qui occasionne une intrigue des plus compliquées.

Dans un autre canevas, vêtu en mendiant, avec un linge sur un œil, il rencontre le Capitan et lui demande la charité en le regardant fixement de son autre œil. Le Capitan, fatigué, impatienté de ce regard, lui en demande la raison. « C'est que je suis physionomiste, répond Pedrolino, et que je vois à votre figure que vous serez pendu bientôt. » Le Capitan, pour se débarrasser de ses pronostics désagréables, lui donne quelque monnaie; une autre personne, pour avoir la paix, lui donne du pain et du vin. Pedrolino va s'asseoir dans un coin, mange et boit; mais il est très-dégoûté. Ne trouvant pas le pain propre et le vin bon, il jette l'un et l'autre dans les jambes de ceux qui l'en ont gratifié, et va s'enivrer à l'hôtellerie.

Il est malin, et fait beaucoup de farces à tout le monde; il prend les habits de Cassandre *le Siennois*, son maître, et se fait passer pour lui; il s'habille en femme, et se fait enlever par le Capitan; il fait boire des saletés à Arlequin ou à Burattino; il habille Pantalon en femme pour venir à un rendez-vous supposé, lui disant que tel est le caprice de la dame, qui veut au moins sauver les apparences; il conte la même bourde au Docteur, et lui assigne le même rendez-vous, auquel il assiste en se cachant. Après beaucoup de propos amoureux, les deux vieillards se reconnaissent et ne manquent pas de se battre.

Dans certaines pièces, il est intrigant et devient le valet des jeunes gens. Mais, là encore, le fond de son type est de faire des malices et des bouffonneries, comme, le morion en tête, l'épée au flanc, d'imiter les bravacheries du Capitan Spavento.

Il figure aussi dans les ballets féeriques. Il y en a un où il fait le muet et joue en pantomime.

Tel est le rôle de Pedrolino dans le recueil de Flaminio Scala. Ce serait donc à tort que, dans ces derniers temps, on aurait attribué au type de Pierrot une origine moderne toute française.

« Jusqu'au milieu du dix-septième siècle », dit M. Édouard Fournier dans un article récent à propos de Molière, « la
» Comédie italienne n'avait eu qu'un personnage niais,
» Arlequin : c'était à lui qu'on jouait les méchants tours,
» c'était lui qui recevait les coups de bâton. Dominique
» vint qui changea tout cela. Vous savez qu'il jouait les
» Arlequins; mais, homme d'esprit comme il l'était, in-
» struit, ami des gens de lettres, il ne pouvait s'accom-
» moder, même sous le masque, d'un personnage à l'im-
» perturbable niaiserie. Il connaissait d'ailleurs, comme l'a
» fort bien remarqué Léris dans son Dictionnaire drama-
» tique, le génie de notre nation, qui veut de l'esprit par-
» tout. Que fit-il donc? Il en mit dans le rôle d'Arlequin,
» et dès lors ce fut un rôle retourné, une métamorphose
» complète. Comme le succès justifia Dominique, on le
» laissa faire. La comédie avait à cela gagné un person-
» nage; mais, en revanche, elle en avait perdu un, et bien
» plus indispensable que cet intrus charmant. Comment,
» sans le niais nécessaire, pourrait-elle tenir sur pied son
» répertoire?... Il fallait, de nécessité, un imbécile pour les

» besoins du répertoire, pour les jeux de scène des acteurs,
» pour les menus plaisirs du public. Un bon hasard, inspiré
» par Molière, le mit au monde un beau jour ; ce fut
» Pierrot.

» Voici dans quelle circonstance il arriva, voici com-
» ment, ainsi que l'a fort bien dit des Essarts, on vit
» paraître ce singulier personnage « né français sur la
» scène italienne. »

C'est Molière qui, le premier, dans *Don Juan ou le Festin de Pierre*, pièce tirée d'un canevas italien intitulé *il Convitato di Pietra* : c'est-à-dire *l'Invité de Pierre*, baptisa un paysan du nom de Pierrot. Molière s'était servi du canevas italien, qui avait déjà été donné à Paris en 1659 par le sieur de Villiers, comédien à l'hôtel de Bourgogne, et le sieur Dorimon en avait fait jouer un autre à Lyon en 1658 et à Paris sur le théâtre de la rue des Quatre-Vents en 1661. Molière donna le sien en 1665. Corneille de l'Isle en fit un pour le théâtre Guénégaud en 1677, et le sieur Rozimont en composa un aussi pour la troupe du Marais en 1669.

« Ce qui avait tenté Molière, dit M. Édouard Fournier,
» quand il fit *Don Juan*, c'était le succès de la pièce des
» Italiens; celui qu'obtint sa comédie vint les tenter à leur
» tour. Il s'était inspiré d'eux, ils s'inspirèrent de lui. Au
» commencement de février 1673, quinze jours à peine
» avant la mort du grand homme, ils représentèrent sur
» leur théâtre un nouvel imbroglio composé des meilleures
» scènes de leur ancienne pièce, *il Convitato di Pietra*, et
» surtout des parties les plus amusantes qu'ils avaient déta-
» chées de la comédie de Molière. Cette bigarrure comique,

» pour laquelle ils avaient procédé comme pour l'habit de
» leur Arlequin, était intitulée *Aggiunta al convitato di Pietra*,
» c'est-à-dire *addition, augmentation*, et non pas *suite au
» Festin de Pierre*, comme on l'a répété partout, depuis
» Robinet jusqu'au *catalogue Soleinne*.

» Parmi les personnages qui étaient passés, accommodés
» à l'italienne, dans cet étrange salmigondis scénique, se
» trouvait Pierrot conservé de toutes pièces, avec sa niai-
» serie, ses naïves amours, et, de plus, non débaptisé. On
» ne comptait guère sur ce nouveau venu; aussi l'avait-on,
» à tout hasard et comme par charité, confié à un pauvre
» gagiste de la troupe appelé Giraton. Il fit merveille. Les
» autres eurent le bon esprit de ne pas être jaloux, et du
» même coup, par le même succès, le personnage et le
» comédien se trouvèrent avoir conquis leur droit de
» bourgeoisie.

» Pierrot, à partir de ce moment, ne quitta plus la
» Comédie italienne. En dépit de sa nouveauté, en dépit
» de son nom français, il devint aussi bien type que tous
» les autres, aussi bien que Mezzetin, Lelio, Cassandre,
» aussi bien qu'Arlequin lui-même, dont son arrivée jus-
» tifiait l'émancipation, et qui l'accepta très-volontiers
» comme héritier de son ancienne bêtise, comme victime
» de sa malice de fraîche date. Rien ne prouva bientôt
» plus qu'il était un personnage d'importation récente,
» tant il fut vite et utilement mêlé à toutes les pièces. Type
» acquis désormais et pour toujours naturalisé, il eut ses
» succès, il eut ses acteurs, qui s'approprièrent sa bêtise
» dès lors traditionnelle et son masque enfariné. De ceux-là

» fut Hamoche, qui faisait merveille vers 1712, et pour qui
» je croirais fort que fut composé l'air *Au clair de la lune*,
» toujours attribué sans la moindre preuve à Lulli.

» Le costume de Pierrot était déjà ce que nous le con-
» naissons. Molière, dans son *Don Juan*, lui avait donné la
» blouse blanche du paysan français, telle que la porte
» encore Colin, le garçon endormi des dernières scènes de
» *Georges Dandin*. En se faisant personnage italien, Pierrot
» dut changer cet habit; mais il en garda du moins la
» couleur. Celui qu'il prit alors et qu'il n'a plus quitté est
» emprunté au *Pulcinello* napolitain. Seulement, chez
» Pierrot, le surtout est plus court, plus serré à la taille,
» comme un justaucorps, et le pantalon a moins de lar-
» geur[1].... Enfin, et ceci n'appartient pas à la Comédie
» italienne, mais à la tradition des anciens badins français,
» tels que ceux de l'époque romane, les *pistori*, dont le
» nom s'est perdu dans notre mot *pitre*, tel que Gros-
» Guillaume et Gaultier Garguille, Pierrot s'enfarina le
» visage. »

Malgré ces assertions ingénieuses, il est impossible de croire que Giraton n'ait pas eu des traditions du personnage de Pedrolino, puisque ce personnage, apporté par lui sur la scène italienne-française, s'accorde de tous points

---

[1] « L'uniforme blanc des gardes-françaises », dit M. Ed. Fournier, « rap-
» pelait un peu le costume du naïf farceur; aussi partout les appelait-on des
» pierrots. Le gamin ne s'en tenait pas là : lorsqu'il voyait passer quelque
» soldat au blanc uniforme, il imitait le cri du moineau, qui s'appelle aussi
» un pierrot, il faisait piou-piou; de là le sobriquet donné encore aux soldats
» d'infanterie ».

avec celui de son ancêtre italien : même poltronnerie, même gourmandise, même naïveté souvent malicieuse, même bêtise mêlée de bon sens, même fond d'honnêteté et de candeur. Quant au costume, nous n'avons rien pu trouver qui nous renseigne au juste sur celui que portait le Pedrolino de Fl. Scala. Il est bien dit, dans un scenario, que Pedrolino est vêtu d'une grande chemise et coiffé d'un chapeau de paille. Était-il enfariné comme Pagliaccio, et déjà vêtu de blanc? Cela est fort possible. Le caprice crée moins qu'on ne pense dans ces costumes de la fantaisie classique qui se transforment sans sortir absolument de la tradition. Giraton, renseigné sur le vrai caractère du Pedrolino ancien, a dû l'être aussi sur sa figure et son habillement. Quant à son nom francisé, il est hors de doute que c'est le même nom, car, dans le recueil de Gherardi, les personnages qui lui parlent l'appellent indifféremment Pierrot ou Pierò.

Selon nous, Giraton ne fit donc que rajeunir et adapter à la scène franco-italienne le personnage de l'ancien Pedrolino. Prenant, dans son caractère, le côté dominant dans le plus grand nombre des canevas de Scala et délaissant le côté intrigant qui lui était quelquefois attribué par exception, il le rapprocha du type de Bertoldino, dont, longtemps avant lui, le type se confondait avec celui de Pedrolino. Il s'enfarina à l'exemple des anciens badins français dont parle M. Édouard Fournier, et qui, eux-mêmes, comme Pagliaccio avec son masque blanc et sa farine, Pulcinella et Arlequin avec leur masque noir, Pantalon et Brighella avec le masque marron, Coviello et le Docteur, chacun avec leur masque d'une couleur distinctive, sont des mimes antiques au visage noirci, bruni, rougi ou blanchi, ressuscités, dit-on, à la renaissance, mais qui, selon toute probabilité, n'avaient jamais disparu des tréteaux italiens.

Comme Pedrolino avait été la personnification du paysan italien, Pierrot fut celle du paysan français, et devint, chez nous, le type le plus populaire après Polichinelle.

Dans les canevas et pièces du théâtre de Gherardi, Pierrot est toujours valet, soit du Docteur, soit de Brocantin ou de Cinthio, comme, dans les pièces et pantomimes françaises, il l'est de Cassandre. C'est l'être qui dit tout ce qu'il pense et qui ne connaît aucune distinction sociale. Ce privilége de tout dire, acquis à la finesse et au savoir-faire de la soubrette, l'est également à la simplicité et à la maladresse de Pierrot. Il ne se fait pas faute de morigéner son maître.

« Pierrot. Monsieur, monsieur, je viens vous dire une fois pour toutes que je suis assez content de vous, et que je vous ai toujours aimé plus que vous ne méritez.

— Je te suis bien obligé de l'honneur que tu m'as fait.

Pierrot. Couvrez-vous. Vous m'avez payé mes gages exactement, et je les ai mangés de même à votre service.

— Je n'en suis pas cause ! Mais, Pierrot, qu'as-tu ? Je te trouve tout changé.

Pierrot. Ce ne sont pas là vos affaires. Je serai changé si je veux, et je ne le serai pas si je ne veux pas.

— Je te demande pardon de m'être ainsi intéressé dans ce qui te regarde.

Pierrot. Tenez, monsieur, c'est que, sans tant de préambule, je veux savoir ce que vous prétendez me donner pour ma récompense?

— Mais tu avoues toi-même que je t'ai payé tous tes gages?

Pierrot. D'accord. Mais ne vous ai-je pas dit aussi que je les avais mangés?

— Mais ce n'est pas ma faute.

Pierrot. Mais, monsieur, comptons un peu les services extraordinaires que je vous ai rendus, et vous verrez que vous n'êtes qu'une bête! Premièrement, je n'ai pas dit à votre femme que vous aviez une amourette en ville, avec laquelle vous dépensiez le plus clair de vos revenus. Mettez vous-même le prix à la discrétion!

— C'est juste, ça mérite bien quelque chose.

Pierrot. Secondement, vous vous êtes soûlé dix fois sans ma permission. Je ne suis pas obligé de vous souffrir dans le désordre.

— Voilà un mémoire bien raisonné.

Pierrot. En troisième lieu, je suis devenu amoureux chez vous malgré mes dents. J'avais bien affaire de cela, moi!

— Cet article mérite récompense.

Pierrot. Somme totale de la dépense extraordinaire faite dans votre maison : donnez-moi dix mille francs pour me retirer honnêtement du service, et je vous donnerai quittance de toutes mes prétentions.

— Tu comptes fort juste. Mais, en attendant que j'arrête ton mémoire, va-t'en à la poste, voir si j'ai des lettres.

Pierrot. Soit, je veux bien que cela passe par-dessus le marché. »

Au bout d'une heure Pierrot revient, son maître est en affaires. Il entre en lui disant :

« Oui, monsieur !

— Que veux-tu donc ?

Pierrot. Mais, monsieur, je vous dis que je les ai vues.

— Et quoi donc ?

Pierrot. Vos lettres à la poste.

— Où sont-elles ?

Pierrot. A la poste.

— Et tu ne les as pas apportées ?

Pierrot. Non vraiment! Vous m'avez dit seulement que j'allasse voir s'il y en avait. Je les ai vues, et je viens vous le dire.

— Quelle patience il faut avoir! Or sus, je ferai bien mieux d'y aller moi-même.

Pierrot. Dame! monsieur, si vous n'avez pas l'esprit de vous expliquer, comment voulez-vous qu'on fasse ? »

Pierrot est encore valet de *Cinthio* (vieillard), dans la *Cause des Femmes;* il se croit seul, et cependant son maître achève son souper à deux pas de lui.

« Quand je pense, à part moi, ce que c'est qu'une femme, franchement ça me démantibule tout mon pauvre esprit; car il n'y a point de lime si rude ni de charrette si malaisée à gouverner. J'ai beau fermer la porte, notre maison ne désemplit pas de chevaliers et de marquis. Un laquais apporte une lettre; le maître en vient quérir la réponse! Toute la nuit au bal! Tant que le jour dure, en festins! ou à la comédie! Ah! le bon petit train pour un bourgeois de l'âge de notre maître! Si j'étais propre au mariage, pour si peu que ma femme m'enverrait à souper sur une assiette! Ma foi, on n'endormirait pas comme ça le petit. Ah! vous avez beau faire, on vous prendra toujours pour ce que vous êtes!

CINTHIO *se levant*. Que veux-tu dire, faquin?

PIERROT. Moi? Rien, monsieur, je ne parle pas.

CINTHIO. Comment, maraud, tu ne parles pas? Ne viens-tu pas de dire qu'on me prendra toujours pour ce que je suis?

PIERROT. Oui, monsieur.

CINTHIO. Eh bien, coquin, qu'est-ce que je suis?

PIERROT. Puisque vous voulez le savoir, vous êtes un fou d'avoir épousé une chèvre de dix-sept ans, qui ne trouve point de pire maison que la vôtre, et qui a toujours à ses trousses un tas de gens de cour, dont la hantise, à la fin, produira quelque bicêtre. »

Remontrance de Pierrot à son maître au sujet de ses filles qu'il tarde trop à marier.

« Voyez-vous, monsieur mon maître, vous tournez trop à l'entour du pot. Diable! les filles sont de certains animaux équivoques, c'est-à-dire, monsieur, tant il y a que je m'entends bien; c'est comme des armes à feu, ça part quelquefois sans qu'on y pense. Vous parlez de la donner à un médecin ou apothicaire, c'est tout un. On lui sait gré, ma foi! de quitter son séné pour une fille drue comme Isabelle! Tuchoux! si vous voulez me la bailler, je vous quitte vous et vos chevaux dès demain, et si, je crois que je vous panse avec autant d'honneur qu'un médecin fait ses malades, car, révérence parler, j'ai plus d'esprit que vous. »

Autre remontrance de Pierrot à Isabelle, qui se cache sous le nom de *Glaudine*. Pierrot s'assied magistralement dans un fauteuil, et fait approcher Glaudine.

« Regardez-moi, Glaudine..... l'honneur est un joyau, mais un joyau qui se gâte quand on le laisse exposé à l'air. Une fille est comme une bouteille d'eau de la reine de Hongrie, elle perd sa vertu si elle n'est bien bouchée. C'est ce qui fait qu'un grand philosophe dit qu'il faut qu'une femme demeure enfermée dans son logis. Il n'a pas parlé des filles, car elles étaient fort clair-semées dans son temps aussi bien que dans celui-ci.

Glaudine. Que veux-tu donc dire avec tout ton galimatias? Es-tu fou?

Pierrot. Comment, si je suis fou! Vous ne savez donc pas que je suis présentement votre pédagogue? Je suis, à votre égard, ce que la bride est à un cheval, un bâton à un aveugle, un gouvernail à un vaisseau. Je suis la bride, et vous êtes le cheval; je suis le bâton, et vous êtes l'aveugle. Vous êtes le vaisseau, et moi le gouvernail; mais un gouvernail avec lequel j'empêcherai que vous n'alliez donner contre les rochers des garçons, car ce monde est une mer, et les vents soufflent dans cette eau qui bouillonne..... ce qui fait que la raison..... dans..... cette mer.....

Glaudine. Vite! vite au secours, voilà un homme qui se noie!

Pierrot. Que la raison, dis-je, la... Enfin Arlequin m'a laissé dans la maison pour te garder.

Glaudine. Je te suis obligée, je t'assure que je me garderai bien moi-même.

Pierrot. Nenni pas, s'il vous plaît! je ne me fie plus aux filles, j'y ai été attrapé.

Glaudine. Comment donc, est-ce que tu entretiens commerce avec des filles?

Pierrot. Bon! quand on est fait d'une certaine manière, on en a à revendre de cette marchandise-là!... Une petite carogne me pria de lui donner un baiser : dame, moi, il ne faut pas me le dire deux fois; je ne suis ni fou, ni étourdi; je m'approchai, elle me donna un grand soufflet : depuis ce temps-là, j'ai bien juré que je n'en embrasserais plus. Allons! point tant de raisonnements, rentrez et marchez devant moi. (*Il la regarde s'en aller.*) Perdez cela de vue, autant de gobé! »

Dans les *Mal assortis*, Colombine est la duègne et la sœur aînée de toute une bande de filles. Arlequin, en gouverneur espagnol, arrive dans une île fantastique. La coutume veut qu'il épouse à son choix une des filles du défunt gouverneur son prédécesseur. Il demande à Colombine d'accepter sa main, sans l'obliger d'aller à la recherche d'une femme dans sa pépinière. Mais elle refuse. Pierrot vient dire à Colombine :

« Mesdemoiselles vos sœurs m'envoient vous dire tout bas à l'oreille que monsieur le gouverneur n'aille pas les voir que dans une petite demi-heure, parce qu'elles ne sont pas encore prêtes. L'une attend ses cheveux, qui sont chez la coiffeuse; l'autre, deux ou trois dents qu'on achève de limer; l'autre répète sa leçon devant son miroir, tant il y a qu'il leur faut encore quelque temps pour achever tous leurs exercices, et je vais aider ces pauvres filles à s'attifer, car elles n'ont point d'autre femme de chambre que moi. »

On voit alors à leur toilette toutes les filles qui se disposent à recevoir le gouverneur.

« Une des filles *pendant qu'on la lace* : Ah! ah! je n'en puis plus!

Pierrot. Voulez-vous que je le délace?

— Non, non, serrez tant que vous pourrez.... Aï! je crève.... Ma taille m'est plus chère que ma santé!... serrez fort.... Je crève!

Pierrot. Est-ce assez?

— Non, serrez! Ah! ah!

Une autre. Pierrot, Pierrot! ma couturière n'a-t-elle point apporté ma gorge?

Pierrot. Votre gorge? Est-ce qu'elle n'est point sous votre peignoir?

La fille. C'est cette gorge à ressort que je lui ai donnée pour faire couvrir de satin.

Pierrot. Je ne connais point tous les brimborions des filles; mais j'ai vu ici deux vessies de cochon. Est-ce cela?

La fille. Voilà ce que c'est; aide-moi à les mettre. Cache-moi donc. Si mes sœurs les voyaient, elles en voudraient avoir de pareilles. »

Toutes les filles appellent Pierrot. L'une lui demande une aiguière; l'autre le pot à pommade; une autre sa robe de chambre; une autre le miroir; une autre du rouge. Pierrot, qui veut les servir toutes, s'embarrasse, tombe en courant de côté et d'autre, et s'en va tout en colère.

On le voit, Pierrot, comme son aïeul Pedrolino, est un composé de bon sens et de simplicité. Lui aussi, il tient du Sancho Pança de Cervantès, à la fois crédule et sceptique, l'éternel franc parleur rustique, qui ne s'étonne de rien et se prête aux fantaisies dont il raille tranquillement l'absurdité; type d'une vérité qui ne passe ni ne change. Le personnage d'Arlequin, tel que Dominique l'avait transformé, devait et a dû passer de mode. L'esprit est relatif à chaque époque, à chaque milieu; les lazzis de ce railleur ne sont plus toujours spirituels pour nous; parmi ceux qu'on a recueillis, on n'en peut citer qu'un certain nombre : Pierrot pourrait être cité en entier. Il existe, il existera toujours sur la scène de la vie.

Giuseppe Giraton ou Giaratone (*planche* 19), né à Ferrare, était dans la troupe depuis peu de temps, quand il eut le bonheur de créer son type de Pierrot dans l'*Aggiunta al convitato di pietra*, le 4 février 1673. Il joua ce rôle à titre de gagiste jusqu'en 1684, année où il fut reçu au nombre des acteurs. Il joua tantôt en italien, tantôt en français jusqu'en 1697, c'est-à-dire jusqu'à la suppression du théâtre. Il avait épousé en France une demoiselle de bonne famille, et vivait avec elle aux environs de Paris, dans un petit fief qui leur appartenait. Ce fut là qu'il se retira et mourut.

Antonio Sticotti débuta dans les Paysans, les Pierrots, en 1729, à la Comédie-Italienne. Il se retira à Meaux, où il occupait la place de directeur de la poste aux lettres. Il laissa plusieurs comédies qui furent jouées avec succès :

> Cher Sticotti, je crois sans peine,
> Quand je te vois jouer Pierrot,
> Que si tu fais si bien le sot,
> Tu ne le fais que sur la scène.

Sur les théâtres forains, les plus remarquables Pierrots furent Prévot en 1707 et Hamoche en 1712. Celui-ci quitta son théâtre pour essayer d'entrer à la Comédie-Italienne, mais il n'y fut pas reçu. En 1723, il reparut à la foire Saint-Laurent, et c'est ainsi qu'il fut introduit : Scaramouche venait l'annoncer à la Foire personnifiée, et chantait :

> Hamoche vous prie
> De le recevoir;
> Il tempête, il crie,
> Voulez-vous le voir?

La Foire répondait :

> C'est ici son centre,
> Qu'il entre, qu'il entre.

Mais le public forain, ne voulant pas être regardé comme un pis-aller, siffla Hamoche pour lui donner une leçon. Cette correction blessa tellement le pauvre Pierrot, qu'il se retira du théâtre et en mourut de chagrin.

De 1715 à 1721, Belloni, remarquable par la grande simplicité de son jeu et sa diction naïve et vraie; Dujardin, en 1721; Bréon, Maganox, Dourdet, en 1741; Pietro Sodi, né à Rome, danseur et acteur mime d'un grand talent, auteur de beaucoup de pantomimes, en 1749.

GILLES.

Le nom de Giglio est mentionné pour la première fois en 1531 dans la troupe italienne dite des *Intronati;* mais ce personnage, qui jouait les rôles de valet et parfois d'amoureux, n'a que peu de rapport avec le *Giglio* que jouaient à Naples, en 1701, l'acteur Filipo et Fabienti. Le Gilles français au dix-huitième siècle procède naturellement de Pierrot. Sa figure enfarinée prend sous le pinceau de Watteau cette élégance de lignes, ce charme naïf et comique tout à la fois que nous connaissons tous.

En 1702 Maillot, acteur forain, jouait, sous le nom de Gilles, les mêmes rôles que ceux de Pierrot, mais ce n'était déjà plus la même simplicité ni le même bon sens dont Giraton avait caractérisé son personnage. Plus tard, vers 1780, nous voyons au Wauxhall d'hiver, dans *les pièces et parades du théâtre des boulevards*, l'acteur Carpentier (Gilles) s'approprier les lazzis et les scènes que Carlin Bertinazzi avait joués à la Comédie-Italienne.

« Le Maître. Holà, Gilles! holà! il faut toujours s'égosiller quand on a besoin de ce coquin-là. Gilles! Gilles!

Gilles *arrive tout doucement, et lui crie très-fort dans l'oreille :* Me voici, monsieur. Je ne suis pas sourd.

Le Maître. Peste soit du coquin qui m'a pensé faire mourir de frayeur!

Gilles. Dame aussi, monsieur, vous criez comme un bâton qui a perdu son aveugle..... J'étais en circonférence avec le facteur : il vient de m'apporter une lettre, et je le priais de me la lire quand vous m'avez appelé.

Le Maître. D'où vient cette lettre?

Gilles. Je n'en sais rien; à peine ai-je eu le temps de la décacheter. Tenez, monsieur, la voilà.

Le Maître *lit.* Du pays.... quel pays?

Gilles. De Limoges, apparemment.

Le Maître. Il faut donc le dire.

Gilles. Oh! l'on n'en sait pas tant à Limoges : continuez de lire, s'il vous plaît.

Le Maître *lit.* « Mon cousin Gilles, je vous donne avis que » ma tante, vot' mère, z'est morte.... »

Gilles *pleurant.* Ma mère est morte! Ah! monsieur, me voilà donc orphelin! Qu'est-ce qui aura à présent soin de moi?

Le Maître. Eh! tu es grand comme père et mère : Je suis charmé de ton bon naturel pour ta mère, mais nous sommes tous mortels.... Poursuivons la lecture. (*Il lit.*) « Elle vous a laissé cinquante écus.... »

Gilles. Ma mère m'a laissé cinquante écus? Voilà ce qui s'appelle une bonne femme! Monsieur, cet article est-il bien vrai?

Le Maître. Très-vrai; mais il me paraît que tu es bientôt consolé de la perte de ta mère?

Gilles. Oh! elle était bien vieille!

Le Maître. Fort bien. (*Il lit.*) « Je vous apprends que vot' » petite sœur Catine est fille de joie.... »

Gilles. Ma sœur Catine fille de joie! (*Il pleure.*) Monsieur, j'étriperai cette coquine-là !... J'aime cent fois mieux l'honneur que la réputation.

Le Maître. La la, console-toi.

Gilles. Non, monsieur, je n'en ferai rien.

Le Maître. Écoute. (*Il lit.*) « En quatre mois, elle a » amassé six cents livres.... »

Gilles *se met à rire*. Six cents livres! cela est bon : oh! ma sœur Catine était économe.

Le Maître. Il y a apparence. (*Il lit.*) « Vous saurez, » cousin, qu'ayant eu querelle il y a quinze jours avec un » bretteur, elle en a reçu sur le visage une balafre qui l'a » rendue horriblement difforme. »

Gilles *pleurant*. Ah! ma pauvre petite Catine, que je te plains! Hélas! voilà le sort de presque toutes ses semblables.

Le Maître. Attendez, mon ami. (*Il lit.*) « Comme le coup » était dangereux, elle a fait son testament, et vous y avez » bonne part. »

Gilles. C'est un bon cœur de fille!

Le Maître *lit*. « Et ensuite elle est décédée. »

Gilles. Ah! monsieur, le cœur me fend!

Le Maître *lit*. « Par ce testament elle vous laisse une » maison des mieux garnies. »

Gilles *en riant très-fort*. Une maison des mieux garnies! C'est fort bien fait à elle. Pardienne, voilà une bonne créature et une bien honnête fille!

Le Maître. Une honnête fille! (*Il lit.*) « Mais, mon cher » cousin, il est survenu un très-grand malheur : le feu ayant » pris à cette maison, elle a été consumée avec tous les

» meubles; l'on a pillé tout ce qui n'a pas été brûlé, et vos
» cinquante écus vous ont été volés.... »

Gilles. Au feu! aux voleurs! Ah! monsieur, je suis ruiné! et vite écrivez au pays que l'on ait recours aux seaux de la ville, et que l'on jette toute l'eau possible sur ce feu-là. »
(*Le Muet aveugle*, parade.)

Dans les dernières années de sa carrière dramatique, Carpentier, qui, pendant vingt ans, avait été applaudi comme excellent Gilles, avait contracté la funeste habitude de s'enivrer. Son directeur, Barré, avait essayé tous les moyens de le corriger d'un vice qui altérait sa santé et nuisait à sa profession; mais Carpentier n'en tint compte, si bien que, d'année en année, sa mémoire en souffrit tellement qu'il fut incapable d'apprendre de nouveaux rôles, et que peu à peu il oublia les anciens. Son directeur ne lui fit donc plus jouer que des rôles accessoires, où il lui laissait faire ce qu'il voulait, afin de lui conserver ses appointements sans blesser sa délicatesse. Il y avait un an qu'il n'avait paru sur les planches, quand un soir, dans une pièce (*les Savants de naissance*) où tous les corps de métiers défilaient sur le théâtre, Carpentier monte dans sa loge sans rien dire et prend le costume d'un perruquier gascon, rôle dans lequel il était remarquable. « Le peigne à l'oreille, tenant une boîte à poudre sous son bras et une trousse à la main, il passe devant le parterre et salue; toute la salle le reconnaît, un rire universel s'empare des spectateurs; des applaudissements le suivent jusque dans la coulisse. Là le pauvre Carpentier se met à pleurer en disant à ses camarades, avec autant de joie que de modestie : Mes amis, mes amis..... ils m'ont reconnu!... ils m'ont reconnu!... » A quelque temps de là, Carpentier se suicidait en se jetant par une fenêtre.

PEPPE NAPPA.

Peppe Nappa est un personnage sicilien, qui, sauf la couleur de son vêtement, est absolument le même que Giglio (Gilles); c'est le même type que Pierrot, et aucun masque italien ne ressemble autant par le caractère à notre Pierrot français. Tandis que Giglio est vêtu de flanelle blanche, comme les Gilles de Watteau, Peppe Nappa (*planche* 20) porte sa livrée bleu clair. Il ne se couvre pas la figure de farine, bien qu'il soit très-pâle; mais, comme Gilles, il porte le serre-tête blanc, le chapeau blanc ou gris, et les souliers de peau blanche. Il est d'une agilité surprenante, danseur, sauteur; ses yeux et sa physionomie blafarde sont excessivement mobiles et expressifs. Il n'est pas moins vif dans ses gestes. Très-leste et très-souple, il semble, quand il s'affaisse sur lui-même, n'être qu'un amas de chiffons et n'avoir jamais eu de charpente osseuse.

Il est presque toujours valet soit de jeunes gens, soit de vieillards, du Barone (le vieillard sicilien), par exemple, avec lequel il fait alors assaut de bêtises et de stupidité. Mais la gourmandise est le plus grand défaut de Peppe Nappa, il a une prédilection pour les cuisines; si l'on n'y mange pas toujours, on y respire du moins un parfum qui, pour lui, est le plus délicieux de tous. Voyons-le un peu dans ses emplois qui sont du ressort de Pierrot.

Dans une comédie-ballet qui a beaucoup de rapport avec *l'École de Salerne*, Peppe Nappa est valet d'un maître d'école, d'une sorte de docteur qui gesticule dans sa chaire et qui fait la leçon à ses élèves. Il y a, sur ces bancs, de très-grandes filles pour lesquelles le docteur a plus d'indulgence que pour les autres. La classe est terminée, le maître d'école veut sortir, et, pour avoir sa robe noire et son grand chapeau pointu, il sonne Peppe Nappa, lequel, après s'être fait attendre longtemps, finit par arriver en bâillant. Il vient jusque auprès de son maître pour écouter ses ordres, mais il s'endort tout debout en s'appuyant sur lui. Celui-ci se recule, et Peppe Nappa tombe par terre sans se réveiller. Le pédant furieux le relève par la peau du dos, et, à force de coups de pied, parvient à le tirer de son sommeil; après quoi, il l'envoie chercher sa robe. Peppe Nappa sort et revient en traînant derrière lui la robe, qu'il passe néanmoins à son maître. Sur les observations du pédagogue, qui lui fait remarquer que son vêtement est plein de poussière, Peppe Nappa va chercher un seau d'eau et un balai, et, sans que le pédant y fasse attention, il le lave comme un plancher, des pieds à la tête. Après quoi le bon serviteur, fatigué de tant de peine, va s'asseoir et s'évente avec son chapeau. Le maître d'école, furieux d'être trempé, prend sa férule et veut corriger le valet, qui esquive adroitement les coups et les fait retomber dans les mains du maître d'école lui-même. Exaspéré, le pédant ordonne à Peppe Nappa de poser son pantalon pour recevoir les verges. Peppe Nappa, résigné, va chercher les plus grandes filles de la classe afin qu'elles soient témoins des coups qu'il va recevoir; mais le pédant, jaloux, les renvoie et pardonne.

Peppe Nappa a une singulière manière de mettre le chapeau sur la tête de son maître : il va chercher une échelle et la lui applique sur le dos pour le coiffer. C'est surtout après le départ du maître d'école que la classe s'en donne à cœur joie. Les petits garçons se battent, les petites filles crient. Les grandes filles courent aux portes et font entrer de jeunes amoureux qui viennent danser un pas du terroir. Mais Peppe Nappa, qui avait été conduire son maître jusqu'au bout de la rue, rentre, vêtu de la grande robe noire du professeur et la tête enfouie dans le profond chapeau. Grande terreur des écoliers et écolières; mais l'erreur est vite reconnue : on veut le battre; il menace d'appeler le maître : alors deux des plus mutines lui apportent des macaronis, des œufs pour l'amadouer. Pendant qu'il dévore et se donne une indigestion, toute la classe disparaît. Le pédant rentre et trouve Peppe Nappa tout à fait ivre de nourriture. Remontrances, discours sur la sobriété, le tout assaisonné de coups. Le pauvre serviteur veut, pour montrer le repentir de sa conduite passée, aider son maître à retrouver ses élèves; mais alors c'est un tas d'allées et de venues dans lesquelles Peppe Nappa, toujours vêtu en professeur, reçoit les coups d'un rival du pédant. La pièce finit par le mariage de toutes les écolières d'un âge raisonnable avec leurs amoureux du village. Peppe Nappa seul ne trouve pas de femme dans la classe.

PIERROT.

Le théâtre des Funambules, fondé en 1816 par Bertrand, était un spectacle de chiens savants, de parades et de danseuses de corde, où l'on jouait parfois des pantomimes. Le mime principal était alors Félix Charigny, qui, sous le nom de Pierrot, avait l'emploi des Gilles.

Vers 1830, la salle des Funambules s'étant transformée en un théâtre de pantomimes et de vaudevilles, on vit paraître un homme de génie dans son genre, Deburau, qui, pendant quinze ans, attira tous les *dilettanti* de la vieille farce française mêlée à la fantaisie italienne.

La pantomime avec Deburau fut alors tout ce qui nous resta de l'ancienne comédie italienne. Mais combien le type de Pierrot subit de changement! Deburau (*planche* 20) le transforma comme Dominique avait transformé Arlequin. Son incomparable talent se prêtant à toutes les nuances de la mimique, il fit Pierrot tantôt bon, généreux par insouciance; tantôt voleur, faux, même parfois avare. Tantôt poltron, tantôt téméraire; presque toujours pauvre, s'il s'enrichit, il a vite dépensé et mangé sa fortune; ses défauts incorrigibles sont la paresse et la gourmandise.

Deburau transforma non-seulement le moral, mais encore le physique, l'extérieur du personnage. Son costume procéda d'abord de celui de Charigny, qu'il remplaça en 1825. La veste de laine, courte, à gros boutons, aux manches étroites dépassant les mains, devint bientôt une blouse ample en calicot, aux larges et longues manches comme celle du Paillasse italien. Il supprima la collerette qui portait ombre sur sa figure par la position de la rampe et nuisait aux jeux de sa physionomie, et, au lieu du serre-tête blanc et du chapeau pointu de son prédécesseur, il fit ressortir la blancheur de son visage en l'encadrant d'un bonnet de velours noir. Aujourd'hui, le véritable nom de ce type serait plutôt celui de *Pagliaccio;* mais puisqu'il fut généralement reconnu et baptisé *Pierrot,* conservons-lui son nom.

« Avec lui, dit M. Th. Gautier, le rôle de Pierrot s'était
» élargi, agrandi; il avait fini par occuper toute la pièce,
» et, cela soit dit avec tout le respect qu'on doit à la
» mémoire du plus parfait acteur qui ait jamais existé,
» par s'éloigner de son origine et se dénaturer. Pierrot, sous
» la farine et la casaque de l'illustre bohémien, prenait des
» airs de maître et un aplomb qui ne lui convenaient pas;
» il donnait des coups de pied et n'en recevait plus; c'est à
» peine si Arlequin osait lui effleurer les épaules de sa batte;
» Cassandre y regardait à deux fois avant de le souffleter.
» Il embrassait Colombine et lui prenait la taille comme
» un séducteur d'opéra-comique; il menait l'action à lui
» tout seul, et il en était arrivé à ce degré d'insolence et
» d'audace qu'il battait même son bon génie.... La person-
» nalité si forte du grand acteur débordait le type. »

« Et du Pierrot blafard brisant le masque étroit,
Le front de Deburau perçait en maint endroit. »

M. Jules Janin a publié une biographie de Deburau,

intitulée : DEBURAU, *Histoire du Théâtre à quatre sous, pour faire suite à l'Histoire du Théâtre-Français*, 1833.

« Ne pouvant nous passionner au Théâtre-Français, dit-il, nous allons nous passionner où nous pouvons, par exemple aux théâtres des boulevards. C'est dans un de ces théâtres ignorés, dans le plus petit, dans le plus infect de tous, à la lueur de quatre misérables chandelles et dans une atmosphère méphitique, à côté d'une ménagerie qui hurle pendant que les acteurs chantent, que nous avons découvert et admiré, et applaudi à outrance le grand comédien, et, qui plus est, le grand Paillasse Deburau.

» Le plus grand comédien de notre époque, Jean-Baptiste Deburau, est né le 31 juillet 1796.... Comment il est Deburau, je ne saurais le dire. Le fait est qu'il a fait une révolution dans son art. Il a véritablement créé un nouveau genre de Paillasses, quand on en croyait toutes les variétés épuisées. Il a remplacé la pétulance par le sang-froid, l'enthousiasme par le bon sens; ce n'est plus le Paillasse qui s'agitait çà et là, sans raison et sans but; c'est un stoïcien renforcé qui se laisse aller machinalement à toutes les impressions du moment, acteur sans passion, sans parole et presque sans visage; qui dit tout, exprime tout, se moque de tout, qui jouerait sans mot dire toutes les comédies de Molière; qui est au niveau de toutes les bêtises de l'époque, et qui leur donne une vie réelle; inimitable génie qui va, qui vient, qui regarde, qui ouvre la bouche, qui ferme les yeux, qui s'en va, qui fait rire, qui attendrit, qui est charmant!

» Aujourd'hui son sort est aussi brillant qu'il a été triste autrefois..... M. Nicolas-Michel Bertrand, directeur des Funambules, a fait à son Gilles un engagement digne de lui, Nicolas-Michel Bertrand. Après bien des démarches inutiles et bien des fouilles infructueuses dans les archives de ce royaume comique, nous avons été assez heureux pour nous procurer cette pièce si importante pour l'histoire de l'art. »

Spectacle des FUNAMBULES.

Engagement.

« Entre les soussignés, M. Nicolas-Michel Bertrand, directeur du spectacle des Funambules, demeurant à Paris, boulevard du Temple, n° 18, d'une part;

» Et M. Jean-Baptiste Deburau, artiste funambule-mime, demeurant à Paris, faubourg du Temple, n° 28, d'autre part;

» Sommes convenus de ce qui suit, savoir :

» 1° Moi, Bertrand, j'engage, par ces présentes, M. Deburau, pour remplir dans ma troupe l'emploi des Pierrots, et généralement tous les rôles qui lui seront distribués par moi ou le régisseur ;

» 2° Moi, Jean-Baptiste Deburau, m'engage à jouer tous les rôles; danser et figurer dans les ballets, divertissements, *marches,* pantomimes et toutes autres pièces; *faire les combats;* suivre la troupe, si elle était mandée pour fêtes et réjouissances particulières et publiques, sans rien exiger que les voitures que le déplacement pourrait occasionner.

» Je consens à me conformer aux règlements établis ou à établir pour l'ordre du spectacle, et *à me contenter du luminaire, du chauffage* et des costumes qui me seront fournis par l'administration.

» En cas de maladie, le directeur se réserve le droit de suspendre les appointements de l'artiste jusqu'au jour de sa rentrée.

» L'artiste sera tenu de se fournir de linge suivant les costumes, *de bas, chaussure, rouge et gants.* L'administration se charge des costumes et accessoires, etc., etc.

» Moyennant les clauses ci-dessus, fidèlement exécutées, M. Bertrand s'engage à payer à M. Deburau la somme de trente-cinq francs par semaine pendant tout le cours du présent engagement. Le présent engagement est fait pour trois années, qui commenceront le lundi de Pâques mil huit cent vingt-huit, pour finir le dimanche des Rameaux mil huit cent trente et un.

» Veulent les parties, d'un commun accord, que le présent engagement ait même force et valeur que s'il était passé par-devant notaire, sous peine, par le premier contrevenant, de payer à l'autre partie un dédit fixé à la somme de mille francs.

» Fait double et de bonne foi, etc., le 10 décembre 1826.

» *Signé* : Bertrand, Deburau. »

Article additionnel. — « M. Deburau se charge de plus de l'entretien des armes et du service des accessoires généralement quelconques des pièces, c'est-à-dire de les garder, de les distribuer chaque soir, les renfermer ensuite, etc.

En considération du présent article, M. Bertrand s'engage à payer à M. Deburau *dix francs* par semaine en outre de ses appointements, ce qui est accepté par lui.

» *Signé :* Bertrand, Deburau. »

Les pantomimes-arlequinades-féeries à grand spectacle où Deburau était extraordinaire de verve, de gestes et de physionomie, où il se livrait à toutes les fantaisies, sont : *le Bœuf enragé, Ma Mère l'oie, la Mauvaise Tête, le Billet de mille francs.*

Les Épreuves, grande pantomime-arlequinade en treize tableaux, dans le genre anglais, de Deburau et de M. Charles :

Arlequin, Cossard. *Pierrot,* Deburau. *Pandolphe,* Laplace. *Léandre,* Orphée. *Isabelle,* mademoiselle Isménie. *La Fée,* madame Lefèvre.

Le vieux Pandolphe a Isabelle pour fille; elle est amoureuse d'Arlequin, qu'une fée protége. Léandre veut épouser Isabelle, qui s'enfuit avec son amant. Pandolphe, suivi de son valet Pierrot et de Léandre, possesseur d'un talisman, court après eux.

Pierrot est sur une place publique; au lieu de suivre son maître, il flâne autour d'une boutique de pâtissier et se décide enfin à y entrer; mais il s'est trompé, c'est chez une modiste qu'il se trouve quand il a passé le seuil; n'ayant que faire de tous les bonnets qu'on lui offre, il sort pour entrer chez le pâtissier, de l'autre côté de la place. Mais les boutiques font un *chassé-croisé* fantastique, et c'est encore chez la modiste que Pierrot se retrouve. Ce manége se

PIERROT
1840

répète plusieurs fois, et lasse la patience de Pierrot, qui finit par en rire. Il perd la tête et fait des incohérences. Il bouscule l'étal des savetiers, prend des poses si absurdes et si ridicules devant les clients d'un restaurateur, qu'ils s'en vont scandalisés. Passe une laitière, il lui achète du lait pour deux sous et se le fait verser dans un pot de chambre sale, qu'il a été chercher on ne sait où; puis, ayant trouvé un cheveu sur le lait, il fait le dégoûté, ne veut pas payer : de là grande altercation. Impatienté, il finit par rendre la marchandise, qu'il verse du pot de chambre dans la boîte de la laitière. Cette conduite de *galopin* finit par avoir sa punition. Les dupes se coalisent et, dix contre un, poursuivent vaillamment Pierrot. Le beau Léandre et Pandolphe arrivent à son secours. De là, grande bataille à coups de balai.

Au tableau suivant, Pierrot, pour dépister ses ennemis, se cache sous les habits d'un saltimbanque; il arrive au milieu d'une fête de village, et là, aidé de Pandolphe qui joue du violon et de Léandre qui joue du trombone, il tape sur la grosse caisse, de manière à la défoncer : les villageois de sauter, mais de se fâcher bientôt, on ne sait trop pourquoi. Pierrot et ses acolytes ont la *male chance* contre eux : ils se sauvent devant les coups qui pleuvent.

Ensuite Pierrot a la tête coupée dans une auberge; on la lui recolle. Le docteur, qui n'est autre qu'Arlequin, demande son salaire; mais Pierrot se prétend mal recollé, et reçoit de ce faux docteur une volée de coups de batte. Dans un tableau suivant, il s'est déguisé en femme, sans doute pour échapper aux maléfices d'Arlequin. Il veut laver son linge, quand on ne sait par quelle fantaisie pantomimesque, un Anglais à favoris roux et à col de chemise impossible, vient charger Pierrot de lui laver des couches d'enfant. Pierrot trouve ce linge dégoûtant, se dispute, jette l'Anglais dans le lavoir, et se sauve en chipant ces hardes qu'il va *laver* chez le premier marchand de chiffons venu.

Il est encore dans une auberge; en l'absence de la servante, il dorlote le moutard au maillot, qui (c'est traditionnel) se permet de salir ses langes. Entre un voleur : Pierrot n'a d'autre arme que les langes de l'enfant; il s'en sert si adroitement qu'il met le voleur en fuite. Après avoir touché tant de linge sale, il faut se nettoyer. Il cherche des bains, mais il n'y a que des bains de femmes dans ce pays-là. Il se permet de passer un bonnet et un jupon, et entre dans l'établissement où il est reçu assez mal, car, sur un coup de baguette de la fée, les bains se changent en une rôtissoire où Pierrot rissole à la broche.

Débroché et n'ayant plus d'habit, il s'enrôle et *se fait soldat pour en avoir un (sic)*. Dispute avec un caporal, duel au pistolet. Pierrot ne met qu'une chandelle dans le sien, mais il plante cette chandelle au beau milieu du visage de son adversaire. Ce fait d'armes remarquable le fait nommer tambour-major à l'instant même. Il passe la revue de tous ses tambours, dont le plus âgé n'a pas quatre ans. La pièce finit par une apothéose où l'on voit Léandre bafoué, il a perdu son talisman; Arlequin et Isabelle, unis par un Amour aux ailes de carton, vêtu d'une guirlande de roses, d'un jupon bleu de ciel et d'un carquois : il étend ses bras protecteurs vers les deux amants, et leur promet une vie de bonheur éternel.

« On a prétendu, dit M. Champfleury, que Deburau était mort d'une chute dans le *troisième dessous* des Funambules. Deburau est mort d'un asthme qui le minait depuis cinq années.

» Les médecins lui avaient prescrit un repos assez long; mais il songeait à *son* public. Depuis cinq ans, il toussait à *rendre les poumons*. Sitôt qu'il entrait en scène, la maladie le quittait; il redevenait, pour un quart d'heure, jeune, heureux et bien portant. Cependant la terrible maladie attendait dans les coulisses, sous le quinquet huileux, et posait sa griffe sur la poitrine du mime, à chacune de ses *sorties*.

» La toux devint tellement impérieuse, que Deburau fit relâche forcément. Un jour, il se trouva mieux; l'affiche annonça sa *rentrée*.

» Deburau ne jouait pas depuis trois semaines au plus, et la *queue* s'étendait frétillante, grouillante, nombreuse à remplir cinq théâtres.

» Notez qu'on donnait *les Noces de Pierrot*, une farce qui a été jouée six cents fois au théâtre des Funambules. On s'imagine les cris et les huées des spectateurs pendant la première moitié de la soirée. Au dehors, ceux qui n'avaient pu entrer criaient et huaient double. Après les trois vaudevilles on frappa les trois coups d'usage.

» La toile se leva avec lenteur, Deburau parut dans son costume de blanc fiancé, un bouquet à la boutonnière, une jolie fille sous le bras. Il est impossible de rendre l'enthousiasme de la salle; c'était de la frénésie. Les quatre cents têtes du paradis étaient joyeuses; les huit cents yeux dévoraient le mime; les quatre cents bouches hurlaient : « Bravo! » cela tenait du délire. Ceux qui n'avaient pu entrer applaudissaient à la porte.

» Deburau mit simplement la main sur le cœur, au-dessous de son bouquet de fiancé. Une larme coula sur la farine de son visage.

» Une vraie larme au théâtre est si rare!

» Peu après, un petit incident prouva bien la sainteté de cette représentation. Sur le théâtre, à l'introduction de la pantomime, sont groupés des paysans et des paysannes. A l'écart, le bailli (M. Laplace), qui est un traître, rumine ses projets infâmes. L'orchestre entame la ritournelle de la contredanse.

» A l'ordinaire, Deburau se livrait à des danses excentriques, dont il a emporté le secret, qui étaient un mélange des pas du directoire et des pas plus audacieux du *cancan*. Ému plus que d'habitude, le cœur trop plein de joie, Deburau ne dansa pas.

« Le *chahut!* cria une voix de voyou en goguettes.

» — Non! non! » répondit la salle tout entière.

» Le peuple grossier a soudain des moments d'exquise délicatesse : il avait compris l'émotion de son grand comédien.

» Le soir, à minuit, un rassemblement se forma dans la rue des Fossés-du-Temple, près de la petite entrée noire et enfumée des acteurs. Deburau sortit; il avait conservé, par pressentiment sans doute, son blanc bouquet de fiancé.

» C'était son bouquet d'épousailles avec la Mort.

» Les mille voix crièrent : « Vive Deburau ! » Mais la Mort, la goule cruelle, avait hâte d'étreindre dans ses bras son pâle époseur.

» Il mourut à quelques jours de là (1846). »

Peu de temps avant cette dernière représentation dont parle M. Champfleury, une représentation des *Épreuves* avait amené un incident où je fus témoin de l'amour du public pour Deburau; c'est là qu'il fit cette chute à laquelle on a faussement attribué sa mort.

A la fin du dixième tableau, Deburau devant disparaître dans une trappe et la trappe fonctionnant mal, il frappa du pied avec impatience, et ce fut précisément à cet instant qu'il s'engloutit. Son corps ayant perdu l'aplomb, sa tête porta en arrière contre le plancher. Le décor changé, comme la scène restait vide, le régisseur vint annoncer que M. Deburau s'était blessé.

Le public allait se retirer après avoir compati à la douleur de son mime, quand Deburau apparut et voulut continuer : « Assez ! assez ! » lui cria de partout le public idolâtre. Mais, d'un geste, Pierrot fit comprendre qu'il avait *trop de cœur* pour ne pas continuer, et la salle croula sous les applaudissements et les bravos des spectateurs.

Ma mère, qui était avec moi dans une loge d'avant-scène, l'ayant vu dans la coulisse se tenir la tête dans une attitude de souffrance, envoya le lendemain demander de ses nouvelles, et c'est à cette occasion qu'il lui écrivit pour la remercier en même temps d'un article à sa louange qu'elle avait fait paraître dans le *Constitutionnel* :

« Madame,

» Permettez que je vous adresse mes doubles remercî-
» ments pour l'intérêt que vous voulez bien prendre à un
» petit accident qui n'a eu aucune suite fâcheuse pour moi,
» et pour le bienveillant article inséré dans le *Constitu-*
» *tionnel,* dans lequel, vous préoccupant de mon avenir
» avec bonté, vous faites ressortir mon faible talent avec
» une verve et une chaleur véritablement entraînantes.

» Je ne sais en quels termes vous exprimer ma reconnais-
» sance. Ma plume est comme ma voix sur la scène, mais
» mon cœur est comme mon visage, et je vous prie d'en
» accepter l'expression sincère [1].

» J'ai l'honneur d'être votre serviteur,

» Deburau.

» *P. S.* — J'avais l'intention d'aller moi-même vous
» remercier, mais les répétitions m'en ont empêché. Veuil-
» lez, je vous prie, m'excuser.

» Paris, 9 février 1846. »

« Deburau était charmant de manières. Il ne se laissait pas tenter par la moindre pointe de champagne, craignant, disait-il, pour ses nerfs, et ayant besoin du calme le plus complet pour son jeu. Je n'ai jamais vu d'artiste plus sérieux, plus consciencieux, plus religieux dans son art.

---

[1] Cette jolie phrase a été rapportée de mémoire par ma mère dans l'*Histoire de ma vie,* et je la restitue ici, ayant sous les yeux l'autographe longtemps égaré.

Il l'aimait de passion et en parlait comme d'une chose grave, tout en parlant de lui-même avec une extrême modestie. Il étudiait sans cesse et ne se blasait pas, malgré un exercice continuel et même excessif. Il ne s'inquiétait pas si les finesses admirables de sa physionomie et son originalité de *composition* étaient appréciées par des artistes, ou saisies par des esprits naïfs. Il travaillait pour se satisfaire, pour essayer et pour réaliser sa fantaisie, et cette fantaisie, qui paraissait si spontanée, était étudiée à l'avance avec un soin extraordinaire. » (G. Sand, *Histoire de ma vie.*)

Le fils de Deburau a pris l'emploi de son père en 1847. Il est peut-être le plus joli et le plus élégant Pierrot qui ait existé. C'est par la souplesse, la grâce et la fantaisie charmante qu'il s'est acquis, à bon droit, une grande vogue.

Paul Legrand, né à Saintes en 1820, joua d'abord, sur le théâtre des Funambules, les comiques dans le vaudeville, les Léandres dans la pantomime. Ce n'est qu'en 1845 qu'il aborda les rôles de Pierrot. Élève de Deburau, il lui succéda dans son emploi en 1846. Il a soutenu sur le même théâtre et soutient encore avec honneur aux *Folies-Nouvelles* cette double rivalité de la mémoire de Deburau et des succès mérités de son fils. Il a moins d'élégance de formes, mais ne plaît pas moins aux yeux par ses attitudes; il a des ressources étendues, une belle figure d'une expression très-caractérisée, un monde d'idées et d'inventions comiques et bizarres, et, ce qui distingue particulièrement son talent, une grande puissance d'effets pathétiques et dramatiques. Comme le célèbre Thomassin, il fait rire et pleurer en même temps : c'est donc, lui aussi, un mime de premier ordre.

Les premières créations de Paul Legrand aux Funambules furent : *l'OEuf rouge et l'OEuf blanc*, *Pierrot valet de la Mort*, *Pierrot pendu*, de M. Champfleury; *Pierrot récompensé*, *Pierrot marquis*, etc.

Appelé à Londres, en décembre 1847, par madame Céleste, directrice du théâtre d'Adelphi, il resta un an en Angleterre. Mais les Anglais, habitués au jeu plus exagéré de leurs clowns, ne comprirent rien aux expressions fines et spirituelles du Pierrot français, qui cherchait à rendre tout le contraire de ce qui pouvait plaire à son grossier public.

P. Legrand revint aux Funambules en 1849, et s'y trouva remplacé par Deburau fils; mais tous les Pierrots sont frères : ils jouèrent concurremment ensemble : *les Deux Pierrots*, *les Trois Pierrots*, avec Dimier, dit *Calpestri*; *les Deux Blancs*, etc.

En 1853, un nouveau théâtre de pantomimes s'étant ouvert (les Folies-Nouvelles), P. Legrand y fut engagé, et, depuis ce jour, maître de ses actions, libre de toute entrave, et pouvant livrer carrière à toute sa fantaisie, il a donné au type de Pierrot une couleur originale et unique qui lui est propre. Il est du reste parfaitement secondé par Vauthier (Polichinelle remarquable); Chauvin, dit *Charlston*, qui est, lui aussi, un mime de beaucoup d'avenir; Saqui (Arlequin), fils de la célèbre madame Saqui; Cossard cadet (Arlequin); Laplace (excellent Cassandre), qui succéda à

Placide, et en qui semble s'être personnifié le type du vieux Cassandre. Mesdemoiselles Balothe et Lebreton remplacent aujourd'hui les anciennes Colombines de la pantomime : Zélie Cossard, Lefebvre, Reine, Rébard et Isménie.

CLOWN.

Le Pierrot, ou plutôt le bouffon anglais, est un être bizarre et fantastique, dont aucun type chez nous ne donne idée. Le STENTERELLO florentin seul pourrait s'en rapprocher par son jeu et ses lazzis singuliers. Et puis, quelle singulière fantaisie a présidé à l'habillement de ce personnage, qui semble avoir pris naissance chez les sauvages de l'Amérique! Vêtu d'un tricot collant, blanc, rouge, jaune, vert, aux couleurs mi-parties de pièces d'étoffe rayée, à pois ou à carreaux; la face enfarinée, enjolivée de raies, de moustaches, de sourcils impossibles, les joues colorées d'un carmin brutal, le front se prolongeant jusqu'au sommet de l'occiput surmonté d'une perruque d'un rouge ardent, du haut de laquelle part une petite queue roide poignardant le ciel. Ses manières ne sont pas moins singulières que son costume : il n'est pas muet, comme notre Pierrot, il tient au contraire des discours très-bouffons, et c'est en outre un acrobate très-exercé aux tours de force. Kemp, mort depuis peu, et aujourd'hui Boxwel, Clowns du Cirque, sont les types de ce personnage. Il est impossible de voir Boxwel sans admirer sa force et son adresse et sans crever de rire à ses lazzis si variés et si bizarres.

Pour définir le Pierrot anglais, M. Champfleury cite le passage suivant, emprunté à M. Baudelaire :

« Le Pierrot anglais n'est pas le personnage pâle comme
» la lune, mystérieux comme le silence, souple et muet
» comme le serpent, droit et long comme la potence,
» auquel nous avait accoutumés Deburau. Le Pierrot
» anglais arrive comme la tempête, tombe comme un
» paquet, et quand il rit, il fait trembler la salle. Ce rire
» ressemble à un joyeux tonnerre. C'était un homme court
» et gros, ayant encore augmenté sa prestance par un
» costume chargé de rubans superposés, qui faisaient
» autour de sa personne l'office des plumes et du duvet
» autour des oiseaux, ou de la fourrure autour des angoras.
» Par-dessus la farine de son visage, il avait collé crûment,
» sans gradation, sans transition, deux énormes plaques de
» rouge pur. La bouche était agrandie par une prolonga-
» tion simulée des lèvres, au moyen de deux bandes de
» carmin ; de sorte que, quand il riait, la bouche avait l'air
» de s'ouvrir jusqu'aux oreilles. Quant au moral, le fond
» était le même que celui que nous connaissons : insou-
» ciance égoïstique et neutralité ; *inde*, accomplissement de
» toutes les fantaisies gourmandes et rapaces au détriment
» tantôt de l'Arlequin, tantôt de Cassandre et de Léandre.
» Seulement, là où Deburau eût trempé le bout du doigt
» pour le lécher, il y plongeait les deux poings et les deux
» pieds, et toutes choses s'exprimaient ainsi, dans cette sin-
» gulière pièce, avec emportement : c'était là le vertige de
» l'hyperbole. Pierrot passe auprès d'une femme qui lave
» le carreau de sa porte : après lui avoir dévalisé les poches,

» il veut faire passer dans les siennes l'éponge, le balai, le
» paquet et l'eau elle-même. »

Ce personnage exagéré de la pantomime anglaise descend directement des paysans bouffons du théâtre de Shakspeare. Aucun auteur dramatique ne comprit, comme lui, son public. Il sut non-seulement captiver l'attention de la reine Élisabeth et de sa cour, en mettant en scène des héros comme il n'en existait plus de son temps, mais il sut aussi amuser et satisfaire son grossier parterre de matelots buvant et fumant pendant la représentation. Il sut faire dire à ses clowns ce que chaque naïf spectateur eût voulu dire en pareille circonstance. Il sut enfin adapter à la scène anglaise le type éternellement en vogue de Bertoldo le libre parleur.

Au commencement du dix-huitième siècle, débuta sur le théâtre de la Comédie italienne à Paris, un danseur, sauteur, acrobate et pantomime, nommé Grimaldi, dit *Jambe-de-fer*, lequel, dansant un jour, à Paris, devant l'ambassadeur turc, fit un tel bond en son honneur, qu'il heurta le lustre de cristal suspendu au-dessus de sa tête. Une des girandoles, détachée par la secousse, alla frapper le nez de l'ambassadeur de la Sublime Porte et faillit lui crever un œil. Grande colère du Turc, qui porta plainte au ministère, demandant sans doute le supplice du *pal* pour punir le maladroit danseur. Mais le ministre ne condamna Grimaldi qu'à faire des excuses, en public, au représentant inviolable du Grand Turc.

Grimaldi eut un fils, Giuseppe Grimaldi, qui parcourut longtemps les foires d'Italie et de France, dansant et jouant la pantomime. En 1755, il alla s'établir en Angleterre et jouer les ballets-pantomimes sur le théâtre du roi, dans *Haymarket*. Les critiques du temps ne trouvaient qu'un défaut à ce bouffon italien, qui devint *Clown* en Angleterre, celui « d'être trop comique ». Il mourut en 1788.

Un de ses fils, Joe Grimaldi, eut une grande célébrité en Angleterre au commencement du siècle, comme mime, à Drury-Lane. M. Charles Dickens n'a pas dédaigné de rédiger et de faire publier ses Mémoires.

LELIO.

FLAVIO, ORAZIO, CINTHIO, OTTAVIO, LÉANDRE.

Aujourd'hui, sur nos théâtres, l'emploi d'amoureux se divise en emplois de grand premier rôle, de jeune premier, de petit amoureux et d'amoureux comique. Dans l'ancienne comédie italienne, l'amoureux n'est rien qu'amoureux; mais, comme il se trouve presque toujours dans une situation comique, il est presque toujours ce que l'on appelle aujourd'hui l'amoureux comique. Son rôle, plus développé que celui de l'amoureuse primitive, l'est cependant moins, dès le principe, que ceux des types bouffons, en vue desquels les pièces sont faites. Ce que l'on exigeait particulièrement de l'amoureux, c'était une belle taille, une jolie figure, une voix agréable, de l'élégance et les manières d'un cavalier du beau monde. Les portraits qui nous sont parvenus nous montrent de beaux hommes, habillés à la dernière mode de leur temps.

Cependant l'amoureux, jouant parfois deux genres de pièces, était un comédien sérieux. Ordinairement cet emploi était rempli par le chef de la troupe, comme Flaminio Scala, qui, sous le nom de Flavio, fut un comédien illustre.

FLAVIO.

Le nom de FLAVIO avait déjà qualifié les amoureux sur la scène italienne avant Flaminio Scala. Le jeune Flavio de Ruzzante dans *la Vaccaria* (1533) est ainsi décrit par son rival, le riche Polidoro : « Parce qu'il est beau, galant, fécond en sonnets, parce qu'il sait la musique et prendre les manières de cour, parce qu'il est tiré à quatre épingles comme un Espagnol, Flavio s'imagine conserver l'amour de Fiorinetta! Que fera-t-il quand il verra l'argent l'emporter sur toute chose? Il maudira le sort contraire et le ciel impitoyable. »

Polidoro représente l'amoureux riche, discourtois et déplaisant. Mais le beau, l'élégant gentilhomme de cette époque, celui qui, sans argent, plaît aux femmes, le miroir de la mode et la fleur du bel esprit n'est pas mal ridicule aussi parfois, et nous soupçonnons Ruzzante de l'avoir montré à dessein sous son aspect efféminé dans la comédie appelée *Anconitana*. Deux jeunes beaux de l'époque, fils de famille, seigneurs siciliens, sont réduits, par des vicissitudes romanesques, à gagner leur vie, et tout ce qu'ils savent faire, c'est de se mettre au service de quelque dame noble (*gentil donna*), l'un en qualité de poëte, et promettant de la louer éternellement en prose et en vers : « Je mettrai toute mon étude à faire valoir ses charmes en rimes choisies, et je louerai, vanterai avec amour tantôt ses yeux charmants, tantôt ses blondes tresses, tantôt sa belle gorge, tantôt sa main blanche, tantôt son doux regard, ses paroles, ses gestes, sa grâce, son honnêteté, ses vêtements et sa démarche : et cela de diverses manières, en chapitres, en épîtres, en épilogues, en églogues, en chansons, en impromptus, en sonnets, en madrigaux, en stances, en odes, en facéties, en ballades. »

L'autre, renchérissant sur cette frivolité d'emploi, s'offre en qualité de valet de chambre parfumeur. « Les femmes auxquelles je rendrai mes services n'auront pas à craindre ces emplâtres et ces onguents qui restent collés aux lèvres de vos maris, quand ils veulent vous embrasser. Je sais faire des eaux distillées des plantes ou des bois odoriférants, lesquelles non-seulement embellissent le visage et le col, mais encore remplissent la chair des plus suaves odeurs : eau pour crêper et blondir les tresses, eau pour découvrir et unir le front, eau pour rougir et rembrunir les cils, eau pour colorer les joues, eau pour rendre les lèvres roses, eau pour les dents blanches, eau à blanchir le cou, eau pour adoucir la gorge, eau pour blanchir les mains. Leurs vertus employées sur les diverses parties du corps dureront trois jours et trois nuits, et il n'en résultera pas, comme de ces vulgaires onguents, cette pâleur ombrée de couleurs différentes qui reste sur le visage le lendemain matin. Je tiens de l'odeur au musc, à la civette, à l'ambre, au benjoin, à la lavande, au styrax, et, plus ou moins, j'y mêle une mixture des sucs de certaines autres herbes ou fleurs, ce qui devient tellement suave, que je maintiens l'odeur de ces aromes capables de conserver le corps et l'âme. Les eaux rousses parfumées, les eaux de *jasmin*, de fleurs d'oranger, de fleurs de cédrat, je les répute nulles, parce que je distillerai les essences de plantes inconnues qui l'emporteront comme odeur sur celles qui sont les plus admirables et les plus précieuses aujourd'hui. »

En 1576, Flaminio Scala (Flavio), *comico acceso* (amoureux), dans la fleur de l'âge et du talent, se mit à la tête de la troupe des *Gelosi*, et, pendant vingt-huit ans, sut obtenir les suffrages de la France et de l'Italie. Cette troupe, reconstituée à Venise en 1576, vint à Blois en 1577 jouer devant le roi Henri III; puis à l'hôtel de Bourbon, qui n'était plus qu'une galerie et une chapelle, et où l'on établissait à l'occasion un théâtre pour les fêtes de la cour. Le chef-lieu ordinaire de la compagnie des *Gelosi* était Florence. De là, elle faisait des tournées dans les principales villes d'Italie et en France.

De 1576 à 1604, les personnages et acteurs de cette troupe remarquable furent, dans l'emploi des amoureux : Flavio (Flaminio Scala), Oratio (Orazio Nobili, né à Padoue), Aurelio (Adriano Valerini, gentilhomme de Vérone, docteur en droit et assez bon poëte latin); il quitta les *Gelosi* en 1579 pour prendre la direction des *Comici uniti*. C'est à la tête de cette troupe qu'il fut accueilli, en 1583, par le cardinal Charles Borromée à Milan; Cintiio (Cintio Fidenzi), Fabrizio.

Les amoureuses : Isabella (Isabella Andreini), Flaminia, Ardelia, Lidia (seconde femme de G. B. Andreini), Laura.

Les servantes : Franceschina (Silvia Roncagli), Vittoria (Antonella Bajardi), Ricciolina (Maria Antonazzoni), Olivetta, Ortensia, Nespola. Les vieilles étaient jouées sous le nom de Pasquella.

Les valets : Pedrolino, Arlecchino, Burattino, Grillo, Mezzetino, Cavicchio (paysan), Ciccialboncio (paysan), Bigolo, Memmei, Piombino.

Les vieillards : *il dottore* Graziano, Pantalone, Zanobio, Cassandro, Cornelio, Tosano, Adorne, Claudio, Cataldo; *il capitan* Spavento (Francesco Andreini), Nicoletto. Sireno, qui fut un des premiers rôles de Domenico Bruni (Fulvio), qui entra dans la troupe en 1594. Il avait alors quatorze ans; fils d'un vieux comédien, errant, presque nu, il fut accueilli par Scala et engagé pour improviser quelques bouts de rôles, en attendant qu'il fût en âge de tenir l'emploi des amoureux. Quelques années plus tard, il passa au service de la princesse de Piémont.

Les deux autres apparitions les plus remarquables qu'aient faites, en France, Flaminio Scala et sa troupe paraissent être celles de 1588 et de 1600, avec la célèbre Isabella Andreini, son mari et son fils. Après la mort d'Isabella, Flaminio Scala, fatigué du théâtre, abandonna la conduite de la troupe qui se dispersa. Il s'occupa de l'impression de ses ouvrages dramatiques qui se montent à plus de cinquante, et aida en outre son ami Francesco Andreini à publier les manuscrits qu'Isabella avait laissés. Le recueil de Flaminio Scala est intitulé : *il* Teatro *delle favole rappresentative, overo la ricreatione comica, boscareccia* (champêtre) *e tragica; divisa in cinquanta giornate. Composte da Flaminio Scala, detto Flavio, comico del sereniss. sig. duca di Mantoua. In Venetia* 1611.

Dans le recueil de ces canevas, les scènes ne sont pas dialoguées, mais cependant exposées avec assez de détails. Personne n'avait pris ce soin avant lui; on n'avait de fixé que des fragments ou scènes détachées, bouffonneries pour ainsi dire classiques, traditions des atellanes, qui s'intercalaient, plus ou moins à propos, dans les canevas de libre improvisation. Flaminio Scala sut les coudre plus habilement à des canevas d'une forme plus suivie et plus claire, et en faire véritablement son œuvre. Il les joua par toute l'Italie, ainsi que les comédies de Groto, de Lasca, de Cecchi, de Beolco, et même des tragédies et des opéras-ballets. Cette méthode de jouer les deux genres, l'*impromptu* et l'*académique*, a duré jusqu'au dix-huitième siècle, dans les troupes qui parcouraient l'Italie, la France et l'Allemagne.

En tête du recueil de Flaminio Scala, on lit avec intérêt une préface ou discours *aux lecteurs courtois*, écrite par Francesco Andreini, *Comico geloso, detto capitano Spavento*, laquelle prouve que Flaminio Scala fut le premier rédacteur et auteur sérieux de canevas proprement dits.

« L'homme qui naît en ce monde doit, dans sa jeunesse, s'appliquer à quelque genre de mérite, pour en vivre honorablement, se contenter lui-même et charmer les autres, par la raison que l'homme ignorant et vicieux est mauvais pour lui-même et nuisible à son prochain. Ainsi, celui qui voudra parvenir à quelque genre de perfection, doit faire un choix parmi les sept arts libéraux et s'y exercer. Je ne parlerai pas de Lysippe, de Roscius, de Socrate, de Tite, de Varron, et de tant d'autres qui, de grossiers et ignorants, se sont faits grands et immortels par le moyen de la science et de la vertu.... Je dirai seulement que le *signor* Flaminio Scala, dit Flavio sur le théâtre, se conformant à cette maxime de conduite, se donna dès sa jeunesse au noble exercice de la comédie (chose non dégradante pour sa noble naissance), et dans cet exercice fit tant et de tels progrès, qu'il mérita d'être placé au premier rang des bons comédiens.... C'est pour cela que le *signor* Flavio, après de longues années consacrées à réciter la comédie, a voulu laisser au monde, non ses belles paroles, non ses magnifiques *concetti*, mais ses comédies qui, en tout temps et en tout lieu, lui ont fait le plus grand honneur. Le *signor* Flavio aurait pu (il avait pour cela toute la capacité requise) étendre ses œuvres et les écrire mot à mot, comme les auteurs ont coutume de faire; mais de ce que, aujourd'hui, on voit beaucoup trop de comédies imprimées avec des versions différentes et qui secouent le frein des bonnes règles, il a voulu, par cette *sienne nouvelle invention*, publier seulement le scénario de ses comédies, laissant aux beaux esprits (propres seulement à l'art de bien dire) le soin de les dialoguer. »

Francesco Andreini ajoute que, pour faciliter la représentation et la mise en scène de ses pièces, Scala a fait un argument pour chacune, nommé et distingué les personnages, et dressé une liste des habits et objets nécessaires sous la dénomination de *robbe* (accessoires) *per la comedia*.

Cette liste est curieuse en ce qu'elle révèle une mise en scène assez compliquée :

« Une tête semblable à celle du prince de Maroc.

Une belle valise en peau.

Un bâton *pour bâtonner*.

Un plat de figues et beaucoup de lanternes.

Quatre torches blanches allumées.

Deux vestes à la hongroise.

Une chatte vivante et un coq vivant.

Deux feux avec de la fumée.

Beaucoup de chemises pour habiller Arlequin en femme.

Quatre chiens de chasse et un habit de chasseur ridicule pour Arlequin.

Une cassette de bijoux, une chemise et un poignard pour Isabelle.

Deux boîtes de bonbons, un paquet de chandelles et un morceau de fromage.

Deux bagues semblables.

Un grand miroir à pied et beaucoup de monnaie.

Les lanternes n° 6.

Deux habits et deux barbes postiches pour habiller deux notaires.

De la composition pour imiter le sang d'une blessure.

Un panier avec un paquet de lettres dedans.

Quatre habits d'Esprits.

Un tout petit portrait de femme.

Une barbe semblable à celle de Pantalon.

Un habit de voyage, c'est-à-dire un chapeau de feutre, des bottes et des éperons.

Une chemise sale et mouillée pour le Capitan.

Une lune simulée qui se lève.

Deux fusées volantes.

Un grand arbre pour s'asseoir dedans.

Quatre beaux habits de nymphes.

Un pot de nuit avec du vin blanc dedans.

Des arbres peints pour se transformer.

Deux enfants au maillot, vivants.

Un très-beau navire.

Un tremblement de terre, etc., etc. »

Nous croyons jeter une lumière utile sur une époque peu connue de notre sujet, en traduisant, comme spécimen, un des canevas ou journées (*giornate*) de Flaminio Scala, non comme une œuvre qui aurait de la valeur aujourd'hui, mais comme une preuve de l'habileté relative à laquelle étaient déjà arrivés les auteurs et les comédiens *dell' arte*.

TROISIÈME JOURNÉE.

LES RUSES D'ISABELLE.

Argument. « Une gentille veuve de qualité persuade à son propre frère de lui amener son amant, sous prétexte de vouloir faire épouser à celui-ci une jeune fille séduite et abandonnée par lui. Le frère ayant découvert la ruse et connaissant l'amoureux digne de sa sœur, consent à leur mariage. »

Personnages de la comédie.

Pantalon, Vénitien.

Pedrolino, son valet.

Flavio, amoureux de Flaminia.

Orazio, le frère d'Isabelle.

Isabelle, veuve, sœur d'Orazio, amoureuse du capitan Spavento.

Arlequin, valet d'Orazio et d'Isabelle.

Le capitan Spavento, amoureux d'Isabelle.

Flaminia, sœur de Spavento, amoureuse de Flavio.

Burattino, hôtelier.

Franceschina, sa femme.

Deux Fourbes, amis de Pedrolino.

Deux Voleurs, agissant pour leur propre compte.

Accessoires pour la comédie.

Beaucoup de monnaie. Vêtements pour habiller trois gueux. Une enseigne d'hôtellerie. Une paire de souliers. Un couteau qui coupe bien. Un panier avec des provisions de bouche. La lanterne n° 3. Une broche de cuisine. Un long bâton.

(*A Pérouse.*)

ACTE PREMIER.

Le capitan Spavento, Flavio, puis Flaminia.

Spavento raconte à Flavio, son ami, qu'il est amoureux d'Isabelle, veuve de qualité et sœur d'Orazio. Le sachant lié avec Orazio, il le prie de vouloir bien lui en parler et de tâcher d'obtenir de lui la main de sa sœur Isabelle. *Flavio* lui promet de s'y employer, et, à son tour, découvre au capitan que, lui aussi, est amoureux et vient d'écrire une épître amoureuse. *Flaminia* se montre à sa fenêtre, appelle son frère le capitan et lui dit de rentrer, des lettres étant arrivées pour lui; après quoi elle se retire. *Flavio*, lui ayant vu un livre à la main, demande au capitan ce que sa sœur a tant à étudier? *Le Capitan* dit qu'elle ne fait autre chose, du matin au soir, que de lire des romans de chevalerie et des histoires d'amour. *Flavio* prie le capitan de lui corriger la lettre qu'il a écrite, avant qu'il l'envoie à celle qu'il aime. *Le Capitan* la prend, mais il dit qu'il la donnera à corriger à sa sœur Flaminia, qui est plus habile et plus instruite que lui. Il rentre dans la maison, après avoir rappelé à Flavio la promesse qu'il lui a faite de parler de lui à Orazio. *Flavio* se réjouit de la bonne fortune qui fait parvenir ainsi sa lettre à *Flaminia*, qu'il adore. (*Il sort.*)

PANTALON, PEDROLINO.

Pantalon raconte à son valet comme quoi il est vivement épris d'Isabelle, et lui demande comment il faudrait s'y prendre pour l'avoir pour femme. « Ce serait de vous marier avec elle, » lui répond Pedrolino. *Pantalon* lui raconte ensuite que, après avoir débauché sa servante Franceschina, il l'a mariée à Burattino l'hôtelier, avec une dot de cinq cents livres, et qu'en outre il lui a promis de lui faire cadeau de mille ducats, le jour où elle mettrait au monde un enfant du sexe masculin. *Pedrolino* loue beaucoup cette œuvre de charité, et vante la générosité de son maître. Le sachant si magnifique, il l'aidera volontiers dans sa recherche en mariage auprès d'Isabelle. Après quoi ils s'en vont par la rue.

Franceschina, Burattino, puis Isabelle et le Capitan.

Ils sortent de chez eux en parlant de leurs petites affaires de ménage, de leur position qui n'est pas brillante, mais de laquelle ils pourraient cependant sortir, si Franceschina mettait au monde un garçon, Pantalon lui ayant promis mille ducats pour ce jour-là. *Burattino* dit à sa femme que cela dépend d'elle. *Franceschina* lui répond que c'est sa faute, etc., et ils se font des reproches réciproques en se disputant. Le bruit qu'ils font attire Isabelle à sa fenêtre : elle réprimande Franceschina de se quereller ainsi avec son mari ; mais *Burattino* lui répond qu'elle ait à se mêler de ce qui la regarde et l'envoie promener, lorsque arrive *le Capitan*, qui, prenant la défense de son adorée, menace Burattino de le frapper. *Isabelle* demande grâce pour lui, et le renvoie avec Franceschina, après leur avoir donné de l'argent pour qu'ils n'aient plus à se quereller ensemble.

Le Capitan, Isabelle, puis Arlequin et Flavio.

Le Capitan, après de grands saluts à Isabelle, lui demande des nouvelles de son frère et de Flavio. *Isabelle* dit ne les avoir point vus, et reçoit les hommages du Capitan, qui fait le galant et lui dit mille douceurs ; mais la conversation amoureuse est interrompue par Arlequin, valet de la maison, qui se fâche contre Isabelle et la fait rentrer, la menaçant de tout dire à son frère Orazio, qui ne veut point voir le Capitan. *Le Capitan,* en colère, menace Arlequin, qui le frappe. Flavio les sépare, et renvoie Arlequin, qui sort en faisant de terribles menaces au Capitan. Arlequin parti, le Capitan se met dans une furieuse colère et court après lui.

Flavio, puis Flaminia, Arlequin, le Capitan et Orazio.

Monologue de *Flavio* sur l'amour qu'il a pour Flaminia. Celle-ci paraît à sa fenêtre. Après les politesses et saluts d'usage, *Flavio* lui demande si elle a reçu une lettre d'amour dont son frère s'était chargé, afin de la lui faire corriger. *Flaminia* lui répond qu'elle a reçu cette lettre, et qu'elle s'est fort bien aperçue qu'elle lui était destinée. *Flavio* avoue la vérité et lui déclare sa passion; mais ils sont interrompus par *le Capitan* et *Arlequin,* celui-ci armé d'un gros bâton. Ils font un grand bruit en se querellant et se battant. *Orazio* est au milieu d'eux et cherche à les séparer. *Flavio* court à son aide; et s'injuriant, criant, se bousculant, tous sortent.

Burattino, puis deux Voleurs.

Burattino, ayant, avec l'argent d'Isabelle, été chercher des provisions pour l'hôtellerie, revient avec un panier plein de victuailles. Mais il veut d'abord prendre un à-compte sur le souper, et manger quatre bouchées avant de rentrer chez lui. Il s'assied au milieu de la scène et se dispose à manger, quand deux voleurs viennent, le saluent très-poliment et s'assoient sans façon de chaque côté de lui. L'un des deux entame la conversation, et lui raconte qu'il est du pays de Cocagne, pays où l'on mange fort grassement et copieusement. Pendant ce temps, l'autre compagnon mange une partie des provisions de Burattino. Ayant fini, il prend la parole, et attirant toute l'attention de Burattino qui l'écoute la bouche béante, il lui fait un discours en trois points sur l'indélicatesse et sur les châtiments rigoureux qui attendent les voleurs. Pendant ce temps, le premier orateur du pays de Cocagne dévore et avale les restes du panier. Après quoi, ils s'en vont avec force politesses. *Burattino*, revenu de l'étourdissement que lui a causé leur flux de paroles, se met en devoir de manger, mais il ne trouve plus que le vide, et rentre chez lui en pleurant : ce qui termine le premier acte.

ACTE DEUXIÈME.

Flavio, Orazio, Arlequin, puis le Capitan.

Flavio prie Orazio de mettre de côté toute rancune, et, par amitié pour lui, de faire la paix avec le Capitan, qui est son ami bien plus qu'il ne croit. *Orazio* y consent. *Le Capitan* arrive; à sa vue, *Arlequin* se sauve, rentre dans la maison, et, de la fenêtre, se fait assurer contre la colère de son ennemi. *Flavio* l'ayant rassuré, fait faire la paix entre Orazio et le Capitan, et, tous joyeux de cette bonne amitié, s'en vont par la rue.

PANTALON, PEDROLINO, puis ISABELLE et FLAMINIA.

Pantalon, qui a vu partir les jeunes gens, se dit que le moment serait peut-être favorable pour parler à Isabelle. Il tousse, gratte à la porte, et fait mille autres singeries pour faire remarquer sa présence. *Isabelle* se montre à la fenêtre, et, par coquetterie, leur dit qu'elle veut prendre un peu d'air en faisant un tour de promenade. En même temps, elle fait signe à Flaminia, à la fenêtre de la maison d'en face, de venir avec elle dans la rue. *Isabelle* et *Flaminia* viennent en scène, se font conter fleurette par Pantalon et son valet. *Isabelle*, feignant de ne pouvoir résister à leur éloquence, avoue qu'elle est amoureuse de Pantalon et Flaminia de Pedrolino. Mais elle veut une preuve d'affection, et prie Pantalon de venir lui donner une sérénade le soir même. *Pantalon* lui en promet trois, après quoi les dames rentrent chacune chez elle, et Pantalon, ainsi que Pedrolino, ivres de joie, se mettent à sauter et à danser comme des fous : ce qui fait sortir de chez eux *Franceschina* et *Burattino*, qui se moquent d'eux en voyant leurs singulières gambades. *Pantalon* s'en va.

BURATTINO, FRANCESCHINA, PEDROLINO.

Burattino et sa femme continuant à plaisanter Pedrolino, celui-ci finit par se fâcher et leur dit qu'il se vengera, qu'il cherchera un moyen. Comme les risées de l'hôtelier continuent de plus belle, *Pedrolino* lui promet, s'il ne se tait point, de lui séduire sa femme et de le faire *un becco*. *Burattino* rit de la menace; mais *Franceschina* va prendre le manche à balai, et tombe sur Pedrolino qui se sauve. Après quoi, les époux rentrent en se réjouissant de l'avoir houspillé.

FLAVIO, ISABELLE.

Flavio entre en se plaignant de l'indécision où il est de savoir s'il est aimé ou non de Flaminia, et il cherche un prétexte pour lui parler de nouveau. La lettre qu'il a écrite et qu'elle a dans les mains est un moyen. *Isabelle*, de sa fenêtre, a entendu tout ce monologue, et, voulant faire une nouvelle malice, elle lui demande s'il a rencontré Orazio et le Capitan qui le cherchent pour l'inviter à leurs noces, car Orazio va épouser Flaminia, et le Capitan, elle-même. Après quoi, elle se retire en riant sous cape. Flavio reste suffoqué de cette nouvelle inattendue. *Burattino*, le voyant absorbé, s'approche de lui et lui demande si, par hasard, il ne connaîtrait pas quelque secret pour avoir des enfants mâles. *Flavio* se retourne, ne lui dit pas un mot, et sort. *Burattino*, de son côté, mécontent de n'avoir pas reçu de réponse, rentre chez lui.

PANTALON, PEDROLINO, trois Musiciens, ISABELLE et FLAMINIA.

Pantalon et *Pedrolino* disposent leurs musiciens, et les font jouer et danser sous les fenêtres d'Isabelle et de Flaminia, qui se montrent et remercient gracieusement les donneurs d'aubades de leur politesse. *Pedrolino* et *Pantalon* se retirent tout joyeux avec leurs instrumentistes. *Isabelle*, après leur départ, restée à sa fenêtre, prie Flaminia, à sa fenêtre aussi, de venir honorer de sa présence le mariage qu'elle va contracter avec Flavio, son amant depuis longtemps. C'est son frère le Capitan qui a arrangé et conclu cette affaire. *Flaminia*, blessée au cœur, s'excuse de ne pouvoir y aller, et se retire tout en larmes. *Isabelle*, après avoir inventé cette nouvelle malice, et ayant porté ce méchant coup au cœur de Flavio et de Flaminia, mais sachant bien comment les guérir, se retire fort satisfaite.

Pantalon, Pedrolino, Burattino.

Pantalon montre à Pedrolino une paire de souliers tout neufs qu'il vient d'acheter pour douze sous (*baiocchi*). *Pedrolino*, après les avoir examinés, dit que ce sont de vieux souliers, et qu'il est honteux à un homme comme Pantalon d'acheter de pareilles choses. *Burattino*, qui allait consulter le médecin, un vase de nuit à la main, demande à Pantalon s'il veut les lui vendre pour douze sous, au prix qu'il les a achetés. *Pantalon* dit qu'il le veut bien. « Mais à une condition, dit *Burattino* : c'est que chacun de vous mette en gage un sou dans ma main, et que celui qui s'en repentira perdra un sou. » La convention faite, *Burattino* prend un couteau et commence à fendre une semelle par le milieu, disant : « Qui se repentira perdra un sou. » Un soulier éventré, il prend l'autre, recommence la même opération. Arrivé à la moitié de la semelle, il demande : « Qui s'en dédit de vous deux? » Et comme l'un et l'autre répondent qu'ils ne s'en dédisent point, il leur dit : « Si vous ne vous en repentez pas, je m'en dédis, moi! » et jetant là les souliers coupés, il ramasse son pot et court chez le médecin. *Pantalon* et *Pedrolino* se regardent, et s'aperçoivent que Burattino s'est moqué d'eux. Ils s'en vont en s'indignant de son astuce, ce qui termine le second acte.

ACTE TROISIÈME.

Isabelle, Arlequin, puis Orazio.

Isabelle dit à Arlequin qu'elle va parler avec Orazio son frère, et que si celui-ci le questionne, il ait à dire la même chose qu'elle. *Orazio* arrive. *Isabelle* lui raconte alors comme quoi Flavio vient d'arriver chez elle, conduisant une jeune fille de Naples, séduite par le Capitan et abandonnée par lui, bien qu'il lui ait juré de l'épouser. Cette jeune dame s'est fiée à la loyauté de Flavio, le sachant ami du Capitan; mais Flavio, voulant qu'elle obtienne réparation, s'est promis de faire en sorte que le Capitan tienne sa promesse. Et il a trouvé à cet effet une ruse : c'est, avec la permission d'Orazio bien entendu, de dire au Capitan qu'elle, Isabelle, est amoureuse de lui, et qu'il vienne la nuit prochaine la trouver dans sa maison; mais là il trouvera, à sa place, la jeune fille qu'il avait abandonnée et réparera ainsi ses torts en l'épousant. *Orazio* y consent, demande où est cette jeune dame. « Elle est chez moi, » dit Isabelle. *Arlequin*, questionné également, répond la même chose, ce qui décide *Orazio* à aller chercher le Capitan, afin de l'envoyer promptement. Isabelle rentre chez elle, suivie d'Arlequin qui ne comprend rien à ce que sa maîtresse a raconté et aux réponses qu'il a faites.

FLAVIO, FLAMINIA, puis PANTALON.

Flavio, désespéré de ce que lui a dit Isabelle, veut s'expliquer avec Flaminia. Il frappe à sa porte et *Flaminia* vient. Elle est fort en colère contre lui; elle pleure et se plaint qu'il l'ait trompée, mais il peut bien épouser Isabelle, ce ne sera pas elle qui y mettra obstacle. *Flavio*, de son côté, lui fait de durs reproches au sujet d'Orazio, qu'elle veut épouser. « Je n'y ai jamais songé, » dit *Flaminia*. Au milieu de leur querelle arrive *Pantalon*, qui cherche à la consoler et reproche à Flavio les belles larmes qu'il fait verser. Il trouve un moyen d'arranger tout : c'est que Flaminia l'accepte pour mari; il renoncera facilement à Isabelle « dont il avait commencé la conquête. » *Flaminia*, par dépit, dit à Flavio qu'elle épousera *Pantalon*, tout vieux et tout malade qu'il est, ce qui flatte peu le bonhomme. *Flavio* sort en fureur. *Pantalon*, resté seul avec sa future, lui fait des cajoleries et veut se permettre des privautés; mais il est rudement repoussé. *Burattino*, l'ayant vu si malmené, vient en se moquant le tirer de sa consternation. *Pantalon*, ne sachant à qui s'en prendre, injurie Burattino et sort tout en colère.

BURATTINO, PEDROLINO, puis deux Vauriens et FRANCESCHINA.

Burattino regarde partir Pantalon et rit de sa bêtise, quand *Pedrolino* déguisé en malheureux, ayant une grande barbe postiche et un emplâtre sur l'œil, lui demande l'aumône; *Burattino* l'envoie au diable en lui disant d'aller travailler. *Pedrolino* lui dit que c'est pour avoir trop travaillé qu'il a été chassé de son pays. En ce moment un vaurien, ami de Pedrolino et d'accord avec lui, arrive déguisé en marchand, feint de l'apercevoir pour la première fois, le salue, le remercie, et lui donne de l'argent pour le récompenser de l'immense service qu'il lui a rendu en lui faisant avoir un héritier. Le faux marchand est bien aise de l'avoir trouvé pour le payer, ne devant pas rester davantage dans la ville, et il s'en va. *Burattino*, ayant écouté cette conversation, voudrait bien être au courant de ce dont il s'agit, quand arrive un second vaurien, d'accord avec Pedrolino comme le premier, qui vient lui dire que son secret, qui ne fait naître que des garçons dans les familles, a encore parfaitement réussi, et s'en va. *Burattino* retient alors Pedrolino, qui feint de vouloir s'en aller; il appelle sa femme, et les voilà tous les deux à questionner ce mystérieux opérateur. *Pedrolino* ne peut leur révéler son secret, mais libre à eux d'éprouver l'excellence de ses connaissances occultes. Le mari et la femme, s'étant consultés, le cajolent et l'entraînent chez eux.

Le Capitan, Orazio, Isabelle.

Orazio ayant fait confidence au Capitan de l'amour d'Isabelle pour lui, celui-ci, enchanté, consent de grand cœur au mariage. *Isabelle*, appelée par son frère et ayant manifesté sa joie d'avoir le Capitan pour mari, le conduit, sur un ordre d'Orazio, dans la maison. Après l'y avoir fait entrer, elle revient dire à son frère qu'elle a fait conduire le Capitan dans sa propre chambre, où il va rencontrer la jeune Napolitaine qu'il ne s'attend guère à trouver là. *Orazio* rit beaucoup de la farce que l'on joue au Capitan, et va trouver Flavio pour l'avertir du bon succès de cette affaire. Isabelle, qui veut faire d'une pierre deux coups, appelle Flaminia.

Isabelle, Flaminia. (*Il fait nuit.*)

Flaminia s'étonne de voir Isabelle à cette heure au milieu de la rue. La raison en est bien simple, lui dit la rusée *Isabelle*, mon pauvre frère Orazio est là dans la maison, qui pleure et se lamente parce que vous ne voulez pas de lui pour mari. Soyez généreuse, venez le consoler. *Flaminia*, toujours en colère contre Flavio, prend la résolution d'y aller. Elles entrent chez Isabelle.

Flavio, puis Arlequin et Isabelle.

Flavio, au comble de la colère contre Flaminia, veut, par dépit, épouser Isabelle; il espère qu'Orazio consentira facilement à leur union. *Arlequin*, envoyé par Isabelle, vient prier Flavio d'attendre un instant sa maîtresse, qui veut lui parler; *Isabelle* arrive, congédie son valet, et fait à Flavio de fausses confidences : c'est-à-dire qu'elle épouse le Capitan à contre-cœur et qu'elle le préférerait beaucoup s'il voulait y consentir. Elle est veuve et peut se remarier à sa guise, et lui, Flavio, est libre, puisque son amoureuse Flaminia en épouse un autre. *Flavio*, persuadé, consent à l'épouser, et ils entrent dans la maison en se tenant par le bras.

Pantalon, Burattino.

Pantalon, une lanterne à la main, cherche sa maison, quand *Burattino* lui dit qu'il ait à apprêter les mille écus promis à Franceschina, parce qu'elle va accoucher très-incessamment d'un garçon. *Pantalon*, fort content, va préparer l'argent. *Burattino* rentre chez lui.

Orazio, puis Arlequin, le Capitan.

Orazio, impatienté de ne pouvoir trouver Flavio, va pour rentrer chez lui et frappe à coups redoublés à la porte, qu'il trouve fermée. *Arlequin* accourt, une lanterne énorme à la main, et fait taire Orazio en lui disant qu'il fait trop de bruit et qu'il va incommoder les jeunes époux : « Ah! lui dit-il, votre sœur Isabelle est une habile femme, d'avoir su trouver un mari pour elle, et marier Flaminia en même temps! » *Le Capitan*, s'éclairant aussi d'une lanterne, vient serrer la main d'Orazio et le remercier de lui avoir donné sa sœur pour femme. *Orazio* ne comprend pas ce qu'il veut dire.

Flavio, Flaminia, Isabelle, *les précédents*.

Flavio et *Flaminia*, se tenant par la main, ont fait la paix, et félicitent Isabelle d'avoir mené si adroitement cette intrigue. *Orazio* demande où est la jeune dame napolitaine. *Isabelle* lui avoue que la jeune Napolitaine et elle sont la même personne, et lui découvre que l'histoire qu'elle a inventée n'était qu'une ruse pour amener son frère à lui donner de sa propre main le Capitan, qu'elle aimait. Orazio, après s'être beaucoup étonné, trouve le Capitan d'une naissance égale à la sienne et consent à tout. On entend une grande rumeur dans l'hôtellerie.

Pedrolino, Burattino, Franceschina, *les précédents.*

Pedrolino se sauve, poursuivi par Burattino, qui, armé de sa broche de cuisine, veut le tuer. Tous les séparent et demandent la cause de cette querelle. *Pedrolino* dit que Burattino s'était moqué de lui et que, pour se venger, il lui avait promis de le faire *becco*. « C'était donc là, dit *Burattino*, tout ce beau chien de secret! » *Pedrolino* ajoute qu'il n'a pas voulu le mettre à exécution dans la crainte de nuire à sa réputation. Mais *Franceschina* lui réplique qu'il en a menti et que c'est elle qui l'a repoussé et battu. On leur fait faire la paix. Après quoi, *le Capitan* épouse *Isabelle; Flavio, Flaminia,* et ainsi se termine la comédie. »

On voit, par ce canevas long et pourtant sec, à l'état d'*ossatura,* comme on disait alors, que la comédie, qui ne faisait que commencer en France, était faite en Italie; aussi bien intriguée, aussi bien conduite que celle que nos auteurs apprirent à faire une cinquantaine d'années plus tard. Excepté les lazzis *des souliers de Pantalon* et du *souper de Burattino,* qui ne se rattachent guère à l'action et qui ont l'air d'être de ces scènes traditionnelles intercalées de force dans les représentations pour satisfaire une certaine partie du public, le scénario des *ruses d'Isabelle* et tous ceux du même recueil sont très-habilement faits, et ne laissent rien à désirer comme proportion et comme développement logique. Si on les compare aux œuvres contemporaines de notre pauvre Jean de la Taille, on reconnaîtra que, par la suite, les Italiens ont été fort heureusement nos maîtres. Il est vrai que les élèves ont bien profité et que notre dix-septième siècle a su prendre sa revanche. Mais laissons à l'Italie ce qui lui revient de droit, la précocité dans les arts. Il est vrai encore de dire qu'elle recueillait, à travers les âges, les fruits de son antique civilisation, tandis que nous marchions vers l'avenir, les mains vides de ces richesses que lui avait léguées le passé.

Mais ce qui nous a toujours fait défaut, c'est une individualité complète; celle que nous ont faite nos grands maîtres est un travail d'abeilles. Les fleurs ne poussaient pas sur notre sol; le vol de ces esprits ingénieux et puissants a franchi les Alpes et les Pyrénées, épuisé les sucs précieux et rapporté le miel. Nous en sommes fiers à juste titre, mais soyons justes quand même. Avant Molière, avant Corneille, avant Calderon et Lope de Vega (et quarante ans avant que Shakspeare fût né), Angelo Beolco (*voyez* Ruzzante) avait créé le théâtre moderne.

LELIO.

Giovanni-Battista Andreini, fils de Francesco Andreini et de la célèbre Isabella, naquit à Florence en 1579. Il paraît avoir été le premier acteur qui porta le nom de Lelio au théâtre. Il remplaça, en qualité d'amoureux, dans la troupe des *Gelosi*, Domenico Bruni (Fulvio).

Après la mort d'Isabella Andreini (1604), la troupe des *Gelosi* se dispersa. G. B. Andreini prit, en 1605, la direction de celle dite *i Fedeli*, à laquelle vint s'adjoindre plus d'un ancien *Geloso*, entre autres Giovanni-Paolo Fabri, connu sous le nom de Flaminio. G. B. Andreini épousa à

Milan, en 1601, Virginia Ramponi, jeune et belle Milanaise, connue sous le nom de Florinda. Après la mort de celle-ci, Andreini épousa en secondes noces Lidia, actrice d'un grand mérite.

En 1613, Andreini composa une pièce en cinq actes et en vers libres, qu'il dédia à Marie de Médicis et qui fut jouée cette année même à Milan. Cette pièce religieuse (*rappresentazione sacra*) est intitulée *Adamo*. On y voit figurer Adam et Ève, le Père éternel, l'archange Michel, Satan, Lucifer, les Esprits infernaux élémentaires; les sept Péchés mortels, les Séraphins, les Anges, la Mort, la Faim, la Chair, le Serpent. Ce n'est en résumé qu'un mystère du quinzième siècle.

L'édition de 1613, de Milan, est fort curieuse avec ses gravures de Procaccini, intercalées à chaque scène. Sa dédicace à la reine de France donna à celle-ci la curiosité de connaître l'auteur et la troupe. Il vint donc à Paris en 1613, et joua bon nombre de ses pièces jusqu'en 1618. Il revint s'installer à l'hôtel de Bourgogne en 1621 jusqu'en 1625. Il perdit son père à cette époque et fit ses adieux à la France dans un ouvrage, moitié théâtral, moitié mystique, intitulé *Teatro Celeste* « Théâtre Céleste, où l'on voit comment la bonté divine a appelé au rang de bienheureux et de saints plusieurs comédiens pénitents et martyrs, et où l'on exhorte poétiquement ceux qui exercent la profession du théâtre à pratiquer leur art sans offenser la vertu, tant pour laisser sur la terre un nom honoré que pour ne pas se fermer, par le vice, la route qui mène au paradis. Dédié à mon illustrissime et révérendissime seigneur et très-respecté patron, le cardinal de Richelieu; par Gio. Batt. Andreini, de Florence, appelé, au théâtre, Lelio. »

Dans cet ouvrage, Andreini fait la louange des comédiens pieux. C'est une réclamation de l'acteur en faveur de sa profession. Plusieurs de ses sonnets sont à la louange, l'un de saint Ardélion, acteur païen, martyr comme saint Genest, l'autre en l'honneur du comédien Giovanni Buono, de Mantoue, qui, retiré dans un cloître, vivait dans la pénitence, et était regardé comme un saint : « Celui qui excita si longtemps le rire s'est changé en une source de larmes. »

Puis, c'est la béatification de frère Jean le pécheur, ancien comédien d'Adria, qui, dans sa cellule de moine, « donne aux anges le spectacle de ses mortifications et de sa piété. » Ensuite, c'est l'éloge des comédiens qui exercent leur art vertueusement. Un sonnet entier est consacré à la mémoire de sa mère Isabella Andreini. Il compare la vie humaine, telle qu'elle s'accomplit sur le théâtre du monde, à une folle représentation théâtrale. Le poëte exhorte les acteurs déréglés à rentrer dans le sentier de l'honnêteté. Puis, dans ses derniers sonnets, il dit adieu au théâtre, au monde, et aspire à faire pénitence. « Scène trompeuse, je pars ! Jamais il ne m'arrivera plus de me dresser, fier et paré, sur votre sol. Oui, j'abandonne tout ce vain éclat, en même temps que je m'éloigne des beaux sites de la France.... »

Andreini partit, en effet, avec sa troupe (*i Fedeli*); mais il en resta cependant directeur jusqu'en 1652, époque à laquelle il se retira, âgé de soixante-treize ans, « honoré

de la faveur des princes, nommé capitaine des chasses du duc de Mantoue, membre de la société des *Spensierati*. »
Il avait composé, à lui seul, un nombre si grand de pièces, pastorales, comédies, canevas, qu'aucun biographe n'en a encore réuni la liste complète.

En la seule année 1622, il publia à Paris *la Sultana*, *l'Amor nello specchio*, *la Ferinda*, *Li due Leli simili*, *la Centaura*. Ses pièces se ressentent du goût de l'époque, elles sont pleines d'obscénités. « Quoi qu'il en soit, dit Riccoboni,
» Giov. Battista Andreini était un homme d'esprit et de
» lettres, et je suis persuadé que s'il eût vécu cinquante ans
» plus tôt, il aurait suivi le chemin des autres et que nous
» aurions de lui quelque bonne comédie; mais enfin il était
» auteur et comédien, il ne pouvait pas écrire autrement
» que les beaux esprits de son temps faisaient, et que son
» intérêt lui conseillait. »

ORAZIO.

Marco Romagnesi, acteur de talent, connu sous le nom d'*Orazio*, orthographié aussi *Horatio*, vint en France vers 1645 avec sa femme Brigida Bianchi (AURELIA). Loret rend compte de représentations qui eurent lieu à Vincennes en 1659, où « l'époux d'Aurelia fit *mirabilia* (merveille). »

« *Horace*, en beau discours fréquent,
Faisait l'amoureux éloquent. »

ORAZIO (*planche* 22) porte le costume et possède les manières d'un gentilhomme de l'époque. Il a la moustache et la royale de 1643, coupe de barbe inventée par le roi Louis XIII, auquel « un jour il prit fantaisie de couper la barbe à tous ses officiers, de manière à ne leur laisser qu'un petit toupet au menton. On en fit une chanson :

>Hélas ! ma pauvre barbe,
>Qu'est-ce qui t'a faite ainsi ?
>C'est le grand roi Louis,
>Treizième de ce nom,
>Qui toute a ébarbé sa maison.

Si ridicule que cela fût, tout le monde eut bientôt la barbe *à la royale*. » La longue mèche de cheveux surnommée d'abord *moustache*, et ensuite *cadenette*, en commémoration de M. Cadenet de Luynes qui portait la plus belle touffe de cheveux qu'on ne vit oncques, et qu'il tenait nouée avec un ruban de couleur. Cette mode, déjà vieillie de quelques années, était encore de fort bon goût, ainsi que le chapeau ou feutre gris ombragé de plumes blanches :

>« . . . . Le castor,
>» Orné d'un riche galon d'or,
>» L'ondoyant et venteux pennache
>» Donnant du galbe à ce bravache,
>» Un long flocon de poil natté,
>» En petits anneaux frisotté,
>» Pris au bout de tresse vermeille,
>» Descendait de sa gauche oreille. »

Le rabat de mousseline bordé de guipure et retombant sur les épaules dont il prend la forme :

>« Son collet bien vidé d'empois,
>» Et dentelé de quatre doigts. »

Horace porte le pourpoint couleur céladon ou vert tendre, c'était ce qu'il y avait de meilleur goût :

> « D'un soyeux et riche *tabit*
> » Était composé son habit,
> » Le pourpoint en taillade grande
> » D'où la chemise de Hollande
> » Renflait en beaux bouillons neigeux,
> » Comme petits flots écumeux. »

Les hauts-de-chausses ou canons en satin blanc, bordés d'argent et couverts de rubans qui forment des nœuds à la place des anciennes jarretières passées de mode :

> « Les jartiers à tours et retours,
> » Bouffant en deux roses enflées,
> » Comme deux laitues pommées. »

Le bas de Milan, c'est-à-dire en tricot de soie, les souliers à pont-levis, s'ajustant sur le cou-de-pied par un chou de rubans céladon. La rapière au côté, suspendue dans un large baudrier tout brodé et frangé d'argent, la canne à la main ; frisé, paré, pommadé, fardé, parfumé :

> « La mouche à la tempe appliquée,
> » L'ombrageant d'un peu de noirceur,
> » Donnait du lustre à sa blancheur. »

Voilà Horace allant prendre d'assaut le cœur d'Aurelia ou d'Isabelle, et, comme le personnage d'amoureux que Saint-Amant met en scène et qui énumère les réformes que doit s'imposer un amoureux, il ne fume plus :

> « Je me fais friser tous les jours,
> » On me relève la moustache,

» Je n'entremêle mes discours
» Que de rots d'ambre et de pistache;
» J'ai fait banqueroute au pétun. »

Malgré ce soin extrême de sa personne et sous cet extérieur efféminé, Horace est un cavalier aussi dangereux pour ses rivaux que pour les femmes qu'il veut séduire. Comme don Juan, pères, tuteurs, maris, frères, femmes et serviteurs ne le détourneront jamais de ses entreprises. Il a toujours un coup d'épée prêt pour ses rivaux, un soufflet pour ses valets, et une flatterie mielleuse, persuasive et tant soit peu railleuse pour ses maîtresses. C'est le gentilhomme du *dernier bien mis*, comme l'on disait alors, qui ne connaît de la vie que le luxe, la toilette, les chevaux, les duels et les femmes. Il sort des bras d'Aurelia pour courir se jeter aux pieds d'Isabelle, et s'il rencontre les soubrettes Béatrix ou Diamantine, il oublie sa nouvelle passion pour leur en conter et tromper son valet lui-même. Prodigue de sa vie comme de sa bourse, il est brave jusqu'à la témérité et ses rivaux lui cèdent toujours le pas. Le type d'Horace est plus qu'un amoureux, c'est un héros de galanterie, dont la devise est : « Fais ce que veux, advienne que pourra. »

Romagnesi joua les amoureux jusqu'en 1660, époque de sa mort.

En 1653, Turi, né à Modène, fils de l'acteur qui jouait les rôles de Pantalon, tenait l'emploi des seconds amoureux, sous le nom de Virginio. Après la mort de son père, il quitta le théâtre à l'âge de quarante ans et se retira à Modène où il prit l'habit de carme déchaussé. Peu de jours après avoir prononcé ses vœux, il mourut et fut inhumé dans le couvent (1670).

En 1660, la troupe italienne étant définitivement fixée à Paris, le cardinal fit venir d'Italie un *primo innamorato* pour remplacer la perte que la troupe venait de faire en la personne de Marco Romagnesi (Orazio). Un acteur ayant pour nom de théâtre VALERIO vint remplir cet emploi jusqu'en 1667.

Andrea Zanotti, de Bologne, connu au théâtre sous le nom d'OTTAVIO, débuta, à Paris, sur la scène italienne, dans les seconds amoureux, qu'il joua de 1660 à 1667. Il prit à ce moment l'emploi des premiers. Vers 1684, Zanotti se retira du théâtre et retourna en Italie avec sa famille. C'était un très-bon comédien. On le surnomma le *vieil Octave*, pour le distinguer de J. Baptiste Constantini qui joua aussi sous le nom d'Octave en 1668.

CINTHIO DEL SOLE.

Après le départ d'Ottavio (dit le *vieil Octave*), Mario Antonio Romagnesi prit les premiers rôles, et les joua jusqu'en 1694 sous le nom déjà connu de Cinthio. Un amoureux, dont nous n'avons pas retrouvé le véritable nom, s'était déjà fait connaître à Rome en 1550. Dacagli écrivit même en 1553 une comédie, *la Sbratta*, dans laquelle il joue le rôle important. C'est sous le nom pompeux de Cinthio del Sole que Mario Antonio Romagnesi, né à Rome, débuta à Paris en 1667. Il était fils de Marc Romagnesi (Orazio) et de Brigida Bianchi (Aurelia). Il succéda dans l'emploi des amoureux à Valerio, dont le nom de famille est inconnu.

Dans le théâtre de Gherardi, nous le voyons, dans les rôles d'amoureux, habillé comme les jeunes gens de la fin du dix-septième siècle, avec la grande perruque à la Louis XIV, le rabat de dentelles, la veste et l'habit longs de taille et semblables à un fourreau, l'écharpe sur les hanches, et le chapeau rond, aux bords un peu relevés, entourés de plumes. C'est le costume classique des jeunes gens de Molière : Léandre, Octave, et tous les amoureux.

Dans *Colombine avocat*, Cinthio, passant devant Arlequin, qui s'est vêtu richement mais ridiculement, pour faire le *marquis*, le regarde sous le nez, et, après l'avoir examiné de la tête aux pieds, le prend par une manche de son justaucorps, et lui demande : « Est-ce là la mode?

Arlequin *faisant le brave*. Oui, monsieur, la mode! qu'en avez-vous à faire? Voilà qui est bien plaisant, ma foi! Oui, monsieur, la mode!

Cinthio *froidement*. Ne vous appelez-vous point le marquis de Sbrufadelli?

Arlequin. Oui, monsieur, le marquis de Sbrufadelli, c'est mon nom! qu'en voulez-vous dire?

Cinthio *froidement*. Et vous devez épouser Isabelle, la fille du docteur?

Arlequin *élevant la voix*. Assurément; et qui que ce soit ne m'en empêchera. Je suis de qualité, et j'ai du cœur, morbleu!

Cinthio *d'un air négligent, se met à rire, et lui pousse sa manche jusque sur le nez*. Ah! ah! ah! la belle figure!

ARLEQUIN *enfonçant son chapeau d'une main, et mettant l'autre sur la garde de son épée.* Comment, jerni! à un homme comme moi!... Par la mort! par....

CINTHIO *sèchement.* Que voulez-vous faire de cette épée-là?

ARLEQUIN *radouci tout à coup.* Je veux la vendre, monsieur. La voulez-vous acheter?

Angelo Lolli, qui jouait les *docteurs*, les pères et tuteurs, étant mort en 1694, Romagnesi prit cet emploi, et joua jusqu'en 1697, sous les *noms* de *Cinthio, vieillard Oronte, Persillet, Grognard, le bailli de Bezons, le Docteur*, etc. Romagnesi avait un jeu très-varié, soit comme amoureux, soit comme père. Il resta à Paris après la suppression du Théâtre-Italien, et y mourut en 1706.

Il avait épousé, en Italie, en 1653, Giulia della Chiesa, qui ne joua jamais la comédie, et qui mourut à Londres, en 1675, pendant un voyage que la troupe italienne y fit. Il eut cinq enfants, qui furent :

— Augustin-Alexandre Romagnesi, chevalier de l'Éperon d'or, comte de Boba.

— Hippolyte Romagnesi, religieux et provincial des dominicains, à Rome.

— Gaetan Romagnesi, comédien, mais qui ne joua jamais à Paris, et qui mourut à Bruxelles en 1700, laissant un fils, Antoine Romagnesi, qui fut acteur et auteur de mérite dans la troupe du Régent, en 1724.

— Hiéronimo Romagnesi, mort fou à Charenton.

— Charles Romagnesi, acteur, qui débuta par les rôles d'amoureux (*Léandre*) en 1694.

« Cinthio était homme d'esprit, et a composé en vers et
» en prose. Il fit imprimer en Italie, en 1673, un volume
» de poésies héroïques et amoureuses, sacrées et morales,
» qui furent très-estimées par les plus fameux poëtes de
» l'Italie. Il était bon philosophe, savant dans les belles-
» lettres, d'une conversation douce, les manières polies et
» les sentiments pleins d'honnêteté. Sa famille était noble
» et distinguée. »

Il composa un grand nombre de scénarios pour le théâtre.

Sous le nom d'AURELIO, Bartolomeo Ranieri, Piémontais du mont Cenis, avait succédé à Zanotti (Octave) dans l'emploi de second amoureux. Il avait débuté en 1685. Ce n'était qu'un acteur médiocre, « mais il ne savait pas contenir sa langue et ses opinions politiques. Aussi la cour, informée de ses réflexions malveillantes, lui ordonna de retourner en Italie. » Il partit en 1689, et alla continuer ses études en théologie. Il fut ordonné prêtre, et Riccoboni, le père, dit l'avoir connu et avoir entendu plusieurs fois sa messe.

OTTAVIO.

Le 2 novembre 1688, Jean-Baptiste Constantini, frère puîné d'Angelo Constantini (Mezzetin), étant arrivé de Vérone, sa patrie, débuta au théâtre sous le nom d'OTTAVIO (*planche* 23).

« Le 2 novembre 1688, les comédiens italiens ont joué
» pour la première fois une comédie toute italienne, inti-

OTTAVIO

» tulée *la Folie d'Ottavio*. Celui qui représente Ottavio est
» un jeune homme qui fait le personnage d'amant. Il est
» fils de Gradelin et frère de Mezetin. Il fut applaudi de
» toute l'assemblée. Il joua de sept sortes d'instruments,
» savoir : la flûte, le théorbe, la harpe, le psaltérion, la
» cymbale, la guitare et le hautbois; et, le lendemain, il
» y ajouta l'orgue. Il ne chante pas mal, et danse fort
» bien. Il est bien fait de sa personne. » (*Note de M. de
Tralage.*)

Octave succéda à Aurelio dans l'emploi des seconds amoureux.

En 1694, il prit les premiers rôles, quand Cinthio les quitta pour ceux de docteur et de père.

En 1697, après l'expulsion des comédiens italiens par ordre de Louis XIV, Constantini se retira dans sa patrie, à Vérone, et rendit des services importants aux généraux français pendant la guerre de 1701. Les Impériaux s'en vengèrent en *faisant le dégât* dans ses propriétés.

« Le chevalier de Lislière, envoyé par le roi en Italie
» pour reconnaître les postes, les campements et les mar-
» ches des ennemis, certifie que le sieur Constantini
» Octave, gentilhomme de Vérone, a donné des preuves
» essentielles de son zèle et de son attachement pour la
» France; ayant fait plusieurs voyages par ordre des géné-
» raux, et si utiles, qu'il a été le premier qui a donné
» l'avis de la marche des ennemis en Italie; ce qu'il a fait
» à ses dépens, ayant refusé les gratifications que les géné-
» raux lui ont offertes; et que les ennemis ayant su, et étant
» informés de son zèle pour la France, lui ont ruiné les

» biens qu'il avait aux environs de Vérone; et m'ayant
» demandé le présent certificat, comme ayant été souvent
» chargé de lui donner les ordres des généraux, je n'ai
» pu refuser mon témoignage pour marquer le zèle et l'at-
» tachement dudit sieur Constantini aux intérêts de la
» France, et la manière désintéressée avec laquelle il en
» a donné des preuves.

» Fait au camp de Saint-Pierre de Linage, le 12 juin 1701.

» *Signé* LISLIÈRE. »

Ottavio revint à Paris en 1708 complétement ruiné, et obtint du roi, par la protection du maréchal de Tessé, en récompense des services qu'il avait rendus aux armées devant Vérone, l'inspection de toutes les barrières de Paris. Cet emploi, assez considérable, le mit à même de monter des représentations, et de faire une sorte de théâtre italien aux foires Saint-Germain et Saint-Laurent en 1712. Mais, comme il avait peu d'ordre et beaucoup de besoins, il fit d'assez mauvaises affaires. Aussi, quand la troupe italienne appelée par le Régent vint en France en 1716, il alla offrir ses services à ses compatriotes qui les acceptèrent avec empressement. Mais, soit désordre ou incapacité des gens qu'il employa pour monter les machines et faire les réparations au Palais-Royal, ses camarades le remercièrent au bout d'un mois.

Il mourut, en 1721, à la Rochelle. « Il avait de l'esprit
» et des talents pour la conduite d'un spectacle; mais,
» ainsi que son père Gradelin et son frère Mezetin, l'amour

» effréné des femmes et les dépenses de la table le rendi-
» rent toujours malaisé et misérable à la fin de sa vie. »

Jean-Baptiste Constantini avait épousé, en Italie, une très-belle femme nommée Térésa Corona Sabolini, qui jouait sous le nom de DIANA. Elle ne vint point en France avec son mari.

En 1694, Charles-Vigile Romagnesi de Belmont, petit-fils d'Aurelia et d'Orazio, débuta à la Comédie italienne sous le nom de LÉANDRE.

Doué d'une jolie figure et de talents innés pour l'art dramatique, il joua tous les amoureux jusqu'en 1697. Après la fermeture de la Comédie italienne, il s'engagea dans la troupe de Tortoretti (Pasquariello) et parcourut la France avec lui. Il s'éprit de la fille de Jean-Baptiste Constantini (Ottavio), qui courait aussi la province, alla avec celui-ci en Lorraine, revint à Paris en 1707, où il épousa celle qu'il aimait (Elisabetta Constantini). Il mourut en 1731.

LELIO

(LOUIS RICCOBONI).

« Louis Riccoboni (dit LELIO) était né à Modène en 1674; fils d'un comédien célèbre, il suivit la profession de son père, Antoine Riccoboni, et remplit toujours avec succès l'emploi de premier amoureux sous le nom de FEDERIGO. Il entra dans la troupe de la signora Diana, femme de Jean-Baptiste Constantini, connue dans l'ancienne troupe sous le nom d'OTTAVIA DIANA; elle l'engagea à quitter le nom de Federigo pour prendre celui de Lelio, qu'il a toujours porté depuis, en Italie et en France. Riccoboni avait épousé, en premières noces, la sœur de Francesco Materazzi, qui jouait le personnage du Docteur dans la troupe du Régent. Cette première femme se nommait Gabriella Gardelini, et jouait les soubrettes; mais elle quitta cet emploi pour les secondes amoureuses. Elle mourut jeune et sans laisser d'enfants à Riccoboni, qui se remaria et épousa Elena Baletti (dite FLAMINIA). »

Louis Riccoboni avait été chargé de former la troupe italienne qui vint en France, en 1716, sous le titre de *Comédiens ordinaires de S. A. S. monseigneur le duc d'Orléans, régent de France.* Il avait alors vingt-deux ans.

Le 26 avril 1729, il prit sa retraite avec sa femme Flaminia et son fils François Riccoboni; mais Flaminia et Riccoboni fils rentrèrent au théâtre quelque temps après.

Lelio jouait avec beaucoup d'entrain; « personne ne caractérisait les passions outrées avec tant de vraisemblance ». Il joignait au talent d'acteur excellent celui d'auteur distingué. Il a composé une trentaine de pièces, et, de plus, une *Histoire raisonnée du Théâtre italien*, un *Poëme italien sur la déclamation*, des *Observations sur la comédie et sur le génie de Molière*.

Après avoir pris sa retraite, il se rendit à la cour du duc de Parme, qui lui donna l'intendance des théâtres de son duché et de sa maison. Après la mort de ce prince, il revint en France, où il mourut, en 1753, âgé de soixante-dix-neuf ans.

« Dans l'année 1690, à l'âge de treize ans, dit-il dans

son *Histoire du Théâtre italien*, je commençais à fréquenter le théâtre : presque tous les comédiens de ce temps-là étaient ignorants... Les amoureux étaient des fils de comédiens sans aucune éducation, ou des jeunes gens qui embrassaient la profession de comédien par un principe de libertinage. » Riccoboni parle, dans son Histoire, d'un acteur qui chercha comme lui à relever la *bonne comédie*, c'est-à-dire la comédie classique, apprise par cœur et versifiée.

« Comme dans toutes les professions, dit-il, il se trouve souvent un homme d'esprit et de goût qui se distingue des autres; dans les derniers temps où les comédiens avaient encore la liberté d'aller jouer à Rome pendant le carnaval, un jeune homme de cette grande ville prit le parti de la comédie et suivit une troupe. Il eut le bonheur de tomber entre les mains de Francesco Calderoni, dit Silvio, et d'Agata Calderoni, dite Flaminia, sa femme, dont la mienne est petite-fille, qui, ayant conservé un reste de cet art (la comédie classique), lui ouvrirent une bonne porte et lui montrèrent le bon chemin.

» Ce jeune homme, qui ne cherchait qu'à se faire honneur, passa par tous les degrés de la comédie, et, par son application et son étude, parvint à être chef d'une troupe et le premier acteur de son temps; celui dont je parle se nomme Pietro Cotta, dit Lelio; il a toujours passé pour un homme d'une grande probité, ennemi déclaré de toutes les pensées équivoques et de toutes les licences qui, à la fin du siècle passé, étaient si fort en usage sur nos théâtres déréglés. »

En effet, Lelio voulut relever la comédie « dans toutes

les règles et en vers. » Ce fut à Venise qu'il donna, pour la première fois, l'*Aristodemo, del Dottori*, et il eut soin d'avertir son public « qu'il n'y avait point d'Arlequin dans la pièce, mais que le sujet était très-touchant. » Ce nouveau genre de spectacle n'eut qu'un petit nombre d'admirateurs. *Rodogune, Iphigénie en Aulide* n'amusaient pas la masse du public. Quelques autres directeurs cherchèrent à imiter cette nouvelle école classique, mais sans succès; on demandait Arlequin, Brignelle, Pantalon, les coups de bâton et les bonnes bouffonneries. Pietro Cotta, dégoûté, se retira.

Riccoboni vint en France avec cette manie de tragédie dans la tête. Mais nous n'avions pas besoin de comédiens italiens pour pleurer; il fallait rire : aussi Riccoboni, ayant fait fausse route chez nous aussi, se retira à Parme, où il fit jouer des tragédies ou des comédies classiques françaises, traduites en italien, dans lesquelles Pantalon et le Docteur devinrent de vrais pères nobles, et où les valets, Arlequin et Scapin, perdirent également leur physionomie.

L. Riccoboni fut donc dévoré du singulier désir de détruire la comédie italienne, cette *commedia dell' arte* à laquelle il devait ses meilleurs succès, et dont il a parlé en homme éclairé et compétent dans son ouvrage. Peut-être sa physionomie *sombre*, « qui lui servait à peindre les passions terribles et outrées », lui inspira-t-elle l'idée de se jeter dans le genre sérieux et tragique. Cependant il avait eu une véritable vogue dans son véritable genre.

« Le succès de *l'Italien marié à Paris* et la manière dont
» Lelio et Flaminia dialoguaient leurs scènes firent douter
» à plusieurs personnes qu'elles fussent en effet jouées à

» l'*impromptu*. Les ennemis de la troupe italienne et les
» comédiens français appuyèrent ces soupçons. Cette ques-
» tion était continuellement agitée dans Paris, et surtout
» au café Gradot, où les gens de lettres s'assemblaient
» alors. »

Les deux volumes de Riccoboni, intitulés un peu présomptueusement *Histoire du Théâtre italien*, sont un travail utile à consulter sur la *commedia dell' arte*, bien que fort incomplet, ouvrage mal écrit, et cependant écrit agréablement par un Italien qui fait un français à son usage, et qui ne manque ni d'esprit ni de sens.

Il apprécie avec justesse et finesse l'art du théâtre, bien que, dans l'application de ses théories, il manque très-souvent de goût, ce qui prouve que la critique est plus facile que la pratique.

Louis Riccoboni avait amené avec lui comme second amoureux, en 1716, Joseph Baletti, dit Mario, qui, en 1720, épousa Jeanne-Rose Benozzi, si connue sous le nom de Silvia.

« Mario, que chacun renomme
» Pour un acteur ingénieux,
» Le rôle que tu fais le mieux,
» C'est le rôle d'un galant homme. »

Joseph Baletti, né à Munich, mourut en 1762.

Le 13 avril 1725, Jean-Antoine Romagnesi, fils de Gaëtan Romagnesi, et petit-fils de Mario-Antonio Romagnesi (*Cinthio*), débuta à la Comédie italienne par le rôle de Lelio, y fut reçu, et joua depuis les amoureux sous ce nom. Il naquit à Namur en 1690. Sa mère, Anne Richard, après la mort de *Cinthio*, se remaria, à Bruxelles, avec un certain Duret. Ce beau-père maltraitait fort le jeune homme, qui avait déjà débuté dans la troupe de sa mère avec assez de succès. Il avait alors quinze ans. Outré des duretés de sa mère, et désespéré par les mauvais traitements de Duret, il résolut de les quitter et de se faire militaire. Il s'empara des nippes qui lui tombèrent sous la main, et partit. Il s'engagea avec un capitaine qui ne le traita pas mieux que ses parents, bien que, pour se le rendre favorable, il lui eût fait présent de sa montre : c'était ce qu'il avait de plus précieux. Romagnesi, ne pouvant supporter plus longtemps les coups, déserta et entra dans les troupes du duc de Savoie, où il s'engagea avec un autre capitaine, qui renchérit sur la brutalité du premier. Tombant toujours de Charybde en Scylla, il eut recours à Quinault, qui était alors à Strasbourg, et lui fit part de sa triste situation. Quinault lui répondit d'aller à Bâle, où il trouverait le moyen de se rendre à Strasbourg. Romagnesi déserta une seconde fois, et, de cure en cure, de couvent en couvent, il parvint à subsister et à gagner les portes de Bâle, sans le sou et en guenilles.

Mais, aux portes de Bâle, on ne recevait personne venant du côté de la Savoie, sans lui avoir fait subir un interrogatoire en règle. Que faire? A cent pas de la ville, il aperçoit un troupeau de cochons conduit par un enfant de dix ans. Il s'avance vers lui, et, d'un ton à le faire rentrer sous terre, il lui prend son fouet et lui ordonne d'attendre une heure avant d'entrer dans Bâle; puis, poussant devant lui quatre ou cinq des plus gros porcs : « Tu les retrouveras, dit-il, à l'entrée des faubourgs de la ville. » Et le voilà chassant ses cochons devant lui. Il passe sans difficulté à la suite de son troupeau, qu'il laissa à l'endroit désigné au jeune garçon.

Il court à la poste, mais il ne trouve pas la lettre de Quinault. Le courrier ne devait arriver que le lendemain. Ce retard fut cruel pour un homme qui n'avait pas mangé de la journée, qui ne connaissait personne dans la ville et qui n'avait pas un liard dans sa poche. Il va frapper à une hôtellerie, demande à souper et à coucher; mais sa mauvaise mine ne rassure pas l'hôtesse; elle veut être payée d'avance. Romagnesi avoue alors qu'il est sans argent, mais il assure qu'il en recevra le lendemain et pourra payer. Cette promesse paraît douteuse; il a beau employer toute son éloquence, c'est peine perdue : on allait le congédier, quand un boulanger voisin, touché de la harangue qu'il avait entendue, s'engagea à payer pour lui s'il manquait de parole.

Le lendemain, le boulanger alla à la poste avec Romagnesi; ils trouvèrent une lettre de Quinault qui s'annonçait pour le soir. En effet, Quinault arriva, et il serait difficile d'exprimer la joie de Romagnesi, « qu'il marqua par les plus tendres embrassements, mêlés de larmes de reconnaissance. » Quinault retint le boulanger à souper, quand il eut appris le service qu'il avait rendu à son protégé.

Le lendemain, ayant équipé un peu moins malheureusement son nouvel ami, Quinault partit avec lui pour Strasbourg. Comme la désertion de France inquiétait Quinault, il jugea prudent d'en informer le commandant de place et l'intendant de la ville. Il leur conta, en particulier, l'aventure du jeune Romagnesi, le plus à son avantage qu'il put. La protection fut accordée, avec la certitude qu'il pouvait faire débuter son acteur quand il le voudrait. Au bout de quinze jours, Romagnesi débutait, et avait un très-grand succès. Ses inquiétudes cessèrent tout à fait, grâce à une amnistie qui fut publiée et à un congé en forme de son capitaine, qui en avait reçu l'ordre. Après deux ans passés à Strasbourg, Romagnesi quitta la troupe de Quinault pour entrer dans celle qu'Octave tenait à Paris aux foires Saint-Germain et Saint-Laurent, sous le nom d'Opéra-Comique. Il y remplit, toujours avec succès, les rôles d'amoureux. C'est là qu'il commença à écrire des pièces pour les théâtres forains, en 1716. Octave, ayant fait de mauvaises affaires, quitta son entreprise. Romagnesi alla jouer en province jusqu'en 1718, revint à Paris et débuta au Théâtre-Français; mais il n'y fut pas reçu. Il alla à Bordeaux, Bruxelles, Cambrai, d'où il revint à Paris, et débuta, en 1725, à la Comédie italienne dans *les Surprises de l'amour*. Il fut reçu à ce théâtre « dont il soutint longtemps la gloire, tant par ses talents pour la déclamation que par le succès des pièces qu'il y donna », et qui se montent à soixante-deux.

« Romagnesi était grand et bien fait; sa voix était un peu sourde, et sa poitrine semblait peiner lorsqu'il débitait un couplet un peu long. Il était bon acteur dans tous les genres, mais il excellait surtout dans les rôles d'ivrogne, de Suisse et d'Allemand. »

Il mourut subitement à Fontainebleau, dans les bras de mademoiselle de Belmont, le 11 mai 1742. Le curé de

Fontainebleau lui ayant refusé la sépulture, son corps fut inhumé à Paris dans l'église Saint-Sauveur :

« Comédien sensé, parodiste plaisant,
» En traits fins et légers Romagnesi fertile,
» Couvrit les plats auteurs d'un ridicule utile :
» Qu'on doit le regretter dans le siècle présent ! »

François Riccoboni, fils de Louis Riccoboni et de Flaminia, naquit en 1707 à Mantoue. Il continua les rôles de son père sous le même nom de LELIO (*planche* 24). Il avait débuté le 10 janvier 1726, et avait, en 1729, quitté le théâtre en même temps que son père. Il y remonta avec sa mère en 1731, et y joua et y dansa avec succès jusqu'en 1736. A cette époque, il alla jouer en province, revint à la Comédie italienne l'année suivante, et quitta tout à fait le théâtre en 1750. Il fut auteur de plusieurs pièces italiennes, et mourut en 1772. Il s'occupait en outre d'alchimie. Il épousa Marie-Jeanne Laboras de Mézières, qui était actrice et littérateur, auteur de romans estimés.

Antoine-Louis Baletti, fils de Mario et de Silvia, fut reçu au Théâtre-Italien sous le nom de *Lelio*, pour la déclamation et la danse, le 1ᵉʳ février 1741. Sa mère Silvia fit, à l'occasion de son début, un compliment au public en lui demandant son indulgence pour un enfant qui, malgré les représentations maternelles, avait voulu affronter les dangers d'un premier début. Il fut reçu en même temps que Carlo Bertinazzi.

Le 23 février 1760, les comédiens donnèrent à son bénéfice une représentation de la *Serva padrona*, pour le dédommager, autant que possible, d'un accident qui lui était arrivé sur le théâtre.

Au dernier acte de *Camille magicienne*, Pantalon amène avec lui des soldats pour forcer une tour où Camille tient enfermés Lelio et Flaminia; alors on faisait tirer une décharge de coups de fusil contre cette tour. Un des soldats destinés à l'assaut avait, en attendant, posé son fusil à côté de celui de la sentinelle du théâtre, qui était sortie pour quelque besoin. La scène étant arrivée plus tôt qu'il ne s'y attendait, il fut appelé et prit par inadvertance l'arme de la sentinelle, qui était chargée d'une balle dont il perça la cuisse de Baletti (*Lelio*). La représentation fut suspendue, mais l'accident n'eut pas de suites fâcheuses.

En 1759, Zanucci remplit les rôles de *Lelio* ou *Mario* sur les théâtres forains. Les principaux amoureux furent : Dulaudet (**1714**), Deshayes (**1718**), Raguenet (**1730**), Joly (**1737**), Brou (**1740**).

LÉANDRE.

Le premier type de LÉANDRE est un amoureux frais et rose, couvert de rubans et de dentelles. Il est l'amant préféré de la belle Lavinia, d'Isabella ou de la naïve Béatrice. C'est ainsi qu'il fut d'abord créé en 1556 dans les troupes italiennes.

Corneille, Molière, Destouches le montrent, dans leurs pièces, sous un aspect séduisant. Sur le Théâtre-Italien, il en est de même jusqu'à la fin du dix-septième siècle, et

nous avons dit que Charles Romagnesi, renommé par sa jolie figure, avait débuté à la Comédie italienne en 1694.

Ce rôle, après la mort de Charles Romagnesi, se transforma tout à coup, tant sur les théâtres forains qu'en Italie, où il désigne un personnage ridicule sous le nom de *Leandro il bello*, et ce surnom de « beau Léandre », qui était bien mérité par C. Romagnesi, ne fut plus qu'une dérision pour le Léandre que l'on retrouve encore aujourd'hui dans la pantomime.

Nous n'osons assurer que ce soit Dubus de Chanville qui, aux spectacles forains, ait ressuscité en lui le Capitan. Ce type était usé; la transformation n'a pas été malheureuse. Léandre a le privilége de faire rire.

Il semblerait à voir ce personnage arpenter le théâtre comme ferait un coq, en se pavanant, la tête perdue dans sa collerette; l'épée au flanc, la pointe en l'air, crevant les yeux de ses voisins ou s'embarrassant dans les jambes de son valet, que ce n'est pas là un amoureux, mais une sorte de matamore. En effet, ce *beau* LÉANDRE (*planche* 25) est toujours fils de quelque Capitan, grand tueur de Sarrasins; il est, lui aussi, amoureux d'Isabelle ou de Colombine; il daigne descendre jusqu'à cette *petite*, quand elle est fille ou pupille de Cassandre; mais, malgré sa belle fraise et ses manchettes de dentelle, son pourpoint taillé à ventre arrondi, comme celui de Polichinelle ou du Matamore, l'épée de ses pères, ses titres et parchemins qu'il porte toujours sur lui, il ne réussit jamais qu'à recevoir des coups de pied destinés à son ventre, mais qui, grâce à sa promptitude d'évolutions, vont à une autre adresse.

Il est Espagnol, hidalgo de *la vieille roche*. Il doit être riche, à en juger par les broderies d'argent qu'il porte sur ses vêtements jaunes ou roses, et le bonhomme Cassandre s'y laisse toujours prendre. S'il parle, il blaise horriblement, bégaye parfois, se tient droit comme un pin (on suppose qu'il porte un corset); raconte à celle qu'il veut épouser ses bonnes fortunes, qu'il a payées fort cher; se fait rosser par Arlequin, et fuit à l'approche de tout danger. Il est parfaitement ignorant de tout, hormis la science du blason. Maladroit, fort susceptible, il ne souffre pas que l'on passe avant lui, porte souvent la main à sa rapière, mais personne n'en a jamais vu la lame.

D'autres fois, il est vêtu en marquis Louis XV, mais il possède toutes les vertus de l'hidalgo sous sa perruque de chanvre, aussi bien que sous son poil court et roux.

Dans *Cassandre aux Indes*, parade du théâtre des boulevards (1756), Léandre est amoureux d'Isabelle. Cassandre partant pour les Indes a confié sa fille à la garde d'Arlequin, lequel se laisse séduire par Léandre, qui veut pénétrer auprès d'Isabelle. Après avoir fouillé dans les poches de l'amoureux, le valet y trouve : « Un livre à apprendre à lire, une tabatière de papier, un livre de civilité puérile et honnête, un cadran solaire avec une chaîne, une boîte à mouches, en fer-blanc, un peigne d'écurie, un gant de peau. » Tout cela ne vaut pas grand'chose; aussi Arlequin lui fait-il faire un billet de dix écus, moyennant quoi Léandre pourra parler à Isabelle.

Léandre, qui ne sait pas écrire, fait une croix sur une

adresse. Les conventions, entremêlées de lazzis, arrêtées, Arlequin va chercher Isabelle.

« LÉANDRE. Je m'en vais lui z'y faire un petit compliment étudié en impromptu. » Isabelle entre, suivie d'Arlequin. Léandre, « sans ôter son chapeau », lui adresse le compliment suivant :

« Mamselle, l'admiration de votre beauté a rempli mon cœur d'amour pour vos beaux yeux; et si vous aviez du réciproque pour votre très-humble serviteur, il n'y a pas de plus t'heureux homme sur la terre que je le serais dans tout l'univers. »

ISABELLE. Monsieur, on ne saurait trouver un compliment avec de la fleurette plus galante, et je vous dirai naturellement que vous me conviendriez assez pour serviteur, mais qu'il n'y a qu'une petite minutie qui n'est qu'une bagatelle, c'est que je suis fâchée que vous ayez la gale.

LÉANDRE *toujours le chapeau sur la tête.* Mamselle, je vous assure que je ne l'ai plus, elle m'a quitté dès l'âge de seize ans. Ça serait beau vraiment z'à un gentilhomme d'être galeux!

ISABELLE. Monsieur, j'ai l'honneur de vous dire que j'ai vu par ma fenêtre que vous me faisiez les doux yeux. Il y aurait de la bienséance que j'eusse de l'amour pour vous, mais j'ai remarqué quelque chose qui rebrousse ma tendresse; enfin, si ce n'est pas la gale que vous avez, il faut que ce soit la teigne.

LÉANDRE *le chapeau sur la tête.* Si c'était z'un homme qui me fît pareille z'avanie, je lui couperais le visage; mais comme c'est vous, mamselle, le respect que je dois t'avoir pour mes amours fait que je vous respecte.

Isabelle *faisant la révérence à Léandre.* Adieu, monsieur. Ane je vous ai trouvé, âne je vous laisse.

Arlequin. Mamselle, cela ne doit pas rompre le marché.

Isabelle *revient et fait encore la révérence à Léandre.* Ane je vous ai trouvé, âne je vous laisse.

Arlequin *rit et contrefait Isabelle.* Ane je vous ai trouvé, âne je vous laisse. (*Ils sortent.*)

Léandre *seul.* Qu'est-ce que cela veut dire? Me voilà tout confondu. Ah ciel! je n'ai pas t'ôté mon chapeau! me voilà perdu z'à jamais, pour toujours.... Est-il possible que moi qui ôterais mon chapeau z'à un chien, je ne l'aie point z'ôté à ma charmante maîtresse! Elle ne voudra plus t'avoir de correspondance pour moi. Je suis dans une fureur qui me met dans le plus grand chagrin.... Je n'ai plus qu'à m'aller noyer; et si j'avais du poison tout prêt, je crois que je me passerais mon épée z'au travers du corps! »

Polidoro, l'amoureux ridicule au quinzième siècle dans une comédie de Beolco (Ruzzante), est le véritable Léandre moderne, laid, disgracieux, malade, mais riche et connaissant le pouvoir de ses écus.

« En somme, dit-il, l'argent est le vrai moyen d'obtenir toute chose, et, la chose obtenue, de la conserver. J'ai pris mes précautions pour accaparer les faveurs de la belle, car je ne suis point de ceux qui consentent à être seuls pour la dépense et en compagnie pour le plaisir. »

Survient le petit valet de Celega l'entremetteuse.

Polidoro. Va devant, Forbino, et dis à ta patronne que j'arrive, et qu'elle ne me fasse pas attendre; dépêche-toi!

Forbino. J'y cours; mais donnez-moi au moins quelque monnaie pour la bonne nouvelle que je vous ai apportée, au sujet de Flavio votre rival.

Polidoro. Je ne donnerai que trop à ta maîtresse.

Forbino. Que le cancre la mange! Je veux que vous me donniez quelque chose aussi.

Polidoro. Va-t'en vite, coquin! tu as appris à affronter.

Forbino. Que la peste vous vienne! Je payerais un écu, si je l'avais, pour que Flavio aille voir votre maîtresse avant vous, qu'il trouve l'argent qu'il lui faut et que vous restiez dans la rue à chanter la *lodolina!*

Polidoro. Pendard! si je vais sur toi!...

Forbino. Donnez-moi quelque chose.

Polidoro. Je te donnerai des gifles.

Forbino. Celui qui voudrait du mal à Flavio serait un grand sot. Il vaut mieux que vous, qui de votre vie ne m'avez jamais donné la pièce!

Polidoro. Attends-moi! je veux t'en donner une qui en vaudra dix.

Forbino. Un imbécile attendrait. Je vous présente mes respects, beau masque, et n'attends pas! »

Au siècle suivant, le nom de Polidoro est donné aux vieillards, comme dans *gli Affliti consolati*, d'Alfonso Romei de Ferrare, 1604.

Dans une féerie burlesque qui a fait, à bon droit, courir tout Paris (*les Pilules du Diable*), Léandre s'appelait *Sotinez*.

L'acteur Laurent aîné, mime remarquable qui avait joué les Arlequins sur plusieurs petits théâtres, donna à ce personnage un costume, des mouvements et une physionomie tout à fait dignes de remarque et dans la véritable couleur de la farce italienne.

FIN DU TOME PREMIER.

COULEURS DES COSTUMES

DES PERSONNAGES DE L'ANCIENNE COMÉDIE ITALIENNE.

TOME PREMIER.

N° 1. La Comédie.

N° 2. Harlequino (1570). Veste et pantalon jaune-chamois, bordés d'un galon rouge, couverts de morceaux d'étoffes rouges, verdâtres et bleuâtres. Jambes nues. Chaussures et ceinture en cuir jaune. Chapeau de feutre roux. Visage noirci.

N° 3. Arlechino (1671). Veste et pantalon à fond jaune clair. Triangles d'étoffes rouges et vertes. Boutons de cuivre. Bas blancs. Souliers de peau blanche à rubans rouges. Ceinture de cuir jaune à boucle de cuivre. Masque noir. Serre-tête noir. Mentonnière noire. Chapeau gris à queue de lièvre. Batte. Collerette de mousseline.

N° 4. Arlequin (1858). Veste et pantalon à losanges verts, rouges, jaunes et bleus, dont les séparations sont blanches. Boutons d'étoffe. Souliers noirs. Bas blancs. Calotte, masque et mentonnière noirs. Batte blanche. Collerette à petits tuyaux. Ceinture de cuir noir.

N° 5. Trivelin (1645). Veste et pantalon jaune-chamois, bordés de triangles d'étoffe verte. Galons et bordures rouges. Croissants et étoiles rouges. Boutons de métal. Manteau vert doublé de rouge, bordé de jaune. Chapeau gris, à queue de lièvre. Ceinture de cuir jaune. Souliers de cuir jaune à nœuds rouges. Bas rouges. Masque et mentonnière noirs.

Nota. — Les dates indiquent l'époque où le costume représenté sur la planche a été porté, mais non pas la date de la création du type.

N° 6. Pulcinella (1685). Pourpoint et pantalon jaune et rouge dont les couleurs sont séparées par des bandes vertes. Manteau rouge doublé de jaune, bordé de vert. Toque jaune et rouge, bordée de vert. Masque noir. Collerette sans empois. Bas blancs. Souliers de cuir jaune à rubans rouges.

N° 7. Pulcinelo (1700). Veste et pantalon de toile blanche. Boutons de même étoffe. Bas blancs. Souliers de peau jaune. Chapeau de feutre gris. Masque noir. Ceinture de coton bleu.

N° 8. Polliciniella (1800). Camisole et pantalon de toile blanche. Ceinture de cuir. Souliers blancs. Chapeau blanc ou gris. Masque noir.

N° 9. Polichinelle (1820). Chapeau, veste, culotte mi-partis rouge et vert, galonnés d'or. Une jambe verte avec le bas rouge. Une jambe rouge avec le bas vert. Sabots rouges, recouverts de peau de mouton blanche. Rubans rouges et verts. Une manche rouge à parement vert ; l'autre verte à parement rouge. Perruque et moustaches blanches. Nez rouge, menton et front couleur de chair. Boutons de la veste en or. Collerette et manchettes de dentelle.

N° 10. Meo-Patacca (1800). Gilet à manches jaune-chamois. Culotte vert-olive. Cravate orange. Ceinture rouge. Bas gris. Souliers de cuir jaune. Bonnet rouge.

N° 11. La Ballerina (1500). Corsage et jupe lilas. Corsage de dessous et manches en toile d'or à crevés blancs. Souliers de toile d'or. Bonnet de drap rouge à points d'or. Écharpe blanche à glands de soie lilas. Cheveux roux. Bas blancs.

N° 12. Spavento (1577). Pourpoint et culotte à bandes jaunes et rouges, à boutons et passe-poils d'or. Manteau rouge-écarlate, doublé de jaune et galonné d'or. Jarretières jaunes à frange d'or. Souliers de cuir jaune à rosettes jaunes. Bas rouges. Rapière dorée, à fourreau et à ceinturon de maroquin rouge. Chapeau de feutre roux, bordé d'un galon d'or, aux plumes de coq rouges, avec une touffe de marabouts retenue dans un ruban jaune. Vaste fraise et manchettes à gros tuyaux roides et empesés.

N° 13. Spezzafer (1668). Pourpoint et pantalon à dessins jaunes sur fond jaune. Bottes, gants et ceinturon de cuir jaune doublé de cuir rouge. Rapière, boucle, éperons d'acier. Chapeau de feutre gris à plume jaune. Vaste fraise empesée.

N° 14. Giangurgolo (1625). Pourpoint rouge-cramoisi. Manches, trousse et culotte jaune-serin rayé de rouge. Chapeau gris. Baudrier et ceinturon de cuir jaune. Rapière de fer à fourreau de cuir jaune. Bas blancs. Souliers gris. Nez et front rouges. Grande fraise en mousseline sans empois.

N° 15. Colombine (1683). Casaquin rouge bordé de noir. Jupe gris-perle. Souliers rouges bordés de noir. Manches et collerette de mousseline. *Rayon* de dentelle et touffe de rubans rose vif. Tablier blanc garni de dentelles.

N° 16. Arlequine (1855). Chapeau gris à rubans roses, jaune-paille, verts et blancs. Masque noir. Veste et jupe en drap à losanges verts et rouges sur fond jaune-paille. Ceinture de cuir noir à boucle d'acier. Souliers blancs à rubans rouges.

N° 17. Coraline (1744). Toque, casaquin, jupe de dessus en soie verdâtre à raies vert d'eau. Jupe de dessous en satin blanc. Nœuds de rubans rouge-cerise. Souliers blancs à nœuds rouge-cerise. Bas roses. Collerette de mousseline.

N° 18. Pagliaccio (1600). Chapeau de laine blanche. Masque blanc sur la figure blanchie. Grande collerette de calicot. Veste et pantalon de toile blanche. Souliers de peau blanche. Bas blancs.

N° 19. Pedrolino (1673). La figure blanchie. Serre-tête blanc. Chapeau blanc. Veste et culotte de toile blanche. Bas blancs. Souliers blancs à rubans blancs.

N° 20. Peppe-Nappa (1770). Chapeau gris. Serre-tête blanc. Veste et pantalon de toile bleu clair. Bas blancs. Souliers gris à boucles d'or.

N° 21. Pierrot (1846). La figure blanchie. Serre-tête de velours noir. Veste et pantalon de calicot blanc à gros boutons de pareille étoffe. Souliers de peau blanche à boucles d'argent.

N° 22. Orazio (1645). Pourpoint de satin bleu de ciel à revers de satin blanc, galonné et passementé d'argent. Rubans de satin bleu. Col et manchettes de guipure. Baudrier bleu de ciel et argent. Culotte de satin blanc, galonnée d'argent à rubans de satin bleu de ciel. Bas de soie blancs. Souliers de peau blanche à talons bleus et argent. Rapière d'acier à fourreau blanc. Chapeau de feutre gris, galonné d'argent. Plumes blanches et bleu de ciel. Nœuds des cheveux, des souliers et des manches bleus. Canne à tête et glands d'argent. Cheveux châtain-clair. Gants de peau blanche.

N° 23. Ottavio (1688). Pourpoint et jupon de toile d'or. Trousse de satin rouge-cerise. Bas blancs. Souliers de toile d'or. Rubans et nœuds rouge-cerise. Cravate et manchettes de dentelle. Cheveux blonds.

N° 24. Lelio (1726). Chapeau de feutre noir, bordé d'un galon d'or, garni de plumes blanches. Cheveux sans poudre retenus dans un ruban noir. Robe de satin noir à revers de satin rouge-cerise. Gilet de satin blanc, brodé et broché d'or et de paillettes. Collerette et manchettes à petits tuyaux. Culotte noire. Bas blancs. Souliers noirs à boucles d'or.

N° 25. Léandre (1850). Pourpoint et culotte de drap ou de satin rose, à crevés blancs. Manteau rose doublé de satin blanc. Chapeau gris à plumes roses et blanches. Bas blancs. Souliers roses à crevés blancs. Gants blancs. Rapière d'acier. Cheveux roux. Galons et boutons d'argent. Collerette et manchettes en dentelle à quatre ou cinq rangs de tuyaux.

TABLE DES GRAVURES

DU TOME PREMIER.

1. La Comédie . . . . *Frontispice.*

	Pages		Pages
2. Harlequino.	67	14. Giangurgolo.	201
3. Arlecchino.	81	15. Colombine.	205
4. Arlequin	105	16. Arlequine.	217
5. Trivelino	113	17. Coraline.	225
6. Pulcinella	121	18. Pagliaccio.	237
7. Pulcinelo	129	19. Pedrolino.	257
8. Polliciniella	137	20. Peppe-Nappa.	280
9. Polichinelle.	145	21. Pierrot	289
10. Meo-Patacca	153	22. Orazio.	300
11. La Ballerina	161	23. Ottavio.	335
12. Il Capitan Spavento. . . .	175	24. Lelio	337
13. Il Capitan Spezzafer . . .	193	25. Léandre.	347

TABLE DU TOME PREMIER.

	Pages		Pages
Préface, par George Sand	i	Colombine	205, 212
Avant-propos	1	Betta	208
Introduction	17	Francisquine	209
Arlequin	67	Diamantine	211
Dominique	76	Marinette	226
E. Gherardi	89	Violette	227
Thomassin	98	Coraline	229
Carlin	105	La Guaiassa	233
Trivelin	113	Pierrot	237, 283
Truffaldin	117	Bertoldo	237
Polichinelle	121, 141	Pagliaccio	248
Pulcinella	126	Gros-Guillaume	255
Punch	148	Pedrolino	257
Hanswurst	151	Gilles	277
Meo-Patacca	152	Peppe-Nappa	280
Marco-Pepe	157	Clown	297
Il Sitonno	158	Lelio	301, 324, 337
Birrichino	159	Flavio	302
La Ballerine	161	Orazio	327
Le Capitan	175	Cinthio del Sole	331
Spezzafer	198	Ottavio	334
Giangurgolo	201	Léandre	346
Il Vappo	202	Couleurs des costumes (tome I)	353
Rogantino	203		

A LA MÊME LIBRAIRIE

PARALLÈLE

DES PRINCIPAUX

THÉATRES MODERNES DE L'EUROPE

ET DES

MACHINES THÉATRALES

Françaises, Allemandes et Anglaises

DESSINÉ

Par CLÉMENT CONTANT

ARCHITECTE, ANCIEN MACHINISTE EN CHEF DU THÉATRE IMPÉRIAL DE L'OPÉRA

Deux forts volumes in-folio renfermant 134 planches gravées
et 172 pages de texte.

Prix : 160 francs.

Il est tiré 100 exemplaires sur demi-grand aigle.

Prix : 200 francs.

Paris. Typographie de Henri Plon, imprimeur de l'Empereur, rue Garancière, 8.

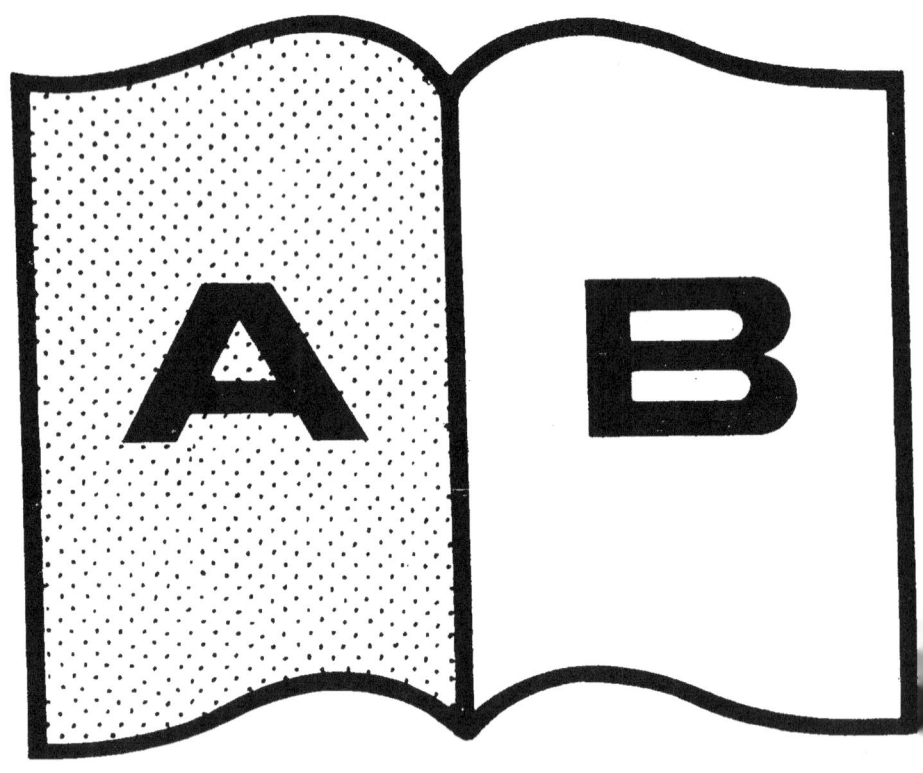

Contraste insuffisant

NF Z 43-120-14

www.ingramcontent.com/pod-product-compliance
Lightning Source LLC
Chambersburg PA
CBHW050917230426
43666CB00010B/2214